UTB **2657**

Eine Arbeitsgemeinschaft der Verlage

Beltz Verlag Weinheim · Basel
Böhlau Verlag Köln · Weimar · Wien
Wilhelm Fink Verlag München
A. Francke Verlag Tübingen und Basel
Haupt Verlag Bern · Stuttgart · Wien
Lucius & Lucius Verlagsgesellschaft Stuttgart
Mohr Siebeck Tübingen
C. F. Müller Verlag Heidelberg
Ernst Reinhardt Verlag München und Basel
Ferdinand Schöningh Verlag Paderborn · München · Wien · Zürich
Eugen Ulmer Verlag Stuttgart
UVK Verlagsgesellschaft Konstanz
Vandenhoeck & Ruprecht Göttingen
Verlag Recht und Wirtschaft Heidelberg
VS Verlag für Sozialwissenschaften Wiesbaden
WUV Facultas Wien

Hans-Otto Schenk

Die Examensarbeit

Ein Leitfaden für Wirtschafts- und Sozialwissenschaftler

Vandenhoeck & Ruprecht

HANS-OTTO SCHENK, geboren 1936 in Solingen, 1957–1962 volks- und betriebswirtschaftliches Studium an der Universität Tübingen und an der Freien Universität Berlin, dort auch Studium der Publizistik. 1962–1964 wiss. Assistent am Institut für Volkswirtschaftslehre der Freien Universität Berlin, dort 1969 Promotion zum Dr. rer. pol. 1964–1969 wiss. Referent, 1969–1977 Schriftleiter und Forschungsleiter der Forschungsstelle für den Handel Berlin (FfH). 1971–1977 Lehrbeauftragter für Handelsbetriebslehre an der Freien Universität Berlin und der Universität Erlangen-Nürnberg. 1977–2002 Professor für Betriebswirtschaftslehre des Handels an der Gerhard-Mercator-Universität Duisburg.

Bibliografische Information Der Deutschen Bibliothek

Die Deutsche Bibliothek verzeichnet diese Publikation in der Deutschen Nationalbibliografie; detaillierte bibliografische Daten sind im Internet über <http://dnb.ddb.de> abrufbar.

ISBN 3-8252-2657-3
ISBN 3-525-03176-9

Einbandgestaltung: Atelier Reichert, Stuttgart
Satz: Text & Form, Garbsen
Druck und Bindung: Pustet, Regensburg

ISBN 3-8252-2657-3 **(UTB-Bestellnummer)**

Inhalt

Zweiter Teil
Praktische Übungen

Dritter Teil
Betreuung und Bewertung der Examensarbeit

Verzeichnis der Übersichten

Vorwort

Mit Examensarbeiten, also schriftlichen wissenschaftlichen Arbeiten zum Abschluss eines Hochschulstudiums, sind zwei Personengruppen beschäftigt: Studenten als Bearbeiter und Dozenten als Betreuer. (Wenn im Folgenden auf die Mitnennung der weiblichen Form, z.b. Studentinnen, Dozentinnen usw., verzichtet wird, geschieht dies im Interesse des Leseflusses und bedeutet selbstverständlich keine Diskriminierung). Das vorliegende Buch ist als Arbeitshilfe für beide Zielgruppen konzipiert. *Studenten* erfahren die bei der Erstellung einer Examensarbeit zu beachtenden wissenschaftlichen Standards. Sie erhalten formale und inhaltliche Anleitungen, Beispiele, Übungsaufgaben, Lösungen und praktische Tipps. *Dozenten* bekommen vor allem Anregungen zur Gestaltung einer examensbegleitenden Arbeitsgemeinschaft (Examens-AG)[1] mit konkreten Übungsvorschlägen. Überdies lernen sie vielfältige Betreuungs- und Nachbetreuungstechniken kennen. Psychopädagogische Kniffe werden beiden Zielgruppen anvertraut.

Das Aufbauschema von zwölf „Lektionen" gibt den Stoffplan für zwölf Sitzungen der Examens-AG im Umfang von je einer akademischen Doppelstunde vor – das Unterrichtsvolumen eines Semesters.

– In der *Ersten* bis *Sechsten Lektion* wird das Rüstzeug zur Anfertigung der schriftlichen wissenschaftlichen Arbeit behandelt. Das Arbeitsinstrumentarium in der Ersten bis Fünften Lektion ist primär für die Studenten wichtig. Für die Dozenten ist es im Hinblick auf Kompatibilität mit den eigenen Anforderungen aufschlussreich. In der Sechsten Lektion wird eine psychologische „Trickkiste" für Dozenten und Studenten geöffnet.
– Die *Siebte* bis *Neunte Lektion* enthalten Konzeptionen und Muster für praktische Übungen, insbesondere zur Erstellung von Examensarbeiten nützliche Gliederungs-, Forschungs- und Kreativitätstechniken. Im Vordergrund steht das gemeinsame Erarbeiten von praktischen Lösungen.

---

1 „Examens-AG" (für „Arbeitsgemeinschaft für Examenskandidaten") wird als griffige Kurzbezeichnung verwendet unbeschadet der Tatsache, dass an den Hochschulen auch andere Bezeichnungen für gleichsinnige Unterrichtsveranstaltungen existieren, z.B. „Examens-Seminar", „Examens-Kolloquium" oder „Arbeitsgemeinschaft für Diplomanden".

– Die *Zehnte* bis *Zwölfte Lektion* enthalten zahlreiche Unterrichts-, Bewertungs-
und Betreuungstipps für Dozenten. Von ihnen zu erfahren, ob bzw. inwieweit sie den Vorschlägen, namentlich zur Bewertung der Examensarbeit, folgen, ist wiederum für die Studenten von größtem Interesse.

Die *Einleitung* richtet sich an Leser, die Hintergrundinformationen über Entste-
hungsanlass und Besonderheiten dieses Ratgebers erfahren möchten. Das *Sachregister* mag bei konkretem Problemlösungsbedarf als Einstieg in die Lektüre
genutzt werden.

Oberstes Gebot dieses Ratgebers sind Anschaulichkeit und Praxisnähe. Für
die meisten theoretischen Ansätze wie für die praktischen Übungsbeispiele hat
der Verfasser auf den Fundus seines Fachgebiets, der Besonderen Betriebswirtschaftslehre Handel/Absatz/Marketing, zurück gegriffen. Die exemplarischen
Arbeitshilfen sind jedoch ohne weiteres auf andere Fachgebiete der Wirt-
schafts- und Sozialwissenschaften übertragbar.

Die Benutzung des Ratgebers ist sinnvoll sowohl für Studierenden, die in der
Examensphase stehen oder sich frühzeitig über Details der Examensarbeit informieren möchten, als auch für engagierte Dozenten, die eine Begleitveran-
staltung zur Bearbeitung von wissenschaftlichen Abschlussarbeiten anbieten
oder planen. Der Ratgeber wendet sich an Studierende und Dozenten des or-
dentlichen „stationären" Hochschulstudiums. Für Fernstudien ist er weniger
geeignet. Alle Arbeitshilfen sind auf die Erstellung und Betreuung von schriftlichen wissenschaftlichen Arbeiten ausgerichtet. Mit ihrer Examensarbeit haben die Bearbeiter nachzuweisen, dass sie die Problemstellung des Themas er-
kannt haben und dieses sowie Problemlösungen klar und möglichst vollständig
beschreiben können. Der mit Examensarbeiten verbundene Beratungs- und
Betreuungsbedarf ist zweifellos ausgeprägt.

Mit Hilfe eingestreuter Merksätze werden Studenten auf wichtige oder häufig missachtete Regeln aufmerksam gemacht, teils auch auf Korrekturen ver-
breiteter Irrtümer und Nachlässigkeiten. Merksätze für Dozenten bieten Anregungen für Unterrichts- und Betreuungsarbeit.

> Merksatz
> Die Merksätze für Studenten stehen in Rahmen ohne Schattierung.

> Merksatz
> Die Merksätze für Dozenten stehen in Rahmen mit Schattierung.

Außer dem Lektorat Geschichte/Kirchengeschichte/Wirtschaftswissenschaften
des Verlags Vandenhoeck & Ruprecht, das manch konstruktiv-kritische Emp-

fehlung beigesteuert hat, hat der Verfasser allen Vordenkern und Ideenliefe-
ranten Dank zu sagen. Einige sind durch Zitate erkennbar, andere bleiben ano-
nym. Zu den anderen zählen insbesondere die Mitarbeiter und Studenten
seines vormaligen Lehrstuhls an der Gerhard-Mercator-Universität Duisburg.
Mögen derzeitige und künftige Examenskandidaten wie Dozenten aus dem
weitergegebenen Erfahrungswissen eines begeisterten Hochschullehrers Nutzen ziehen.

Duisburg, im September 2004   Hans-Otto Schenk

Hintergrundinformationen

Ursache und Wirkung.
Vor der Wirkung glaubt man an
andere Ursachen als nach der
Wirkung.

(Friedrich Nietzsche)

Der Kulturhistoriker Johan Huizinga ist auf eine überraschende Erkenntnis gestoßen. In seiner Abhandlung über Wettstreit und Wissen heißt es: „Am Anfang allen Wettkampfes steht *das Spiel*, d.h. *eine Abmachung, innerhalb einer räumlichen und zeitlichen Begrenzung nach bestimmten Regeln, in bestimmter Form etwas fertigzubringen, was die Lösung einer Spannung bewirkt und außerhalb des gewöhnlichen Verlaufes des Lebens steht*" (Huizinga 1958, S. 106). Sein Bild vom Menschen als spielendem Wesen (*homo ludens*) kennzeichnet unsere Art nicht weniger treffend als die Bilder vom schaffenden Menschen (*homo faber*) oder vom denkenden Menschen (*homo sapiens*) des 18. Jahrhunderts. Seine Erkenntnis ist ohne weiteres auf die doppelte „Spielaufgabe" übertragbar, eine wissenschaftliche Examensarbeit anzufertigen und sie betreuend zu begleiten. Der vorliegende Ratgeber geht auf alle Bestandteile dieser „Spiel"-Situation ein: auf die Abmachungen und Regeln des Wettstreits um gute Noten und um „Kundenzufriedenheit", auf die räumlichen und zeitlichen Restriktionen, auf die „Spiel"-Phasen und -Formen, auf die Spannungen, denen sich Studenten und Dozenten in der Vor-Examenssituation ausgesetzt sehen, sowie auf die Spannung (und Aufgaben) lösenden Methoden, damit die außergewöhnliche Leistung der „Examensarbeiter" zu einem guten Ende gebracht werde.

An *Ratgeberliteratur* zum wissenschaftlichen Arbeiten und zur Anfertigung schriftlicher wissenschaftlicher Arbeiten herrscht im deutschen Sprachraum kein Mangel. Sie richtet sich vornehmlich an Studenten, gelegentlich auch an Doktoranden oder Habilitanden. Ein Standardwerk „Wissenschaftliches Arbeiten" zählt in seiner Bibliographie allein vierzig Monographien zur wissenschaftlichen Arbeitstechnik auf. Schriftliche Ratgeber für Dozenten, die sich mit der Betreuung von Examenskandidaten an deutschsprachigen Hochschulen befassen, fehlen hingegen. Darüber täuscht auch ein „Dozentenleitfaden" nicht hinweg, der in seinem Literaturverzeichnis nicht weniger als 93 Quellen nachweist; bei ihm handelt es sich um Empfehlungen auf dem Felde der Fort- und Erwachsenenbildung außerhalb der Hochschulen. Ein Literaturverzeichnis (Theisen 1992) weist allein 117 einschlägige Veröffentlichungen aus. Das Angebot an käuflich erhältlichen sowie im Internet unentgeltlich herunterzuladenden Ratgebern für Examenskandidaten ist jedenfalls riesengroß.

Von den bisher erschienenen Hochschulratgebern unterscheidet sich der vorliegende in mehr als einer Hinsicht. Der wichtigste Unterschied liegt in seiner *Grundkonzeption*: Durchgängig werden praktische Arbeitshilfen sowohl für die studentischen Bearbeiter von Examensarbeiten als auch für die Betreuer von Examensarbeiten geboten. Andere Unterschiede und Besonderheiten seien kurz skizziert:

Im Zentrum steht die Anfertigung bzw. Betreuung von *Examensarbeiten*, nicht jedoch anderer schriftlicher wissenschaftlicher Arbeiten. Andere Inhalte, mit denen sich Dozenten und Studenten in Examensphasen beschäftigen, werden nicht behandelt, etwa die Einübung von Prüfungsklausuren oder Strategien für mündliche Prüfungen. Dafür werden im vorliegenden Ratgeber zwei Arbeitsbereiche, die sonst separat thematisiert werden, eng mit einander verknüpft: was jeder Bearbeiter einer Examensarbeit beachten muss und was der betreuende Dozent an individueller und kollektiver Begleitung (*coaching*, Moderation, „Spielleitung") leisten kann.

Mit der gleichzeitigen Gewährung von Arbeitshilfen für Studenten und Dozenten wird eine *Ausweitung der Perspektive* gewagt, und zwar aus zwei Gründen: Zum einen handelt es sich bei Anfertigung und Betreuung von schriftlichen wissenschaftlichen Arbeiten um sensible interaktive Vorgänge zwischen Dozenten und Studierenden, um eine besondere Form der persönlichen Kommunikation und des (beiderseitigen) Lernens. Da nirgendwo geregelt ist, wie das „Zusammenspiel" zwischen Betreuer und Bearbeiter konkret zu gestalten sei, bedarf es hier des Brückenbaus. Zum anderen sollen die Arbeitshilfen für beide Zielgruppen, deren Interessenlagen scheinbar nicht deckungsgleich sind, dem situativen Hintergrund von Dozenten und Studenten Rechnung tragen.

Die *Situation des Hochschuldozenten*, namentlich des Professors, ist gekennzeichnet durch das Erfordernis einer Dreifachbegabung für Lehre, Forschung und (Selbst-)Verwaltung. In der *Forschung* ist jeder Professor ausgewiesen. Viele Professoren verstehen sich sogar in erster Linie als „Forschungsprofessoren" gleichsam mit Nebenbeschäftigung am Katheder. Auch wirft die *Verwaltung* kaum Probleme auf für die mit Organisation, Recht und Rechnungswesen vertrauten Professoren. Manche sehen in Leitungsaufgaben innerhalb der Hochschulselbstverwaltung sogar ihre eigentliche Berufung: „Verwaltungsprofessoren". Und die *Lehre*? Ihrer Berufsbezeichnung zum Trotz sind die Hochschullehrer normalerweise pädagogisch nicht geschult. Sie sind Autodidakten. Aus dem Status ihrer pädagogisch-didaktischen Unschuld reifen die Jungdozenten erst allmählich heraus, sei es durch *trial and error*, sei es unterstützt durch Ratgeber-Lektüre oder durch Kollegen. Sie beginnen die Hochschullehre im Regelfall ohne pädagogisch-didaktische Schulung. Für jeden Jungdozenten lässt der Zeitpunkt jedenfalls nicht lange auf sich warten, an dem die ersten Examenskandidaten betreut werden müssen. Besonders für diesen Zeitpunkt und für diese verantwortungsvolle Lehraufgabe gibt die vorliegende Schrift den Dozenten praktische Handreichungen. Eine „Examens-AG Wissenschaftliches Arbeiten" als institutioneller Rahmen wird ihnen besonders nahe gelegt. Deren Gestaltung ist gewiss eine persönliche Angelegenheit. Ihre Inhalte und ihren Stil kann man nicht vorschreiben. Aber man darf anregen. Und man darf den Vorbildcharakter der akademischen Betreuung ins Bewusstsein heben: *aliquid semper haeret*. Auch vom Stil der akademischen Lehrmeister bleibt immer etwas hängen.

Und die *Situation der Studierenden* kurz vor der Krönung ihres Studiums durch eine schriftliche wissenschaftliche Abschlussarbeit? Sie befinden sich in einer kognitiv und affektiv angespannten Situation. Sie kennen die Bedeutung ihrer Diplom-, Magister- oder Staatsarbeit, die keinen beliebig wiederholbaren oder korrigierbaren Prüfungsbestandteil darstellt und deren Endnote – je nach Prüfungsordnung und Hochschule – womöglich mit höherem Gewicht (1 ½-fach oder 2-fach) in die Gesamtnote des Zeugnisses eingehen wird. Sie kennen die Restriktion der befristeten Bearbeitungszeit (drei, vier oder sechs Monate). Sie sind sich der Anforderung bewusst, dass die Anfertigung einer schriftlichen wissenschaftlichen Arbeit Fachkenntnisse und eine zweckmäßige Arbeitsweise erfordert. Zur angespannten Situation trägt zudem ihr Vorwissen darüber bei, dass jede schriftliche Examensarbeit den Nachweis *selbstständiger wissenschaftlicher Arbeit* darstellt, d.h. sie muss sowohl die Fähigkeit des Bearbeiters

– zur Arbeitsökonomie (Einhalten von Zeit- und Umfangsrestriktionen),
– zu systematischem Vorgehen und
– zur Kreativität

widerspiegeln als auch seine

– Vertrautheit mit den Anforderungen an schriftliche wissenschaftliche Arbeiten.

Diese Fähigkeiten und diese Vertrautheit fallen nicht vom Himmel. Sie müssen eingeübt und erfahren werden. Dazu und zum Abbau der Ungewissheit wird eine die Examensarbeiten begleitende Lehr- und Lernveranstaltung vorgeschlagen: eine Examens-AG als eine Art Betreuungs- und Übungswerkstatt. Denn nirgends können kollektive und individuelle Probleme der Bearbeitung von Examensarbeiten und Bewältigungsstrategien so gut in weitgehend angstfreier Atmosphäre zur Sprache kommen wie in einem Examenskolloquium. Illusorische Erwartungen sollen gewiss nicht geweckt werden. Aber die Ansicht, eine angstfreie Atmosphäre könne nur in einem Seminar Wissenschaftliche Abschlussarbeiten entstehen, das „von keiner potentiellen Prüfungsperson geleitet" (Bülow-Schramm/Gipser 1994, S. 15) wird, kann auch nicht geteilt werden. Ganz im Gegenteil – *gerade* Professoren und Prüfungsberechtigte können in einer Examens-AG Ängste vor dem Anfertigen einer Examensarbeit abbauen. Sie müssen nur ihre eigene Situation und die Situation der Studierenden richtig einschätzen.

Neben persönlichen Erfahrungen aus 30-jähriger Lehrtätigkeit an den Universitäten Berlin (FU), Erlangen-Nürnberg und Duisburg-Essen stützen sachliche Argumente das Plädoyer für eine eigenständige „Examens-AG": Die Techniken wissenschaftlichen Arbeitens können in einer speziellen, aufs Examen vorbereitenden seminaristischen Veranstaltung viel sinnvoller und effizienter als im einsamen Studierzimmer erfahren und eingeübt werden. In einer Examens-AG lassen sich alle Chancen der Interaktion zwischen Dozenten und Studierenden nutzen. Hier hat das gemeinsame wissenschaftliche Erarbeiten einen unmittelbaren Einfluss auf das Gelingen der wissenschaftlichen Arbeiten und somit eine Hebewirkung auf das vielfach beklagte abgesenkte Leistungsniveau. Hier bietet die „verschulte" Universität, jedenfalls in ihren Massenfächern, dem engagierten Dozenten eine Oase, wo er etwas einbringen kann, das aus der *universitas litterarum* weitgehend wegreformiert wurde: akademische Bildung. Das wird gelingen, wenn die Examens-AG nicht als heiterkeitsfreie Zwangsvorstellung, sondern als ein spannungsfreies Spiel verstanden wird: als ein Stück *Fröhliche Wissenschaft*. Fröhliche Wissenschaft ist auch das Leitmotiv dieses Ratgebers und zugleich eine Antwort auf zeitkritische Analysen: „Ein auf freundliches, auf Neugier, Leistung und Selbstentfaltung ausgerichtetes Erziehungsklima ..., emotionale Nähe und motivierende Angebotsvielfalt bringen Talente zur Entfaltung, auch noch im frühen Erwachsenenalter. Warum kann sich die Universität so wenig darauf einrichten?" (Dauenhauer 2002, S. 130) Jeder Student – nicht nur der „Massenstudent" – hat erhöhten Bildungs- und Beratungsbedarf. Und mancher Dozent in einem wirtschafts- und sozialwissenschaftlichen Massenfach, der sich auf seine Forschungs-, Verwaltungs-, Lehr- und Korrekturarbeit konzentriert, bedarf wohl auch der Anregung, menschliche Wärme und Fürsorge zu entwickeln und sie in sinnvolle pädagogische Formen zu bringen. Verantwortungsvolle examensbezogene Arbeitshilfen für Wirtschafts- und Sozialwissenschaftler müssen dem Rechnung tragen. Daher gibt dieser Ratgeber beiden Seiten Nützliches an die Hand: *Wissen und objektive Regeln* selbstverständlich – aber auch *subjektive Tipps* didaktisch-psychologischer Art, Anregungen zur Auflockerung wie zur Motivation.

Die Arbeitshilfen für den Aufbau und Ablauf einer Examens-AG, in der die Techniken wissenschaftlichen Arbeitens vorgestellt und eingeübt werden, sind vor allem pädagogisch begründet: Eine solche Lehr- und Lernveranstaltung ist *die ideale Wissenschaftswerkstatt für Kleingruppen.* Anders als in der Massenvorlesung oder im Monologseminar kommen hier alle Beteiligten ins Gespräch und lernen sich aus der Nähe kennen. In der Intimität der Arbeitsgemeinschaft werden die Stärken und Schwächen aller Beteiligten offenbar. Überdies ist die Examens-AG eine universelle Vorbereitungsstätte für alle Arten von Studienabschlüssen, sowohl der grundständigen als auch der weiterführenden Studiengänge. Sie bietet den Dozenten Gelegenheit, einen aus lernpsychologischer Sicht besonders effizienten, konstruktiven und handlungsorientierten Unterricht zu gestalten. Hier kommen sie den Idealen eines modernen Hochschulunterrichts am ehesten nahe:

- heteronome (aus der Schule mitgebrachte) Motivation der Studierenden abbauen,
- autonome Motivation fördern,
- Erfolgserlebnisse und soziale Bekräftigung ermöglichen,
- Entscheidungsspielräume bieten bzw. vergrößern und
- individuelle Interessen der Studierenden einbeziehen.

Die Kleingruppenarbeit in der Examens-AG eröffnet die Chance, die traditionell unilaterale Wissensvermittlung um fortschrittliche, bilateral-kooperative, sozial-konstruktive Wissensvermittlung zu ergänzen (nicht etwa dogmatisch zu ersetzen). Permanente Interaktion und Diskursorientierung in der Examens-AG bringen geradezu automatisch und weitgehend zwangfrei soziale Bekräftigungen mit sich, Lob, Zustimmung, bestätigendes Kopfnicken usw. Der Dozent wie der Student (der schon nach einer kurzen Einarbeitungsphase Experte auf seinem Gebiet geworden ist) – beide erfahren *motivierende Kompetenzerlebnisse.* Die studentischen Teilnehmer an der Examens-AG können laufend über den Fortgang ihrer Arbeiten berichten. Sie können unmittelbar Erfahrungen austauschen, z.B. mit der Literaturausleihe oder mit Expertenkontakten. Aufkommende Probleme können unverzüglich angesprochen und gelöst werden, was für den Dozenten eine spürbare Verminderung der Konsultationen in der Sprechstunde bedeutet. Jeder Professor, der Diplom- oder andere Examensarbeiten vergibt, sollte mit einem Examenskolloquium „Flagge zeigen", dieses nach Möglichkeit selbst durchführen und nur ausnahmsweise an wissenschaftliche Mitarbeiter delegieren. Damit die Examens-AG, in der die

Teilnehmer miteinander kommunizieren und sich gegenseitig anregen, eine nachhaltige positive Wirkung erreicht, bedarf es des Vertrauens und des gegenseitigen Respekts. Wer als Dozent glaubt, hier seine Status(über)macht geltend machen oder sich als „g.o.m." (*grand old man*) darstellen zu müssen, darf sich nicht über Kälte, Distanz, Misstrauen, Respektlosigkeit und Reaktanz wundern. Wer jedoch das Leitmotiv dieses Ratgebers – das durch Friedrich Nietzsche bekannt gewordene Wort Herders von der Fröhlichen Wissenschaft – beherzigt, der wird Dank, Zustimmung, Achtung und Akzeptanz von den Examenskandidaten ernten.

Anders als für den erfolgreichen Unternehmer ist für den Dozenten die Notwendigkeit, sich um „Kunden" zu bemühen, weniger ausgeprägt. Gleichwohl sollte es ihm nicht gleichgültig sein, wie zufrieden seine „Kunden" sind bzw. sein werden. Daher sollte jeder Betreuer von Examenskandidaten immer auch eine gute Portion *angewandte Psychologie* einbringen. Ein guter Hochschullehrer sollte nicht nur Psychologie, sondern darüber hinaus *Suggestopädie* anwenden: Er sollte sein Handeln stets von Überlegungen leiten lassen, wie er eine positive Lern- und Arbeitsatmosphäre schafft, wie er die Studenten überzeugend (und spielerisch) mitreißt, wie er seine Lektionen aufbaut, Materialien, Themen und Texte präsentiert und wie er die Teilnehmer an seiner Examens-AG mit einem guten Gefühl an ihre „Spielaufgabe" gehen lässt. Umberto Eco hatte seine Studenten der Literaturwissenschaft, die vor der Frage stehen, wie man eine wissenschaftliche Abschlussarbeit schreibt, ermuntert: „Wichtig ist, dass man das Ganze *mit Spaß* macht ... Dann werdet ihr merken, dass man die Arbeit als Spiel, als Wette, als Schatzsuche erleben kann. ... Ihr müsst die Arbeit als Herausforderung auffassen." (Eco 2003, S. 265f.) Ecos Ermunterung ist auszuweiten: Die Examensarbeit ist als eine Herausforderung für Studenten *und* für Dozenten aufzufassen. Soviel zum Vorspiel.

Erster Teil
Rüstzeug zur Anfertigung einer Examensarbeit

Erste Lektion
Anforderungen an schriftliche wissenschaftliche Arbeiten

> Wissenschaft ist ein vielseitiges
> Werkzeug.
> Sie kann auf jedem harmlosen,
> freundlichen oder bösen Aberglauben
> das scharfsinnigste Begriffsgebäude
> errichten.
>
> (Ludwig Marcuse)

Friedrich Schillers berühmte Frage seiner Jenaer Antrittsvorlesung am 26. Mai 1789 „Was heißt und zu welchem Ende studiert man Universalgeschichte?" könnte man aufgreifen und – bezogen auf die Examina an einer heutigen Hochschule – abwandeln: Zu welchem Ende benötigt man schriftliche wissenschaftliche Arbeiten und Anleitungen zum wissenschaftlichen Arbeiten? In die Tiefen der philosophischen und erkenntniskritischen Diskussion der Frage, was Wissenschaft denn eigentlich sei, braucht man dazu gar nicht hinabzusteigen. Es genügt festzuhalten, dass Wissenschaft in doppeltem Sinne verstanden werden kann: Wissenschaft im *subjektiven* Sinne ist systematisches Wissen von Individuen über Tatsachen und Zusammenhänge. Wissenschaft im *objektiven* Sinne ist ein systematisch geordnetes Gefüge von objektiven faktischen Sätzen. Da diese von einigen Menschen gekannt und anderen prinzipiell zugänglich sein müssen, ist Wissenschaft stets ein soziales Werk (vgl. Bochenski 1959, S. 18f.). Die vorliegende Anleitung wird Fragen aufwerfen und beantworten, die mit einer speziellen Form wissenschaftlichen Arbeitens zusammenhängen: dem Erstellen und Betreuen von Examensarbeiten an Hochschulen.

Dass die Wissenschaft in Hochschulen ihre wichtigste Heimstätte hat, wird niemand bestreiten. Dass die Hochschullehre und -forschung ohne die Kenntnis der (fach-)wissenschaftlichen Literatur und ohne die Beherrschung wissenschaftlicher Regeln und Methoden ihren Daseinszweck verlöre, ist ebenso unstreitig. Trotzdem wird sich – zumal an den heutigen „Massenuniversitäten" – mancher Student fragen: „Warum und zu welchem Zweck muss ich mich mit schriftlichen wissenschaftlichen Arbeiten herumplagen? Ich verspüre doch keinerlei Ambitionen für eine Laufbahn als Wissenschaftler. Ich habe doch nur vor, mich nach bestandenem Examen in der Wirtschaft oder bei der örtlichen Industrie- und Handelskammer zu bewerben. Ich möchte doch nur als Lehrer an einer berufsbildenden Schule jungen Menschen Grundwissen vermitteln. Ich möchte doch nur Wissen erwerben, das mir den Start in die Selbstständigkeit erleichtert. Sind schriftliche wissenschaftliche Arbeiten während meines Studiums nicht Zeitverschwendung oder gar Schikane?" Die Antwort ist ein klares Nein. Die Beherrschung wissenschaftlicher Regeln und Methoden bei der Anfertigung von Sach- und Fachtexten wird von Menschen in akademischen Berufen nicht nur erwartet. Sie hat auch eminent praktische Bedeutung für den jungen Akademiker und für seine kommunikativen Beziehungen.

Für den Hochschulabsolventen stellt die Examensarbeit den Nachweis seiner erfolgreich erlangten beruflichen Qualifikation dar. Für den einen ist sie wichtige Visitenkarte und Türöffner in die private Wirtschaft. Für den anderen ist sie Voraussetzung zur Einstellung in ein öffentliches Amt, etwa ein Referendariat. Für die meisten wird es irgendwann unausweichlich (für manchen sogar tägliches Brot), wissenschaftliche Texte anzufertigen, d.h. Sachtexte, die logisch strukturiert, möglichst vollständig, systematisch recherchiert und verarbeitet sowie mit genauen Quellenangaben belegt sein müssen. Gleich ob es sich um ein Vortragsmanuskript, einen Geschäftsbericht, ein fachliches Gutachten oder eine gesellschaftspolitische Stellungnahme handelt – immer werden Klarheit, Ehrlichkeit, Gedankenordnung, Folgerichtigkeit und Widerspruchslosigkeit erwartet. Für die kommunikativen Beziehungen zur Umwelt ist es auf jeden Fall wichtig, die Richtigkeit und Genauigkeit von Fachtexten beurteilen zu können. Für Menschen in verantwortlichen Positionen – sei es als Personalchef, als Verbandsgeschäftsführer, als Lehrer oder als sonstiger Verantwortungsträger – ist es im Berufsleben unabdingbar, die Korrektheit und Qualität von schriftlichen Ausarbeitungen erkennen und beurteilen zu können. Denn „wissenschaftliche" Texte können Täuschungen und Verzerrungen (in Tabellen!), dialektische Tricks, intellektuelle Unredlichkeiten, Plagiate und anderes Negatives enthalten. Solchen Texten wird – voraussichtlich mit unangenehmen Konsequenzen – erliegen, wer nicht selbst in der rechten wissenschaftlichen Arbeitsweise geübt ist.

Da die wissenschaftlichen Methoden von Menschen beherrscht und im sozialen Kontext „so oder so" angewandt werden können und da die Menschen die Ergebnisse ihrer wissenschaftlichen Arbeit immer über einen Schreibprozess (Kuhn 1989, S. 25) für andere niederlegen, kommt eine unsichtbare, aber wichtige Dimension ins Spiel: die *Moral wissenschaftlichen Arbeitens*. Sie wird in den meisten Ratgebern gar nicht und im Hochschulunterricht höchst selten *expressis verbis* angesprochen. Sie kann jedoch in der vertrauten Kleingruppenarbeit einer Examens-AG optimal vermittelt bzw. problematisiert werden. Manches, was „wissenschaftlich" daher kommt, ist dem äußeren Anschein nach korrekt, Quantitatives ist womöglich rechnerisch richtig – und dennoch unwahr. Unter dem Mantel der Wissenschaft kann Ideologisches verborgen sein, Marcuses „harmloser, freundlicher oder böser Aberglaube". Im wissenschaftlichen Gewand können „Wahrheiten" präsentiert werden, bei denen es sich in Wirklichkeit um Halbwahrheiten, mithin um Unwahrheiten handelt. Hinter wissenschaftlichen Formen können Diskriminierung und Verächtlichmachen anderer Menschen versteckt werden, was ungeschulte Leser gar nicht bemerken. Derartige wissenschaftliche Unmoral zu entlarven kann und muss geschult werden – selbstverständlich mit dem Ansporn, für die Examensarbeit stets den moralisch einwandfreien Einsatz wissenschaftlicher Techniken zu beherzigen und den Wissenschaftsmissbrauch nicht zu übernehmen. Die folgenden drei *Beispiele für wissenschaftliche Unmoral* helfen dabei:

Beispiel 1: Ablenkung und Informationsunterdrückung

Fußnoten, zumal Fußnoten mit zahlreichen Autoren- und Werkangaben, signalisieren dem Leser: Hier hast du es mit einer sorgfältigen wissenschaftlichen Arbeit zu tun! Aber sicher kann man da nicht sein. (Die Sicherheit des Urteils beruht auf Literaturkenntnis und steigt mit zunehmender Literaturkenntnis nur unterproportional). Selbst Kennern des Fachs erschließt sich der wissenschaftlich unmoralische Gebrauch von Fußnoten nicht leicht, etwa in folgenden Fällen:

– In einer Fußnote werden neun Autoren mit ihren Werken genannt, korrekt und vollständig mit allen bibliografischen Angaben. Alle Quellenhinweise sind auch im Kontext einleuchtend. Tatsächlich hat der Verfasser für die betreffende Textstelle jedoch Gedanken und Formulierungen eines zehnten, freilich an anderer Stelle genannten Autors übernommen – ein recht übles Ablenkungsmanöver.

– In keiner der vielen Fußnoten tauchen ein bestimmter Autor und seine einschlägigen Werke auf. Das fällt Literaturunkundigen gar nicht auf, Fachkundigen wohl nur bei intensivem Fußnotenstudium. Beruht die Nichterwähnung unseres verborgenen Autors auf Unkenntnis des Verfassers, dann liegt eine schlichte Horizonteinengung vor. Wird der fachlich einschlägige Autor bewusst nicht erwähnt, dann haben wir es mit einem bedauerlichen Charaktermangel, mit Unredlichkeit eines Wissenschaftlers zu tun. Jeder gute Journalist kennt die vergleichbare Todsünde seines Handwerks: Unterdrückung von Informationen.

Beispiel 2: Täuschung mit Prozenten
Spätestens seit Antoine de Saint-Exupéry wissen wir, dass nichts den Menschen so imponiert wie Zahlen. Tabellen (Zahlenübersichten) sind beinahe ein Muss in wissenschaftlichen Arbeiten. Wer in einer Tabelle ausschließlich Prozentwerte ausweist, ohne die jeweilige Basis zu nennen, namentlich eine Basis von weniger als hundert Fällen, ist leicht der wissenschaftlichen Unredlichkeit überführt. Mit bloßen Prozentangaben lässt sich trefflich täuschen. Seien Sie besonders vorsichtig bei 16,67 % – das könnte ein Antwortender von sechs Befragten sein! Hinter 12,5 % kann einer von acht Befragten stehen. Und die „überdeutliche Mehrzahl von 85,7 %" könnten sechs Personen von sieben sein.

Beispiel 3 Empirisch fundierte Ideologie
Ein wissenschaftliches Gutachten zur Reform des deutschen Gesetzes über den Ladenschluss stellt lange Reihen von Argumenten pro und contra eine Liberalisierung (diese Bezeichnung ist schon ideologisch eingefärbt!) zusammen. Am Ende wird der Saldo aus 43 Pro- und 47 Contra-Argumenten kommentiert: „Die Nachteile überwiegen die Vorteile einer Liberalisierung. Von einer Liberalisierung ist daher abzuraten." Als ob eine solche Saldenmechanik die unterschiedlichen Gewichte der Argumente erfassen könnte! Wäre der Autor dieses „wissenschaftlichen Gutachtens" Gewerkschaftsfunktionär oder Geschäftsführer eines Einzelhandelsverbands, dann würde jeder Auftraggeber und jeder Politiker, der empirisch fundierte Beratung erwartet, Voreingenommenheit des Autors mit einplanen. Kommt jedoch ein Wissenschaftler zum genannten Ergebnis, wird ihm Unvoreingenommenheit und Objektivität unterstellt. So sollte es sein. Das Fallbeispiel zeigt jedoch empirisch fundierte Ideologie!

> Merksatz
> Nur wer den rechten Gebrauch wissenschaftlichen Arbeitens kennt, kann auch seinen Missbrauch erkennen.

1.1 Allgemeine Anforderungen

Der Nachweis ihrer Fähigkeit zu wissenschaftlicher Arbeit wird von allen Hochschuldozenten und -studenten verlangt. Die Dozenten haben ihn längst erbracht und – etwa in Bewerbungsverfahren vor Berufungskommissionen – unter Beweis gestellt. Die Studenten erfahren aus der *Prüfungsordnung* für ihr Fachgebiet, dass sie mit ihrer Diplom-, Magister-, Bachelor-, Master- oder Staatsarbeit nachweisen müssen, „innerhalb einer" – im Einzelnen vorgeschriebenen – „Frist ein Problem aus ihrem Fachgebiet selbstständig mit wissenschaftlichen Methoden bearbeiten zu können". Die Formulierungen variieren dabei leicht in den universitären Prüfungsordnungen und für verschiedene Studiengänge. Fachhochschulen nehmen meist die folgende oder eine ähnliche Anforderung auf: Selbstständig zu bearbeiten sei „eine praxisorientierte Aufgabe nach wissenschaftlichen und fachpraktischen Methoden".

Fachwissenschaftliche Arbeiten werden regelmäßig als *Manuskripte* erstellt. Das Wissenschaftliche am Erstellen von Manuskripten liegt in der Systematik des Vorgehens (Planen, Sammeln und Aufbereiten) und im Einhalten allgemeiner Anforderungen. Die wissenschaftlichen Manuskripte unterscheiden sich deutlich nach Gehalt und Umfang. Die wichtigsten Manuskriptarten sind – nach zunehmendem wissenschaftlichen Anspruch sortiert – in Übersicht 1 zusammengestellt. Der vorliegende Ratgeber beschäftigt sich ausschließlich mit den durch Schattierung hervorgehobenen schriftlichen Examensarbeiten.

Übersicht 1: Ausgewählte wissenschaftliche Manuskriptarten

In Anlehnung an Theisen, Manuel René: Wissenschaftliches Arbeiten, 6. Aufl., München 1992, S. 7.

Die an die Bearbeiter von Examensarbeiten gestellten allgemeinen Anforderungen bestehen im Wesentlichen aus dem Nachweis von drei Fähigkeiten:

– Beherrschung des fachgebietsbezogenen Themeninhalts und der angewandten Methoden;
– themengerechte Problembeschreibung;
– selbstständige Materialbeschaffung, -auswertung und –verarbeitung innerhalb der vorgegebenen Frist.

An die anderen Manuskriptarten bzw. ihre Bearbeiter werden z.T. abweichende allgemeine Anforderungen gestellt. Beispielsweise enthalten *Protokolle* (Verlaufs- oder Ergebnisprotokolle) inhaltlich nur in aller Kürze thesenhafte Zusammenfassungen, ansonsten Sitzungsdokumentationen (Datum, Anfangs- und Endzeiten, Teilnehmer, Beschlussfähigkeit usw.). In zusammenfassenden *Thesenpapieren* sind eigene Meinungen des Verfassers erlaubt. Für die *Übungs-*, die *Seminar-* oder für die *Studienarbeit* (von der Berufsakademie Baden-Württemberg als „wissenschaftsbezogene Literaturarbeit" bezeichnet) wird kein umfassender wissenschaftlicher Apparat erwartet; sie wird vielfach als Voraussetzung für die Anfertigung einer Diplomarbeit verlangt. In der unter Aufsicht und nach Zeitvorgabe zu erstellenden *Klausur* wird die komprimierte Reproduktion des im Unterricht erlangten Wissens und der gelernten Methoden verlangt. In der zur Erlangung des Doktorgrades notwendigen *Dissertation* wie in der zur Erlangung der Lehrbefähigung an wissenschaftlichen Hochschulen erforderlichen *Habilitationsschrift* werden hingegen die vollständige Auswertung der einschlägigen Literatur und neue Forschungsergebnisse verlangt.

Die allgemeinen Anforderungen an wissenschaftliche(s) Arbeiten sind zwar nicht allgemeinverbindlich kodifiziert. Es besteht jedoch weitgehend Konsens über die folgenden *Mindestanforderungen* an schriftliche wissenschaftliche Arbeiten:

- Objektivität
- (Begriffs- und Argumentations-)Klarheit
- Nachprüfbarkeit
- Vollständigkeit der Themenbehandlung
- Übersichtlichkeit der Darstellung

Diesen fünf Mindestanforderungen nicht direkt zuzuordnen ist eine weitere, für Examensarbeiten typische formale Anforderung: die

- Mindestanzahl und Abfolge der Bestandteile.

Die Anzahl der Bestandteile variiert mit der Art der wissenschaftlichen Arbeit. Für wissenschaftliche Buchveröffentlichungen geben in der Regel die Verlage spezielle Richtlinien heraus. Aus welchen Teilen eine Examensarbeit bestehen soll und in welcher Reihenfolge sie darzustellen sind, wird meist vom betreuenden Lehrstuhl vorgegeben. Eine typische Mindestanzahl und Reihenfolge der Bestandteile einer Diplom-, Haus- oder Magisterarbeit sieht wie folgt aus:

- Einband
- Titel
- Inhaltsverzeichnis
- Abbildungsverzeichnis

- Abkürzungsverzeichnis
- Text der Arbeit
- Anhang
- Literaturverzeichnis
- Ehrenwörtliche Erklärung

Umfangreichere veröffentlichte wissenschaftliche Werke umfassen noch weitere Teile, z.B. die Titelei mit Schmutztitel (Leerseite mit Name und Signet des Verlages), Titelseite(n) mit Kurztitel, Name(n) des Autors oder der Autoren, ggf. Name und Nummer der Reihe, in der das Werk erscheint, Impressumsseite mit bibliografischer Information der Deutschen Bibliothek und ISBN, ggf. Widmung, Geleitwort (eines Dritten, nicht des Verfassers) und Vorwort (des Verfassers), Inhaltsverzeichnis (z.b. eine etwa einseitige Kurzübersicht über den Inhalt, begrenzt auf die ersten zwei Gliederungsebenen), Register (Personen-, Orts- und/oder Sachregister), Lebenslauf (bei Dissertationen) oder biografische oder bibliografische Angaben zum Autor bzw. zu den Autoren (bei Sammelwerken).

Wenngleich für die Anfertigung einer Examensarbeit nicht immer, d.h. nicht an allen Hochschulen und an allen Lehrstühlen, die strengste Einhaltung von Regeln verlangt wird, sollten die Teilnehmer der Examens-AG doch darüber informiert sein, dass in Deutschland zahlreiche Konventionen über die Anfertigung wissenschaftlicher Arbeiten entwickelt und in Form von DIN-Normen festgeschrieben wurden. Für das Anfertigen einer Examensarbeit wären (allerdings nur bei extrem hohem Anforderungsniveau!) z.b. folgende DIN-Normen einzuhalten:

DIN 5008	Schreib- und Gestaltungsregeln für die Textverarbeitung
DIN 1422	Teil 4: Gestaltung von Forschungsberichten
DIN 1426	Inhaltsangaben von Dokumenten
DIN 1505	Teil 2: Titelangaben von Dokumenten : Zitierregeln
DIN 1505	Teil 3: Titelangaben von Dokumenten : Literaturverzeichnis
DIN 1338	Formelschreibweise und Formelsatz
DIN 461	Grafische Darstellung in Koordinatensystemen (Diagrammerstellung)

Wer als Dozent oder als Bearbeiter dieses Regelwerk wissenschaftlichen Arbeiten zugrunde legen will, kann auf das vom Deutschen Institut für Normung herausgegebene Buch „Präsentationstechnik für Dissertationen und wissenschaftliche Arbeiten: DIN Normen", zurückgreifen (vgl. auch Scholz 2001). Über den Beuth-Verlag können DIN-Normen auch online als pdf-Dokument bezogen werden. Die Preise dafür sind allerdings höher als die für die Druckversion der Normen.

1.2 Besondere Anforderungen des Lehrstuhls

Für die Studenten als Bearbeiter einer Examensarbeit ist es wichtig, die besonderen Anforderungen des betreuenden Dozenten bzw. Lehrstuhls zu kennen. Hinreichende Sicherheit vor Überraschungen gewährt ein lehrstuhleigener *Leitfaden* zur Anfertigung schriftlicher wissenschaftlicher Arbeiten. Diesen sollte der Dozent tunlichst selbst erstellt haben. Ein solcher Leitfaden bietet nützliche Informationen, ist relativ kostengünstig herzustellen und ist insofern ein sinnvolles Organisationsmittel, als er FAQs (*frequently asked questions*) enthält und beantwortet und somit mancherlei Rückfragen erspart. Auch können ihn die wissenschaftlichen Mitarbeiter für Beratungszwecke nutzen. Anstelle von gedruckten Exemplaren kann der Leitfaden auch als pdf-Datei ins Internet gestellt werden. Es ist ratsam, seine Nutzungsmöglichkeit, z.b. das Herunterladen mittels Passwort, auf den Kreis der eigenen Examenskandidaten zu beschränken.

Falls kein derartiger Leitfaden, kein Merkblatt, kein Reader und keine sonstigen schriftlichen Hinweise zur Anfertigung der Examensarbeit vorliegen und auch kein Ratgeber als Richtlektüre empfohlen wird, werden die Studenten alle Hebel in Bewegung setzen, um die lehrstuhleigenen bzw. -typischen Anforderungen herauszubekommen. Sie werden versuchen, Ehemalige ausfindig zu machen, die Sprechstunden des Dozenten und seiner Mitarbeiter aufzusuchen, am Lehrstuhl erstellte Diplom-, Magister- oder Hausarbeiten einzusehen usw. – lauter mühselige, dabei keineswegs sichere Wege. Ein besonderer Dauerbrenner ist die drängende Frage nach dem (dem Dozenten genehmsten) *Umfang* der Examensarbeit. Die Prüfungs- und Studienordnungen sehen meist Soll-Längen, z.b. sechzig bis siebzig Seiten, vor. Präferiert der Dozent eher sechzig oder eher siebzig Seiten? Akzeptiert er auch fünfzig Textseiten? Oder ist er erst mit mindestens hundert Textseiten richtig zufrieden? Solche und andere Fragen zum Anforderungsprofil können am besten im Rahmen einer Examens-AG geklärt werden. Hier kann der Dozent seine Erwartungen an die Examensarbeit präzisieren, alle Kandidaten mit dem nötigen Rüstzeug versehen und sie mit seinen persönlichen Vorlieben und Abneigungen vertraut machen.

Gleichgültig ob ein Leitfaden erhältlich ist oder nicht, ob der Dozent seine Anforderungen an die Examensarbeit persönlich vermittelt oder nicht – auf einer Auskunft sollten die Studenten auf jeden Fall bestehen: auf der Nennung seiner *Bewertungskriterien* (vgl. Elfte Lektion). Vielfach sind es Kleinigkeiten, auf die der eine Dozent großen Wert legt, die von einem anderen jedoch völlig unbeachtet bleiben. Beispielsweise kann der eine die vom Bearbeiter eingebauten Querverweise als Ausdruck gründlicher Strukturierung der Arbeit positiv einschätzen, während ein anderer sie als störenden Ballast negativ beurteilt.

Das Studium der feinsten Ratgeber nützt am Ende nichts, wenn der betreuende Dozent ganz andere Maßstäbe an die Bewertung von Inhalt und Form der fertigen Examensarbeit anlegt.

Merksatz

Erschrecken Sie nicht vor einschüchternden Anforderungen an wissenschaftliche Arbeiten! Nehmen Sie keine defensive Haltung ein! Gehen Sie positiv-neugierig ans Werk! Denn: „Wissenschaftliches Arbeiten ist die systematische und nachvollziehbare Befriedigung von Neugier." (Theisen 1999, S. 204)

Zweite Lektion
Sprach- und stilkritische Hinweise

> Alle Wissenschaft hat als Ausgangs-
> punkt ein Zweifeln,
> gegen das der Glaube sich auflehnt.
>
> (André Gide)

Wissenschaft wurde als ein soziales Werk charakterisiert. Der wissenschaftliche Forschungsvorgang selbst wie die Weitergabe wissenschaftlicher Erkenntnisse sind immer auch ein *Schreibvorgang*. Daher werden von jedem wissenschaftlich tätigen Menschen schriftliche Nachweise seiner Befähigung verlangt. Er muss das fremde, übernommene und das eigene wissenschaftliche Gedankengut schriftlich niederlegen. Die Umsetzung der gedanklichen Sprache („innere Sprache") in Schriftsprache ist Notwendigkeit und Kunst zugleich. Da man nach *der* wissenschaftlichen Sprache und *dem* wissenschaftlichen Stil vergeblich suchen würde und da sich auch dem Wirtschafts- und Sozialwissenschaftler das ganze Spektrum sprachlicher und stilistischer Möglichkeiten öffnet, sind hier Reglementierungen weder möglich noch wünschenswert. Dennoch können dem (Nachwuchs-)Wissenschaftler einige Arbeitshilfen an die Hand gegeben werden. Was die wissenschaftliche Sprache betrifft, so beziehen sich die nachfolgenden Anleitungen im Wesentlichen auf das allgemeine deutschsprachige Regelwerk und auf einige wissenschaftliche Sprachkonventionen. Wissenschaftliche Stilfragen sind hingegen kaum durch Regeln und Konventionen festgelegt. Als eine didaktisch wirkungsvolle Methode sei dem Dozenten empfohlen, stilistische Schwächen und sprachliche Nachlässigkeiten aus Diplom- oder anderen Examensarbeiten zusammenzustellen und diese den Examenskandidaten zur selbstständigen und gemeinsamen Aufklärung anzubieten – aus Fehlern zu lernen.

Für jede schriftliche Äußerung gilt, dass die *allgemeinen Sprachregeln* der verwendeten Sprache(n) einzuhalten sind. Sie betreffen *Rechtschreibung, Zeichensetzung* und *Grammatik*. Für Examensarbeiter gilt die Grundregel, bei Zweifeln an der Rechtschreibung, an der Zeichensetzung oder an der Grammatik in geeigneten Nachschlagewerken nachzuschauen, etwa in den für den deutschen Sprachraum maßgeblichen Duden-Ausgaben (Duden Band 1: Rechtschreibung, Duden Band 4: Grammatik). Zweifel an der Korrektheit sind nichts Negatives oder Ehrenrühriges, sondern die beste Voraussetzung für sprachlich einwandfreie Darstellungen. Verstöße gegen die sprachlichen Spielregeln werden zwar von den meisten Dozenten bei der Bewertung der schriftlichen Arbeit nicht als besonders schwer wiegend angekreidet. Sie sind gleichwohl zu vermeiden, weil sie (a) zu Unklarheiten und Verfälschungen und (b) zur Verstimmung des Lesers – und das ist zunächst der Dozent als Erstgutachter – führen. Zum Glück verfügen moderne Textverarbeitungssysteme über *Rechtschreibprogramme* (vor allem für Deutsch und Englisch), manche auch über Trennungsprogramme. Sie sind gewiss eine große Hilfe. Nur sollte man sich nicht blind darauf verlassen, sondern die Rechtschreibung und alle Trennungen durch gründliches Lesen überprüfen.

Eines kann allerdings auch das beste Rechtschreibprogramm nicht prüfen: die korrekte Schreibung von *Zahlen mit mehr als drei Ziffern*. Da Zahlen und Zahlenübersichten gerade in wirtschaftswissenschaftlichen Examensarbeiten häufig verwendet werden, sei auf die Duden-Richtlinie R 134 hingewiesen. Danach werden ganze Zahlen aus mehr als drei Ziffern grundsätzlich von der Endziffer aus in dreistellige Gruppen zerlegt. Gegliedert wird entweder durch Zwischenräume:

2 178 449 €   20 000 kg   3 125

oder durch Punkte (nicht Kommata):

2.178.449 €   20.000 kg   3.125.

Die Normalgliederung durch Punkte kann allerdings zu Verwechslungen führen, da im Englischen der Punkt die Dezimalstelle anzeigt, die im Deutschen durch Komma angezeigt wird. Die eine Nummer anzeigende Ziffernfolge kann auch anders gruppiert werden, z.B. eine Telefonnummer: 0211 – 76 40 48.

Wenn von der Schule keine ausreichenden Grundlagen in Zeichensetzung und Grammatik mitgebracht werden, dann können solche Mängel in einer Examens-AG nicht beseitigt werden. Auch können nicht alle Fallstricke der deutschen Zeichensetzung und Grammatik durch eine Übung bewusst gemacht und restlos aus dem Weg geräumt werden. Im Grunde bleiben dann nur ein dringender Appell und eine Empfehlung:

Merksatz

Die Zeichensetzungs- und Grammatikregeln im Duden nachschlagen! Das Manuskript in seiner Endfassung und vor dem Druck von jemanden durchsehen lassen, der der Zeichensetzung und der Grammatik mächtig ist!

Die allgemeinen Sprachregeln gelten auch für wissenschaftliche Arbeiten. Dennoch sind einige besondere *wissenschaftliche Sprachregeln* bzw. -usancen hinsichtlich Ausdrucksweise, Satzbildung und Satzfolge zu beachten, die in einer Fachwissenschaft üblich, wenn auch nicht kodifiziert sind. Einige Dozenten legen auf ihre Einhaltung keinen Wert, andere legen hier besonders strenge Maßstäbe an. Die Regelkenntnis ist auf jeden Fall ratsam.

Eine allgemeine, eigentlich selbstverständliche wissenschaftliche Sprachregel ist Klarheit im Ausdruck. „*Gedanken und Gedankenfolgen* können beim Leser/ Gutachter nur dann ‚klar' ankommen, wenn sie in *eindeutig verständliche, aussagefähige Worte, Sätze und Satzfolgen* gefasst sind" (Bänsch 1996, S. 18). Klarheit sollte nicht nur die Problemstellung, den Aufbau und den gesamten Gedankengang einer wissenschaftlichen Arbeit prägen, sondern auch die Ausdrucksweise und die Satzbildung. Das ist zwar leichter gesagt als getan. Manches aus dem Deutsch-Unterricht muss man in der schriftlichen wissenschaftlichen Arbeit sogar vergessen. So gilt die alte Aufsatzregel „den Ausdruck wechseln" (damit der Text aufgelockert wird) für wissenschaftliche Arbeiten nicht. Hier muss konsequent an einem (Kern-)Begriff festgehalten werden, damit keine Unklarheiten auftauchen. Wer es etwa mit dem Begriff „vertikale Kooperation" zu tun hat, darf im Text dafür nicht gleichzeitig Begriffe wie „Kooperation zwischen Industrie und Handel", „Retro-Kooperation", „vertikale Partnerschaft" oder Ähnliches verwenden. Echte *Synonyme* (gleichbedeutende Begriffe) sind seltener als man denkt. Genau so gehört es zur Klarheit im Ausdruck, *Antonyme* („Gegenbegriffe", z.B. schwarz/weiß) korrekt einzusetzen. Wer etwa „Unternehmer" und „Händler" gegenüberstellt, beweist damit nur seine ökonomische Unwissenheit.

Was die *Satzbildung* betrifft, so gehen die Meinungen nicht nur der Gelehrten auseinander. Die einen verlangen möglichst kurze Sätze, die anderen halten verschachtelte Bandwurmsätze für *den* Ausdruck wissenschaftlicher Darstellungsweise. Solange die bloße Satzlänge nicht zu Miss- oder Unverständnis führt, ist dies lediglich eine Stilfrage. In der Examens-AG sollte jedenfalls kein Stilzwang aufgepfropft, sondern Stilfreiheit gewährt werden. Unabdingbar sind kurze Sätze nur in Referaten. In schriftlichen Arbeiten gibt es hingegen keine eindeutige Regel zur Satzlänge. Einerseits halten lange Sätze einen komplexen

Tatbestand sichtbar zusammen und tragen kurze Sätze zu mehr Klarheit und erleichtertem Lesefluss bei. Andererseits ermüden zu viele lange Sätze den Leser und erschweren das Verständnis und wirken zu viele kurze Sätze („Asthmastil") unsystematisch. Das Optimum liegt wohl in der Mischung aus langen und kurzen Sätzen. Für alle Sätze, aber auch für Satzteile gilt, dass sie nicht substanzlos und nicht unlogisch sein dürfen. *Substanzlos* ist z.B. der Satz „Nach Behandlung des Gliederungspunkts 3.3.2 soll im Folgenden auf den Gliederungspunkt 3.3.3 näher eingegangen werden". Substanzlos und somit überflüssig sind Füllwörter wie „halt", „halt eben", „doch", „natürlich", „wie gesagt" usw. *Unlogik* kann sich sowohl in Einzelbegriffe (Begriffslogik) als auch in die Argumentation (Argumentationslogik) und in die Absatzbildung (Gliederungslogik) einschleichen. Besonders beliebt und resistent sind unlogische Begriffe wie „einzigste(r)", „wesentlichste(r)", „optimalste(r)". Unlogisch sind auch Verdoppelungen („wie schon bereits gesagt") und der Ausdruckswechsel bei stehenden Redeweisen: „Einerseits ..., zum anderen ...", „wobei die Preise als auch die Mengen festzulegen sind".

Bei der *Wortwahl* soll und kann nicht Alles und Jedes geregelt werden. Ein paar vermeidbare Stilmängel – ausgesprochene Störfaktoren in wissenschaftlichen Arbeiten – seien aber doch genannt:

– *Abkürzungen* im Übermaß: Allgemein übliche Abkürzungen („z.b.", „Vf.", „a.a.O.", „usw.") sind immer, kontextbezogene Abkürzungen grundsätzlich erlaubt. Den Lesefluss und das Verständnis stört allerdings eine Überfülle an Abkürzungen. Wenn der Bearbeiter für häufig vorkommende Wendungen, namentlich für fachliche Begriffe, eine Abkürzung wählt, dann ist der betreffende Begriff bei seiner ersten Erwähnung im Text auszuschreiben und die Abkürzung der Langfassung in Klammern anzufügen. Beispiel: „In den USA ist das Konzept der Kapazitäts-orientierten variablen Arbeitszeit (KAPOVAZ) schon in den siebziger Jahren des 20. Jahrhunderts von vielen Unternehmen eingeführt worden." Im weiteren Verlauf genügt dann die Kurzfassung;
– umgangssprachliche *Phrasen*;
– *Übertreibungen* („enorme Umsatzeinbußen", „katastrophale Ergebnisse");
– *Modewörter oder -schreibweisen* (Man denke nur an die verbreitete „Apostrophitis", die fälschliche Verwendung von – eigentlich eine Auslassung kennzeichnenden – Apostrophen, z.B. Marianne's Blumenladen, Gutenberg's Grundlagen oder eine Flotte von Lkw's);
– *emotionale* Vergleiche, Bilder oder Symbole;
– *Angstwörter*, die die Unsicherheit des Verfassers verdecken sollen, aber zur Unklarheit des Textes beitragen („wohl", „fast", „irgendwie", „gewissermaßen", „vielleicht", „... oder so");

– *Pleonasmen* (überflüssige Häufungen sinngleicher oder -ähnlicher Begriffe, z.B. „das einzelne Individuum").

Ein Kapitel für sich sind die *Fremdwörter*. Zur klaren deutschen Sprache gehört grundsätzlich die Vermeidung von Fremdwörtern, die eindeutige Sachverhalte nicht präziser als deutsche Begriffe kennzeichnen. Zur Fachsprache zählende Fremdwörter (*termini technici*) sind auf jeden Fall zulässig. Wo sonst wenn nicht an Hochschulen sollte schließlich der Umgang mit Fremdwörtern vertraut werden? Nur: Ein Text mag wissenschaftlich klingen allein durch den Gebrauch zahlreicher Fremdwörter, er *wird* dadurch aber nicht wissenschaftlich. Im Gegenteil: Übertrieben häufige Fremdwortwahl, falsche Fremdwortanwendung, Anglizismen, Latinismen und falsche Schreibweise entlarven den Verfasser – das ist eine Tatsache, kein „Fakt" – oder führen zu Unverständnis oder Missverständnissen („Substitut" statt „Substitutionsgut"). Vor solchen sprachlichen Fehlleistungen war auch jener Dekan nicht gefeit, der dem festlichen Auditorium kundtat, er müsse dies und jenes *cora publicum* beklagen – was er besser *coram publico* beklagt hätte.

Was die *Fachsprache* betrifft, so gilt auch für Examensarbeiten, dass *exakte* Begriffe notwendig sind, und zwar

– zur genauen, prägnanten und abgrenzenden Beschreibung von Sachverhalten (unabdingbar für das Funktionieren der Rechtsordnung),
– für genaue empirische Untersuchungen (Statistiken; Betriebsanalysen),
– zur Verständigung mit Praktikern und
– zur Vermeidung von begriffsimmanenten Wertungen (Anklage, Rechtfertigung; Abwertung, Aufwertung; pejorative oder angeberische Sprache).

Die Fachsprache hat aber auch gelegentlich ihre Tücken. Manch ungenauer, unverständlicher, wertender Begriff und selbst inhaltlich falsche Begriffe werden unbesehen als Fachjargon übernommen und verbreiten sich erstaunlich schnell. Übersicht 2 stellt ein paar Beispiele für nachlässigen und korrekten Gebrauch der handelswissenschaftlichen Fachsprache gegenüber. Wenn etwa der Begriff „Distribution" im Sinne von „Handel" verwendet wird, wie es nicht selten geschieht, dann ist diese Gleichsetzung aus drei Gründen nicht korrekt:

– Der Begriff „Distribution" stammt aus dem Lateinischen, und „distribuere" = „verteilen" verkennt die Funktionen und Leistungen des Handels völlig. Verteilt werden Flugblätter oder Gulaschsuppe. Der Handel leistet etwas ganz anderes.
– Der Begriff „Distribution" ist seit den Klassikern der Nationalökonomie fachsprachlich längst vergeben und gekennzeichnet – neben Produktion und Kon-

sumtion – die (funktionale und personale) Einkommensverteilung. Entsprechend heißt die Umverteilung der Einkommen „Redistribution".

- Bei dem Begriff „Distribution" handelt es sich um eine Art Reimport aus dem angelsächsischen Sprachraum. In Deutschland steht dafür spätestens seit den dreißiger Jahren des 20. Jahrhunderts der Begriff „Absatzwirtschaft" (der Nürnberger Schule) zur Verfügung.

Übersicht 2: Nachlässiger Gebrauch der handelswissenschaftlichen Fachsprache

anstatt ...	besser ...
Diskonthandel, -betrieb	Discounthandel, -betrieb
Distribution*	Absatzwirtschaft, Absatz (nicht „Verteilung"!)
Gewinnspanne	Handelsspanne, Marge; Gewinn
Kettenunternehmen, -betrieb	Filialunternehmen, -betrieb
Kleinhandel	Einzelhandel
Markenartikel	Markenware (Herstellermarke, Handelsmarke)
Mittelständische Unternehmen	kleine und mittlere Unternehmen (KMU)
outlet	Laden, Geschäft, Verkaufsstätte; Filiale
positionieren (Ware)	platzieren
Umschlagsgeschwindigkeit	Umschlagshäufigkeit
Zulieferer	Lieferer, Lieferant

* ausnahmsweise erlaubt: Rudolf Seyfferts „Distributionskette" und „Distributionsspanne" als *termini technici*.

Merksatz
Fremdwörter sind als *termini technici* immer zulässig. Als allgemeinsprachliches Werkzeug sollten Fremdwörter zurückhaltend eingesetzt werden und nur unter drei Voraussetzungen:
- Sie müssen im Textzusammenhang genau passen. (Syntaktische Ebene)
- Sie müssen inhaltlich stimmen, das Gemeinte genau ausdrücken. (Semantische Ebene)
- Sie müssen richtig geschrieben werden. (Pragmatische oder orthografische Ebene)

Zur Klarheit und Verständlichkeit einer wissenschaftlichen Arbeit trägt auch die *Satzfolge* bei. Da die Satzfolge dem Ablauf des Gedankengangs entspricht, müssen die Sätze widerspruchsfrei sein und erkennbar aufeinander aufbauen. Dazu ist es notwendig, die Gedanken und Sätze zu Absätzen zu gruppieren.

Absätze trennen Sinneinheiten und setzen in der Examensarbeit einzelne Argumentationsschritte optisch voneinander ab. Verstöße gegen diese Regel sind häufig zu finden. Entweder werden trotz Vorliegen von Sinneinschnitten zu wenige Absätze oder ohne Vorliegen von Sinneinschnitten zu viele Absätze gebildet. Seitenlange Textblöcke sind – nicht immer, aber doch häufig – ein Indiz für geringe Gedankenstrukturierung. Zu viele Absätze, etwa nach jedem einzelnen Satz, sind Ausdruck fehlender Gedankenstrukturierung, eher ein Indiz für Seitenschinderei.

Merksatz

Jeder Absatz deutet einen Gedankeneinschnitt an. Er kennzeichnet den Beginn eines neuen Gedankens.

Einige Wendungen deuten eine enge Verbindung zwischen zwei Gedanken oder Sätzen an. Enthält der Folgesatz Wendungen wie „daher", „folglich", „ebenso", „genauso", dann gehört er in denselben Abschnitt wie der vorangegangene Satz – Beispiele für Gliederungslogik.

Die Diplom-, die Magister-, die Staatsarbeit, die Bachelor- oder die Master-Arbeit unterliegt in besonders hohem Maße dem *Gebot wissenschaftlicher Ehrlichkeit*. Daher sehen die Prüfungsordnungen in der Regel vor, dass der Bearbeiter seiner Examensarbeit eine „Ehrenwörtliche Erklärung" beizufügen hat. Jedes fremde Gedankengut ist als solches auszuweisen, entweder als wörtliches Zitat oder als sinngemäße Übernahme (Entlehnung). Zur Auswahl stehen verschiedene Zitiertechniken, die in der Fünften Lektion näher dargestellt werden. Die Wahl der geeigneten Technik bleibt dem Bearbeiter überlassen; sie ist jedoch streng beizubehalten. Wer fremdes Gedankengut nicht als solches ausweist, also ein *Plagiat* vornimmt, diskriminiert sich selbst als solider Wissenschaftler. Ein Plagiat ist geistiger Diebstahl und verstößt gegen das Urheberrecht. Wie der Deutsche Hochschullehrerverband im Jahre 2002 in einer Resolution festgestellt hat, nimmt die Anzahl von Plagiaten ständig zu. Durchaus für beide, für Dozenten wie für Studierende, sind die „elektronischen Verlockungen" groß geworden: Zum einen können Dokumente aus dem Internet heruntergeladen und – ohne Anführungszeichen und Quellenangabe – als eigene Texte vorgegeben werden. Zum anderen können fremdsprachliche Texte mittels eines Übersetzungsprogramms ins Deutsche übertragen werden, sei es direkt, sei es indirekt über eine zwischengeschaltete Texterkennung (OCR), die eine Bearbeitung unter Word (und dann keinen Rückschluss mehr auf die ursprüngliche Quelle) zulässt. Leider sehen weder das Hochschulrahmengesetz noch die Landeshochschulgesetze noch alle Hochschulprüfungsordnungen Sanktionen gegen einen derartigen Betrug vor. Den Dozenten ist dringend zu raten, gleich zu

Beginn der Betreuungsarbeit den Examenskandidaten die Konsequenz von Plagiaten klar zu machen: Nichtbewertung der Arbeit bzw. Bewertung mit „mangelhaft".

Für die Dozenten – jedenfalls in erster Linie für die Dozenten; die Studierenden mögen gern auch davon Gebrauch machen, wenn sie entsprechende Zweifel an der Originalität eines Buch- oder Aufsatzteils haben – folgende *Tipps*, wie man Internet-Plagiatoren auf die Schliche kommen kann:

– Im Internet mit Hilfe von Suchmaschinen (z.B. Altavista, Fireball, Google, Lycos) und Sammlungen wie Yahoo gezielt nach verdächtigen Sätzen, ungewöhnlichen Ausdrücken oder Fehlern, die z.B. in mehreren Arbeiten auftauchen, forschen;
– hilfreiche Websites mit fertigen Ausarbeitungen wie www.hausarbeiten.de oder
– die englischsprachige Website www.plagiarism.org mit Hilfen gegen den „Internet-Plagiarismus" aufrufen (vgl. Schäufler 2002, S. 57).

> **Merksatz**
> Sie haben den Verdacht, eine stilistisch oder inhaltlich auffällige Formulierung könnte ohne Quellenangabe wörtlich nachempfunden worden sein. Geben Sie in eine beliebige Internet-Suchmaschine drei Begriffe aus dem Kontext (ohne Kommata und ohne Anführungszeichen) ein: „Hochschulen", „Handelswissenschaft" und „Selbstvermarktungserfolg". Und schon sprudelt die Quelle!

Den Bearbeitern einer wissenschaftlichen Arbeit ist anzuraten, schon bei der Materialsammlung jedes Exzerpt, jede Kopie oder jede übernommene Formulierung unverzüglich mit einer genauen Quellenangabe zu versehen. Sonst kann es leicht passieren, dass man unbeabsichtigt zum Falschspieler wird, nur weil man nicht mehr sicher ist, ob diese oder jene Formulierung von einem selbst stammt oder übernommen ist.

> **Merksatz**
> Bedenken Sie, dass ein akademischer Abschlussgrad, z.B. ein Diplomgrad, verliehen wird. Ein schwerwiegendes akademisches Fehlverhalten, also auch ein nachträglich aufgedecktes massives Plagiat, kann selbst nach Jahren noch zum Entzug des Abschlussgrads führen.

Schließlich sei darauf hingewiesen, dass in wissenschaftlichen Arbeiten die *Ich-Form* unüblich ist. Persönliche Stellungnahmen sind zu vermeiden. Wenn sie aber doch erforderlich werden und begründet sind, braucht niemand sein Licht unter den Scheffel zu stellen. Es gibt Auswege, und die haben nichts zu tun mit „Verstecken der eigenen Haltung hinter der dritten Person", von dem ein Duden-Ratgeber spricht. Wer wichtige eigene Ansichten, Beobachtungen, Erfahrungen oder kritische Anmerkungen einbringen will, kann unter Formulierungen wie „Der Verfasser ist der Ansicht", „Der Verfasser hat beobachtet" oder ähnlichen Formulierungen wählen. Allerdings ist anzumerken, dass in einigen Disziplinen davon abgeraten wird, mit „Der Verfasser" zu operieren. Noch stärker unpersönlich sind Formulierungen wie „Hierzu ist auf ... zu verweisen" oder „Dieser Ansicht muss nachdrücklich widersprochen werden." Gleichermaßen unüblich und ersetzbar ist die *Wir-Form*, etwa bei Gruppenarbeiten. Mit dem ehedem verbreiteten *pluralis maiestatis* „Wir sind zu der Überzeugung gelangt, dass..." mag sich ein großer Gelehrter gern schmücken. Heute wirkt so etwas allerdings eher wie eitle Selbstauszeichnung. Selbst erstellte Tabellen, eigene Grafiken, Fotos, Zeichnungen und Übersichten bekommen als Quellenangabe ebenfalls einen unpersönlichen Vermerk: „Eigene Berechnung des Vf." oder „Eigene Grafik der Vf.".

Die Examens-AG bietet im Übrigen Gelegenheit, eine einfache und nachhaltige Methode der Stilüberprüfung auszuprobieren: die *präventive Schwächenvermeidung* anhand einer Sammlung konkreter Beispiele für stilistische Missgriffe. Jedem Dozenten wird es leicht fallen, eine Beispiel-Sammlung mit stilistisch bedenklichen Originalzitaten aus Diplom- oder sonstigen Examensarbeiten zusammenzustellen und durchzusprechen. Da der Sprachstil im Grunde nicht falsch sein kann, sondern nur mehr oder weniger gut, und da kein Examenskandidat seinen eigenen Stil verleugnen soll, sollten auch nur extreme Verstöße aufgegriffen werden. Es wäre unsinnig, alle nur denkbaren Stilfehler auflisten zu wollen. Drei besonders auffällige Stilkomplexe seien zur praktischen Übung empfohlen:

– nachlässiger oder wissenschaftsinadäquater Sprachstil
– Argumentations- und Begriffsunlogik
– fremdsprachliche Missgriffe

Manchmal genügt ein Aha-Effekt über die Aufdeckung einer sprachunlogischen Formulierung – z.B. „Die Untersuchung hat zwei verschiedene Probandengruppen angesprochen, *zum einen* die Einzelhändler und *auf der anderen* Seite die Verbraucher" –, um in Zukunft vor Sprachunlogik gefeit zu sein. Gleiches gilt für fremdsprachliche Irrtümer wie *mens sano in corpore sana* oder (Fuß-)Angelsächsisches wie „... wurde in 1924 gegründet". Zu beachten und deutlich zu machen ist freilich, dass die Suche nach sprachlichen Fehlern und stilistischen Schwächen keinesfalls Angst vor dem Formulieren auslösen soll, sondern dass die Beispiele nur die Urteilsfähigkeit beim Textabfassen schärfen sollen. Dann hat es den Vorzug, gleichzeitig lehrreich, unterhaltsam und motivierend zu sein.

Merksatz
Achten Sie auf Sprachschlampereien in offiziellen Texten Ihres Fachs und sammeln Sie die schönsten Beispiele als Stilblüten und Würze für Ihre Examens-AG.

Merksatz
Achten Sie auf Sprachschlampereien in offiziellen Texten Ihres Fachs und sammeln Sie die schönsten Beispiele als Stilblüten. Wenn sich Ihr Betreuer nicht erfreut zeigt, wird es die Redaktion Ihrer Studentenzeitung sicher tun.

Dritte Lektion
Planung der Examensarbeit

Wer Großes will, muss sich zusammenraffen.
In der Beschränkung zeigt sich erst der Meister,
Und das Gesetz nur kann uns Freiheit geben.

(Johann Wolfgang von Goethe)

Nach mancherlei Vorüberlegungen über die Anfertigung seiner Examensarbeit wird es für den Studenten mit der Themenfestlegung ernst: Die Planungsarbeit kann beginnen. Vorausschauend müssen – zunächst theoretisch und doch realisierbar – ordnende Überlegungen angestellt werden, insbesondere zur Themenwahl und -durchleuchtung, zur Problemstellung und -beschreibung, zur Zeiteinteilung, zu Materialbeschaffung und -auswertung, zur Gliederung sowie Überlegungen zu den voraussichtlich entstehenden Kosten. Letztere sollten in einem groben Kostenplan erfasst werden, z.B. Kosten für Bücher, PC- und Druckerzubehör, Büromaterial, Kopien, Porto, Telefon-/Providergebühren, Fahrten, Vervielfältigung und Bindearbeiten. Zumindest sollte der Bearbeiter eine monatliche Rücklage, etwa in Höhe von 100 bis 150 Euro, einkalkulieren.

Von Beginn der Planungsarbeit an sollte jeder Bearbeiter ein paar *Basisregeln* beherzigen:

– Jeden Gedanken zum Thema, auch spontan einfallende Gedanken, unverzüglich schriftlich festhalten.
– Jeden Materialfund (Literaturauszug, handschriftliches Exzerpt, Fotokopie, Internet-Ausdruck) sofort mit der genauen Fundstelle versehen.
– Das Thema und eine Problemskizze eventuell, die Gliederung auf jeden Fall (zunächst die Grobgliederung, die im Verlaufe der Arbeit – auch mehrfach – revidiert und verfeinert werden kann) am heimischen Arbeitsplatz unübersehbar aufhängen oder aufstellen, so dass der Bearbeiter sie ständig im Blick behält.

Wer seine Examensarbeit mit einem Textverarbeitungsprogramm verfasst, hat schreib- und sicherungstechnische Maßnahmen zu ergreifen:

– Eine Dokumentvorlage ist zu erstellen, die Formatierung festzulegen.

– Von jedem mit Textverarbeitung erstellten Manuskriptteil der Arbeit ist wenigstens eine Sicherheitskopie anzufertigen. Besser noch ist die doppelte Sicherung durch zwei Sicherheitskopien, z.b. eine auf der Festplatte und eine auf einem zweiten Laufwerk (für Diskette, CD-Rom, CD-R/CD-RW oder DVD). Im Verlaufe der Manuskriptarbeiten ist unbedingt auf permanente Aktualisierung der Sicherungsdateien (Backups) zu achten.

Wer diese einfachen Grundsätze nicht verinnerlicht, wird im Verlaufe der Arbeit schmerzliche Erfahrungen machen: Der phantastische Einfall (gestern beim Sport) will sich einfach nicht mehr einstellen; das ideal passende Zitat ist nicht zu verwenden, jedenfalls nicht ehrlich, da die genaue Quellenangabe fehlt; die Frage quält: „Hatte ich den Gedanken XY nicht schon verarbeitet – und wenn ja, wo?"; das zur Reinschrift aus der Hand gegebene Manuskript ist verschwunden; der PC ist zusammengebrochen, die nur auf der Festplatte gespeicherte(n) Datei(en) mit der fast fertigen Arbeit ist (sind) unwiederbringlich verloren. Lauter Katastrophen.

3.1 Themenwahl

Die Wahl eines Themas für seine wissenschaftliche Examensarbeit ist eine fundamental wichtige und folgenreiche Entscheidung für jeden Examenskandidaten. Sie muss wohl überlegt sein. Das einmal gewählte Thema ist in aller Regel nicht mehr korrigierbar. Es setzt den Kandidaten für die gesamte Bearbeitungszeit unter gewaltigen Arbeits- und Konzentrationsdruck und ist der wichtigste Erfolgsfaktor mit Blick auf das Abschlusszeugnis wie – *in the long run* – mit Blick auf die berufliche Karriere. Um das richtige Thema zu finden, können den Kandidaten die unterschiedlichsten *Vorfeld-Überlegungen* verwirren: „Interessiert den Betreuer das Thema genauso wie mich? Ist das Thema hinreichend studiengang- bzw. fachbezogen? Haftet dem Thema irgendein Urteil an, etwa altmodisch oder überholt oder extravagant zu sein? Existiert ausreichend Literatur? Stehen genügend Informanten (Unternehmen, Verbände, Behörden, Experten) zur Verfügung? Reicht die Bearbeitungszeit für das Thema, insbesondere für empirische Erhebungen, aus? Ist das Thema für meine beruflichen Ziele geeignet? Soll ich eine Literaturarbeit oder eine empirische Arbeit anfertigen?" Zu den Vorfeld-Überlegungen zählt auch die Abklärung, wie der betreuende Lehrstuhl mit der *Findung von Diplomarbeitsthemen* verfährt. Üblich sind in der akademischen Welt vier Verfahrensweisen (von denen auch zwei kombiniert werden können):

- Der Dozent gibt jedem Examenskandidaten – mehr oder minder gezielt – ein bestimmtes Thema vor (ohne Auswahlmöglichkeit).
- Die Examenskandidaten ziehen ein Thema aus einem Themen-Topf, ohne die anderen Themen zu kennen.
- Die Examenskandidaten wählen ein Thema aus einer ihnen bekannt gegebenen Liste mit Themenvorschlägen aus.
- Die Examenskandidaten schlagen ein selbst gewähltes Thema vor. (Vgl. Stickel-Wolf/Wolf 2002, S. 89)

Die Zeiten der Ordinarienuniversität, in denen der Oberassistent dem Examenskandidaten ein Thema seines Meisters aufs Auge drückte oder dieser ein Zufallsthema aus einem Topf oder einer Kartei ziehen musste, sind zwar (fast) vorbei. Obwohl die meisten Prüfungsordnungen den Prüflingen ein Vorschlagsrecht einräumen, berichten enttäuschte Studierende doch immer wieder von Willkür und Zwang bei der Themenvergabe. Leider ist auch bekannt, dass einzelne Lehrstuhlinhaber ihre Examenskandidaten als billige Arbeitskräfte einspannen, indem sie ihnen aus aktuellen Forschungsprojekten ein Teilproblem als Thema vorgeben und die studentischen Bearbeiter so zu zeitaufwändigen und arbeitsintensiven empirischen Erhebungen zwingen. Nach den Grundsätzen der Wissenschaftsfreiheit muss den Dozenten die Vergabe von Themen für wissenschaftliche Abschlussarbeiten unbenommen bleiben. Aber Willkür oder Zwang sind denkbar schlechte Arbeitsmotivatoren.

Die Dozenten sind allemal gut beraten, wenn sie die *Themenvergabe* mit den Examenskandidaten abstimmen und frei vereinbaren. Für beides, für das Arbeitsklima in der Examens-AG wie für das *involvement* bei der Anfertigung der wissenschaftlichen Arbeit, kann es nur von Nutzen sein, wenn die studentischen Bearbeiter gut motiviert und mit Freude an die Arbeit gehen. Im Übrigen besteht meist die Möglichkeit, ein vorläufiges Arbeitsthema einzugrenzen und das endgültige Thema nach einer Schnupperphase festzulegen. Im Falle der dem Studenten überlassenen Stoff- und Themenwahl, die immer der Abstimmung mit dem Dozenten und seiner Genehmigung bedarf, sollten Vorfragen geprüft werden wie: Liegt das Thema im Interessengebiet des Bearbeiters (und des Dozenten)? Bestehen hinreichende Möglichkeiten der Materialbeschaffung? Reicht die verfügbare Bearbeitungszeit zur vollständigen Themenbehandlung aus? Besteht die Möglichkeit einer Gruppenarbeit? Ist das Thema zu eng oder zu weit gefasst?

Die Selbstauswahl eines geeigneten Themas fällt allerdings vielen Studierenden nicht leicht. Anregungen geben z.B. aktuelle fachbezogene Aufsätze in Zeitschriften und Zeitungen, die Neuerscheinung einer Monographie, eine beginnende Fachdiskussion über einen neuen fachwissenschaftlichen Problemlösungsvorschlag, enzyklopädische Beiträge, Lehrbücher, Gutachten und Forschungsberichte, Veröffentlichungen von Verbänden, Industrie- und Handelskammern, Unternehmen, Behörden und Forschungsinstituten. Anregungen vermitteln in der Regel auch die Lehrveranstaltungen des Dozenten; ggf. kann sich sogar eine Übungsarbeit, eine Seminararbeit, ein Referat oder ein Gruppenprojekt als ausbaufähig erweisen.

Bei der endgültigen *Formulierung des Themas* ist auf Klarheit, Genauigkeit, Ehrlichkeit und Machbarkeit zu achten. Umständliche und nichtssagende Themen („Episodengeleitete Darstellung der Ressourcen- und Risikointensität des Wirtschaftens") sind keine geringere Zumutung für den Bearbeiter als Kolossalthemen („Macht und Konzentration im deutschen Einzelhandel"), an denen man gut und gern vier Jahre lang herumdoktern könnte. Hier muss auch der Dozent auf der Hut sein. Wenn die Diplom-, Magister- oder Staatsarbeit mit dem (übergroßen) Titel „Marketing des Großhandels" überschrieben ist und wenn darin auf Veranlassung oder mit Einverständnis des Betreuers ausschließlich Marketing-Fragen eines belgischen Süßwarengroßhändlers behandelt werden, dann liegt glatter Etikettenschwindel vor. Und der Bearbeiter hat das (zu weite) Thema schlicht verfehlt.

Für Dozenten wie für Examenskandidaten sind Themenformulierungen besonders hilfreich, die eine Vordisposition für die Gliederung enthalten und für eine definitorische Abgrenzung die tragenden Begriffe erkennen lassen. Als Beispiele mögen die folgenden Themen dienen:

- „Möglichkeiten und Grenzen des Einsatzes elektronischer Medien für SB-Warenhäuser". (Hier ist sowohl eine Zweiteilung angekündigt als auch die definitorische Klärung von „Elektronische Medien" und „SB-Warenhaus" nahe gelegt);
- „Ansatzstellen zur Effizienzsteigerung des Außendienstes von Herstellern nuklearmedizinischer Geräte". (Hier können organisatorische, verkaufspsychologische, finanzielle und andere „Ansatzstellen" als Hauptabschnitte fungieren. Vorab zu definieren sind etwa „nuklearmedizinische Geräte", „Außendienst" und „Effizienzsteigerung");
- „Markt- und Marketingprobleme der Internet-Auktionen". (Die grundlegende Zweiteilung ist klar. Unter „Marktproblemen" können u.a. Struktur und Entwicklung der Internet-Versteigerer, ihre Konkurrenzsituation, die rechtlichen Restriktionen, auch in verschiedenen Ländern, unter „Marketingprobleme" die Besonderheiten beim Einsatz des Marketing-Instrumentariums behandelt werden. Der Definition bedarf zumindest der Titelbegriff „Internet-Auktion". Bei Definitionen von Standardbegriffen wie „Markt" und „Marketing" lauert allerdings die Gefahr der Ausuferung.)

Auf einen Pferdefuß bei der Themenformulierung seien vor allem die Examenskandidaten hingewiesen: Wird das Thema bzw. sein Schwerpunktsubstantiv mit dem bestimmten Artikel (Der, Die, Das) eingeleitet, ist größte Vorsicht geboten. Dann muss die Arbeit inhaltlich vollständig sein. Dann schützt ein Hinweis, es werde „nicht repräsentativ", „ohne Anspruch auf Vollständigkeit" oder „nur exemplarisch" vorgegangen, den Verfasser überhaupt nicht. Werden im Titel „Die Ursachen und Folgen der Konzentration im Nahrungsmittelhandwerk" angekündigt, dann müssen in der Arbeit auch *alle* Ursachen und *alle* Folgen genannt werden. Hingegen ist bei der Themenformulierung „Ursachen und Folgen der Konzentration im Nahrungsmittelhandwerk" der Weg frei für eine beliebige Auswahl von Ursachen und Folgen, ohne dass der Einwand der Unvollständigkeit zu fürchten wäre. (An *der* Konzentration bleibt immer noch genug zu knabbern). Auf jeden Fall tut der Examenskandidat gut daran, bei seinem Betreuer ein *Exposé* einzureichen oder ihm im Vorgespräch vorzulegen. Es sollte in knapper Form auf etwa drei Seiten enthalten:

– Angaben zur Person,
– Titel der geplanten Examensarbeit,
– Hinweise zu Problemstellung, Zielsetzung und Methode(n) (PZM),
– Anmerkungen zur wissenschaftlichen und praktischen Bedeutung der Arbeit,
– Hinweise auf die zugrunde gelegte(n) Theorie(n) und (nur bei einer empirischen Arbeit)
– den Entwurf eines Forschungsdesigns (vgl. hierzu die Achte und Neunte Lektion).

Eventuell muss das Exposé im Anschluss an die Besprechung mit dem Betreuer überarbeitet werden, womöglich mehrfach. Darin sollte jedoch kein Bearbeiter einen Nachteil sehen, sondern das abschließende Signal „Grünes Licht" als Pluspunkt buchen; denn mit dem genehmigten Exposé ist die Bahn frei für die Festlegung der Disposition bzw. Gliederung und für risikominimierte Schreibarbeiten.

Wenn der Betreuer dem Examenskandidaten das Thema vorgibt, sollte er – ggf. durch Mitarbeiter – zumindest konzeptionelle Grundideen und zum Einstieg in die Materialsuche den einen oder anderen Literaturhinweis geben. Einen besonders hilfreichen Kundendienst kann der Betreuer mit einem *vorformulierten Aufgabenblatt* zum Thema gewähren. Übersicht 3 zeigt ein Muster für ein solches Aufgabenblatt. Es nützt beiden Beteiligten: Der Bearbeiter bekommt recht konkrete Lösungshinweise für den Inhalt und die Aufbauschritte seiner Arbeit; dabei dürfen seiner Originalität nicht zu enge Fesseln angelegt werden. Der Betreuer hat später eine (zusätzliche) Beurteilungsbasis für die fertige Arbeit; er kann den Erfüllungsgrad der (tunlichst nicht allzu stark) vorstrukturierten Aufgabe unschwer überprüfen.

Übersicht 3: Aufgabenblatt zur Themenvergabe

Examensarbeit am Lehrstuhl XYZ

Arbeitsthema
Möglichkeiten und Grenzen der Motivationsförderung des Verkaufspersonals im Facheinzelhandel

Aufgabenstellung
Das Ziel der Arbeit besteht darin, eine Übersicht über das Spektrum der Motivationsförderungsmöglichkeiten des Verkaufspersonals im Facheinzelhandel zu entwickeln, ihre Bedeutung und die Grenzen ihrer Realisierung aufzuzeigen. Nach Abgrenzung von (Arbeits-)Motiv und -Motivation und ausgehend von aktuellen Problemen im Facheinzelhandel (Statusskizze, Strukturwandel, neue Distributionsformen, rechtliche Rahmenbedingungen; ausgewählte Beispiele, auch aus dem Ausland), insbesondere der Situation des Verkaufspersonals, ist ein Kriterienkatalog zu entwickeln, der sich für eine Systematisierung von materiellen und immateriellen Maßnahmen der Motivationsförderung eignet und der als Ausgangskatalog für eine (ggf. modifizierte oder ergänzte) Systematik der Grenzen der Motivationsförderung herangezogen werden kann.

In erster Linie gilt es, literarisch-theoriegeleitet vorzugehen. Aus der Fachliteratur zum Handelsmanagement und zur Organisationspsychologie sind Erklärungsmuster und Ansätze zur Verhaltensmodifikation des Verkaufspersonals zu selektieren und auf ihre Anwendbarkeit im Facheinzelhandel zu überprüfen. Um der Gefahr zu entgehen, die Themenbearbeitung nur in einem abstrakt-theoretischen Raum durchzuführen, sind alle Maßnahmen und Grenzen durch Praxisbeispiele zu belegen. Dazu sind vor allem Fachzeitschriften auszuwerten und Experteninformationen einzuholen.

Darüber hinaus ist eine zusätzliche empirische Untermauerung durch eine Fax-Umfrage bei fünfzig bis hundert Mitgliedsfirmen des örtlichen Einzelhandelsverbands mit Pilotstudiencharakter erwünscht. (Zusage liegt vor). Der Bearbeiter hat das Fragebogenkonzept zu entwickeln (Kanon der geschlossenen Fragen in Anlehnung an die Maßnahmensystematik. Offene Fragen? Probandengruppen?) und mit Mitarbeitern des Lehrstuhls abzustimmen (Bericht über einen Testlauf bis zum Ende der 6. Bearbeitungswoche).

Im Ergebnis werden (a) eine bewertete (gewichtete) Synopsis der Möglichkeiten und Grenzen der Motivationsförderung des VK-Personals im Facheinzelhandel oder einzelner Branchen des Facheinzelhandels (exemplarisch) zu entwickeln und (b) aus den wichtigsten literarischen und empirischen Befunden vordringliche Empfehlungen für die Praxis abzuleiten sein.

Bearbeiterin: cand. rer. pol. Andrea Muster

Betreuer: Prof. Dr. Erich Gutmann

Zeitrahmen:
Einarbeitung: 22.1.2005 – 5.2.2005, Abgabe: 5.5.2005

Die Anmeldung beim Prüfungssekretariat oder Prüfungsamt kann selbstverständlich erst nach der endgültigen Themenfestlegung erfolgen. Für die Zeit zwischen erster Abstimmung des Arbeitstitels und Besprechung des Exposés bis zur Anmeldung des endgültigen Themas sollte jedem Bearbeiter eine kurze Schnupperphase von zwei, drei Wochen zur Einarbeitung zugebilligt werden. Hier sind jedoch die einschlägigen Vorschriften der Prüfungs- und Studienordnungen zu beachten. Es sei nochmals daran erinnert, dass der Examenskandidat schon in der Schnupperphase gut daran tut, für alle gesammelten Informationen (Textauszüge, Kopien, Literaturquellen, Signaturen, Downloads usw.) und Materialien die (Beschaffungs-) Quellen sorgfältig zu notieren. Insbesondere sind sämtliche bibliografischen Angaben festzuhalten, um später Doppelarbeit und mühseliges Suchen nach den Fundstellen exzerpierter Texte zu vermeiden. Fällt die Schnupperphase in die laufende Examens-AG, dann können die betreffenden Kandidaten in der Arbeitsgemeinschaft ihre diesbezüglichen Erfahrungen untereinander austauschen (Ergiebigkeit nicht nur der eigenen Hochschulbibliothek, sondern auch anderer Bibliotheken, z.B. von Stadtbibliothek, Verbände- und Kammer-, Zeitungs- und Sender-Archiven; Auskunftsbereitschaft von Firmen und Experten; zuverlässige Internet-Quellen usw.).

3.2 Themendurchleuchtung

Steht das vorgegebene oder frei vereinbarte Thema fest und sind schon ein paar Recherchen durchgeführt worden, dann ziehen leicht Nebelschwaden um den Bearbeiter: „Womit soll ich nur beginnen?" Wer noch nicht über ein grobes Arbeitskonzept, über eine Grobgliederung, über eine Problemklärung, über Definitionen oder über vorstrukturiertes Material verfügt, der kann (muss aber nicht) mit der *Durchleuchtung* seines Themas beginnen. Auf der Grundlage der Erkenntnis des Philosophen Aristoteles, dass ein Thema anhand der fünf Aspekte

- Definition
- Vergleich
- Beziehung
- Umstände
- herrschende Meinung

am besten durchleuchtet werden kann, hat Elisabeth Cowan Neeld einen „Aristotelischen Fragenkanon" entwickelt.

Übersicht 4: Die Aristotelischen Fragen zur Themendurchleuchtung

Aristotelische Fragen	Antworten
Definition Wie definiert das Lexikon ...? Was meinen Sie mit ...? In welche Teile zerfällt ...? Was bedeutet ... in der Vergangenheit und in der Gegenwart? Welche ähnlichen Begriffe gibt es? Welche Beispiele gibt es für ...?	
Vergleich Was gleicht ...? Wem gleicht ... nicht? Wem ist ... übergeordnet? Wem ist ... untergeordnet? Wem ist ... gänzlich fremd?	
Beziehung Was verursacht ...? Was bewirkt ...? Was kommt vor ...? Was kommt nach ...?	
Umstände Ist ... möglich oder unmöglich? Welche Umstände machen ... möglich oder unmöglich? Was passiert bei ...? Wann passiert ...? Wer hat mit ... experimentiert? Wer kann ... tun? Wo beginnt ... und wo endet es? Was muss passieren, damit ... beginnt? Was muss passieren, damit ... endet?	
Herrschende Meinung Was haben die Leute bisher über ... gesagt? Kann ich Schriften oder Statistiken über ... finden? Habe ich mit irgendjemand über ... schon gesprochen? Gibt es irgendwelche Gesetze über ...? Kann ich Forschungsergebnisse über ... finden? Muss ich selbst Forschungen über ... aufnehmen?	

Quelle: Neeld, Elisabeth Cowan: Writing, Glenview 1990, S. 325–329, zitiert nach Werder, Lutz von: Kreatives Schreiben von Diplom- und Doktorarbeiten, 4. Aufl., Berlin 2002, S. 55f.

Dieser interessante Ansatz sieht vor, dass der Schreibende den Kernbegriff seines Themas in die Fragen einsetzt, seine jeweiligen Antworten in der rechten Spalte notiert und am Schluss die Ergebnisse zu einem kleinen Text zusammenfasst. Auch der Bearbeiter einer Examensarbeit kann diesen Einstieg wählen, muss es aber nicht, wie gesagt. Dafür spricht die Systematik der Durchleuchtung und der Ansporn zu vollständiger Erfassung aller Themenaspekte. Dagegen spricht, dass dieser Einstieg zeitraubend ist, manche Fragen für das Thema irrelevant sind und manche Antworten in der Startphase der Manuskripterstellung noch nicht hinreichend bekannt sein werden. Immerhin kann er die Systematik zur gedanklichen Themendurchleuchtung heranziehen.

3.3 Problembeschreibung

Wenn auch nicht unbedingt in der schematischen Form der Aristotelischen Fragen, so muss der Bearbeiter die meist hoch komprimierte Themenformulierung doch für sich präzisieren und in zu bearbeitende Aspekte zerlegen. Gerade in dieser Frühphase des wissenschaftlichen Arbeitens muss er sich Klarheit verschaffen über die Zielsetzung und die themengenaue(n) Fragestellung(en). Dies geschieht zweckmäßigerweise durch eine präzis ausformulierte *Problembeschreibung*. Sie hat in dreierlei Hinsicht Bedeutung für den Fortgang der Arbeit:

– Die genaue Problembeschreibung stellt eine Erleichterung für die Grobgliederung dar, die Strukturierung der Arbeit. Meistens liefern bereits die im Thema auftauchenden Substantiva genügend Anhaltspunkte für die einzelnen Hauptabschnitte.
– Von jeder Examensarbeit wird eine Problembeschreibung als Standardbestandteil erwartet. Zu diesem Zweck kann die gedankliche Präzisierung des Themas unmittelbar textlich verwertet werden. Bei empirischen Arbeiten hängt die Qualität der Befunde sogar weitgehend von der Qualität der Problembeschreibung ab.
– Der Bearbeiter verliert sein Untersuchungsziel nicht aus dem Blick und ist davor gefeit, ungeordnet drauflos zu schreiben oder sich mit Nebensächlichkeiten aufzuhalten.

Die Problembeschreibung ist allerdings keine so einfache Aufgabe, wie es zunächst scheint, und erfahrungsgemäß tun sich Examenskandidaten gerade damit schwer. Ihnen seien zwei *Techniken* als Arbeitshilfe angeboten:

– Eine erste nützliche Hilfe bei der Problembeschreibung bieten *Gespräche.* Nicht nur das Gespräch mit Dozenten, mit wissenschaftlichen Mitarbeitern, Wirtschaftspraktikern oder Kommilitonen, sondern auch das Gespräch mit Laien klärt manchen Gedankengang. Ein in dieser Hinsicht „unsicherer Kantonist" erzähle doch einfach einmal der Großmutter oder dem Patenonkel, worüber er in der Diplom-, Magister- oder Staatsarbeit eigentlich schreiben will. Dann braucht er die „Erzählung" nur noch ordentlich zu Papier bringen – und schon ist die Problemskizze fertig.

– Für eine systematische, stärker strukturierte Problembeschreibung kann man auch auf eine journalistische Standardtechnik zurückgreifen und eine *Analogie zum Nachrichtenaufbau* anwenden. Jede vorbildlich formulierte Nachricht hat in ihrem ersten Satz die „fünf Ws" anzusprechen: Wer? Was? Wann? Wo? Wozu? Analog kann der Bearbeiter für seine Problembeschreibung die wichtigsten Ws zur Themenstellung herausstellen – auch ohne alle fünf Ws aufzugreifen oder deren Reihenfolge einzuhalten. Von vorrangiger Bedeutung sind für die Examensarbeit die (theoretisch-systematischen) Fragen: *Was* soll dargestellt werden? *Wie,* d.h. mit welchen Methoden, und *wozu,* mit welcher Zielsetzung soll dies geschehen? Eher von nachrangiger Bedeutung sind hier die (empirisch-historischen) Fragen: *Wer* hat sich *wann* und *wo* mit meinem Thema beschäftigt? Auf jeden Fall ist zu beachten, dass in der Problembeschreibung keine Ergebnisse der Arbeit vorweggenommen werden dürfen.

3.4 Zeitplanung

Das richtige *time management,* eine gute Zeitplanung für die Anfertigung der Examensarbeit ist für den rationellen Arbeitsablauf unabdingbar. Insoweit hat der Bearbeiter Zeit- bzw. Selbstmanagement zu betreiben. Es liegt in der Natur der Sache, dass jedes Thema zunächst ein offenes Problem darstellt und dass die Mühen der Materialbeschaffung und -auswertung im Vorhinein nicht restlos bestimmbar sind. Unwägbarkeiten und jede Menge Störgrößen können auftreten, unangenehme *interne und externe Zeitdiebe* (vgl. Abel 1995, S. 22f.). Zu den wichtigsten internen Zeitdieben zählen Unlust, eine Arbeit zu beginnen bzw. fortzusetzen, Stress und Krankheit. In größerer Zahl können auch externe Zeitdiebe das Selbstmanagement erschweren, etwa nicht vorhandene oder nur mühsam zu beschaffende Literatur, nicht eingehaltene Gesprächstermine, Störungen durch Anrufer oder unangemeldete Besucher, Umgebungslärm, ein nicht-ergonomischer Arbeitsplatz, unzureichende Beleuchtung oder Temperatur sowie Computerprobleme. Der Ablauf der Manuskriptarbeiten kann somit im Voraus ebenfalls nicht exakt festgelegt werden. Was eine gute Zeitplanung ausmacht, ist keineswegs abschließend geklärt. Die vielen Vorschläge dazu enthalten durchweg zu starre Zeit- und Terminpläne, gleich ob es sich um grobe oder feine Zeit- und Terminpläne handelt. Einige Vorschläge befassen sich mit der Aufteilung des zur Verfügung stehenden Zeitbudgets, andere mit der Zuordnung von Zeitabschnitten zu anstehenden Bearbeitungsphasen. Auch wenn eine flexible Zeit- und Terminplanung vorzuziehen ist, seien zuvor Beispiele für starre Zeit- und Terminpläne genannt; denn ohne ein grobes zeitliches Planungsgerüst funktioniert auch flexible Planung nicht. Außerdem kann der Bearbeiter einer Examensarbeit diese Beispiele auf ihre Anwendungsmöglichkeit für das eigene Thema überprüfen.

Als grundlegendes und einfaches Hilfsmittel gilt ein *grober Zeit- und Terminplan mit Circa-Kalenderdaten*. Er sollte in Schreibtischnähe platziert sein. Ausgehend von einem Zeitbudget von neunzig Tagen bietet sich für *Literaturarbeiten* folgende Aufteilung an:

– Problembeschreibung: 5 Tage
– Materialsuche bzw. empirische Untersuchung: 10 Tage
– Materialauswertung: 20 Tage
– Ausarbeitung des Rohentwurfs: 15 Tage
– Weitere Materialsuche und -auswertung: 10 Tage
– Ausarbeitung des Hauptentwurfs: 20 Tage
– Erstellung der Reinschrift: 5 Tage
– Korrektur der Reinschrift, Binden und Abgabe: 5 Tage

Für *empirische Arbeiten* kann das Zeitbudget wie folgt aufgeteilt werden:

– Problembeschreibung: 10 Tage
– Materialsuche bzw. empirische Untersuchung: 20 Tage
– Materialauswertung: 15 Tage
– Ausarbeitung des Rohentwurfs: 10 Tage
– Weitere Materialsuche und -auswertung: 10 Tage
– Ausarbeitung des Hauptentwurfs: 15 Tage
– Erstellung der Reinschrift: 5 Tage
– Korrektur der Reinschrift, Binden und Abgabe: 5 Tage

Quelle: Schenk, Hans-Otto: Merkblatt zur Anfertigung von Diplom- und Staatsarbeiten, 7. Aufl., Duisburg 2000, S. 11.

Für Examensarbeiten mit anderen Bearbeitungsfristen muss die Aufteilung des Zeitbudgets selbstverständlich modifiziert werden. Beispielsweise sehen die Diplomprüfungsordnung für den Studiengang Betriebswirtschaftslehre der Universität Hamburg eine Bearbeitungszeit von sechs Monaten, die Bachelor-Prüfungsordnung der Johann Wolfgang Goethe-Universität Frankfurt am Main für die Bachelor-Prüfungen in Volks- und Betriebswirtschaftslehre eine Bearbeitungszeit von acht Wochen und die Prüfungsordnung für den Bachelor- und Master-Studiengang „Kulturwirt" der Universität Duisburg-Essen eine Bearbeitungszeit für die Bachelor-Arbeit von nur sechs Wochen vor.

Einen anderen Vorschlag unterbreitet Bänsch (vgl. Bänsch 1996, S. 35). Er ordnet beispielsweise einem insgesamt zur Verfügung stehenden Zeitbudget von dreizehn Wochen folgende *vier Bearbeitungsphasen* zu:

- Allgemeine Literatur-/Materialsammlung: rd. 4 Wochen
- Sichten/Ordnen des Materials und Erstellen einer Arbeitsgliederung: rd. 1 Woche
- Schreiben der Erstfassung mit evtl. punktuellem Nachrecherchieren von Literatur: rd. 5 Wochen
- Überarbeitung und Erarbeitung der abgabefähigen Fassung (einschl. Reinschrift und Korrektur): rd. 3 Wochen

An diese Phasenfolge sollte sich der Bearbeiter jedoch nicht zu streng binden, und zwar aus zwei Gründen: Erstens tauchen während der gesamten Bearbeitungszeit neue Ideen und Informationen zu jeder Arbeitsphase auf; ihnen nicht sofort nachzugehen und sie zurückzustellen wäre kontraproduktiv. Und zweitens erlaubt die heute übliche Textverarbeitung am PC eine hohe Flexibilität. Man kann jederzeit zu jedem Teil der Arbeit Änderungen und Ergänzungen anbringen.

Nur wer sein Thema gut im Griff hat und die Arbeitsphasen zuverlässig abzuschätzen vermag, kann einen *feinen Zeit- und Terminplan* ausarbeiten. Dazu eignet sich ebenfalls ein (großformatiger) Kalender mit Zuordnung der einzelnen Arbeitsphasen zu genauen Zeiträumen. Die Zuordnung kann durch Balkeneinfärbung sichtbar gemacht werden. Für den Soll-Bearbeitungszeitraum kann beispielsweise die Farbe Rot gewählt werden. Den jeweiligen Ist-Bearbeitungsstand kann der Bearbeiter dann täglich nachtragen, beispielsweise in Grün. Theisen bietet in seinem Ratgeber ein Beispiel für den Bearbeitungszeitraum von zwölf Wochen. Für jeden der dreizehn geplanten Arbeitsschritte wird ein Soll-Balken eingetragen: für Planung, Vorarbeiten, Übersicht, Materialbewertung, Materialbeschaffung, Materialauswertung, Gliederung, Konsultationen, Manuskript 1. Fassung, Manuskript 2. Fassung, Manuskript Endfassung (als Computer-Ausdruck oder als Typoskript = maschinengeschriebenes Manuskript als Druckvorlage), Vervielfältigung und Heftung oder Buchbindung. Dabei können sich die Soll-Balken durchaus zeitlich überlagern. Ihnen werden im Fortgang der Arbeit jeweils die Ist-Balken zugesellt. Dieses Planungsmodell ist sehr differenziert und eignet sich am besten für Bearbeiter mit hoher Konzentrationsfähigkeit und genauem Überblick über die zu leistenden Arbeitsschritte. Wer sich gut auf eine exakte Zeit- und Terminplanung einlassen kann, verfügt über ein vortreffliches Instrument zur Fortschritts- und Erfolgskontrolle und kann erforderlich werdende Planrevisionen sinnvoll einordnen.

Die exakte Vorgabe von genauen Bearbeitungstagen und -zeiten für jede Bearbeitungsphase und jeden Gliederungspunkt bei der Erstellung einer schriftlichen wissenschaftlichen Arbeit ist sicherlich Ausdruck höchster Ratio, doch nicht bei jedem fördert sie die Arbeitslust. Wenn dem gestressten Examenskandidaten die Zeit davonrennt und er sich einen detaillierten Projektplan, die „Auflistung der einzelnen Tätigkeiten in der Reihenfolge ihres Beginns mit Angabe der Bearbeitungszeit und Eintragung in einen Projektstrukturplan" (Preißner 1998, S. 11) oder sogar eine *detaillierte Tagesplanung* auferlegt hat, können ihm schon Brechtsche Zweifel kommen:

> „Ja, mach nur einen Plan!
> Sei nur ein großes Licht!
> Und mach dann noch 'nen zweiten Plan.
> Gehn tun sie beide nicht."

Es gehört nicht viel Phantasie dazu sich auszumalen, was z.B. in der knappen Zwölf-Wochen-Frist für die Examensarbeit alles an Ungeplantem eintreten kann und trotz eingebauter Pufferzeiten zu permanenter Planrevision zwingt.

Niemand *muss* sich der strengen Selbstdisziplin eines detaillierten Zeit- und Terminplans aussetzen. Die elektronische Textverarbeitung lässt ein hohes Maß an Arbeitsflexibilität zu, die dem Bearbeiter einer Examensarbeit beliebige Abweichungen von der geplanten Aufteilung des Zeitbudgets und von der Abfolge der Arbeitsphasen erlaubt. Er kann springen und an ein und demselben Tag Teile von verschiedenen Arbeitsschritten bearbeiten und mehrere Ist-Balken entstehen oder sich ausdehnen lassen. Zeitplanung soll kein strenges Arbeitskorsett sein, sondern eine *flexible Handhabung des Terminplans* möglich machen – auch aus einem psychologischen Grund: „Chaotische" Verarbeitung spontan einfallender Gedanken und zufällig gefundener Informationen lässt die Examensarbeit rascher und zufriedenstellender wachsen als allzu sklavische Befolgung einer streng festgelegten Termin- und Phasenreihenfolge.

Dennoch: Bei allen Vorzügen eines flexiblen *time managements* darf der Bearbeiter eine Reihe von wichtigen *Terminen* nicht aus dem Blick verlieren. Sie sollten schriftlich festgehalten werden. Dazu zählen vor allem:

– Öffnungszeiten von Bibliotheken
– Verleihfristen für Bücher, Verlängerungs- und Rückgabefristen

– Sprechstundentermine beim betreuenden Professor bzw. Mitarbeiter
– vereinbarte Gesprächstermine mit Fachleuten
– Antragsfristen für die Verlängerung der Bearbeitungszeit
– Abgabetermin für die Examensarbeit

Merksatz
Legen Sie für jeden Hauptabschnitt Ihrer Gliederung eine separate Datei an.
Beginnen Sie Ihre Schreibarbeit am PC – nach Festlegung eines feinen Zeit- und Terminplans und einer vorläufigen Feingliederung – nicht unbedingt mit Punkt 1 der Gliederung, sondern mit einem Gliederungspunkt, zu dem Sie nützliches Informationsmaterial haben oder der Ihnen besonders liegt.
Beginnen Sie nach dieser Methode auch die Schreibarbeit an anderen beliebigen Gliederungspunkten und ergänzen Sie die Textfragmente allmählich. So wächst Ihre Arbeit schneller – und mit jeder neuen Seite die Freude am Produkt.
Am Ende brauchen Sie die einzelnen (Haupt-)Abschnittsdateien nur zusammenzuführen.

3.5 Materialbeschaffung, -auswertung und -ordnung

Auch wenn mit der Themenfestlegung und der Problembeschreibung bereits erste Quellen und Literaturhinweise angefallen sind, bedarf es einer gezielten, systematische Suche nach geeignetem Material. Hilfreich können bei der *Materialsuche* die drei Leitfragen wie?, was? und wo? sein. Es sind dies die Fragen nach der zweckmäßigen Suchstrategie (a), nach der zweckmäßigen Literaturauswahl (b) und nach den zweckmäßigen Fundorten (c).

(a) Eine optimale *Suchstrategie* gibt es nicht. Zweckmäßiges Vorgehen hängt außer von Enge oder Weite des Themas von der Ausstattung der Bibliotheken, von der Zugänglichkeit von Datenbanken, vom persönlichen Arbeitsstil und von vielen anderen Faktoren ab. Dennoch kann der Suchaufwand minimiert werden, wenn man das eine oder andere folgende System oder eine Kombination mehrerer Systeme anwendet:

– *Schneeballsystem*: Beginn mit einem (neueren) Artikel in einem Nachschlagewerk (HWM, Gablers Wirtschaftslexikon, Marketing-Enzyklopädie, Das große Lexikon für Handel und Absatz usw.) oder mit einer neueren Monographie zum Thema. Dort finden sich Literaturangaben, die Ausgangspunkt für die Beschaffung (Bestellung) von weiteren Monographien und entsprechende weitere Suchprozesse sind. Im Rahmen der Examens-AG können übrigens gut die heimischen Hürden der Buchbeschaffung besprochen werden. So kann den Studenten z.b. mitgeteilt werden, wie die eigene Universitätsbibliothek (UB) aufgebaut ist und wie Vormerkungen für die Fernleihe gemacht werden. Um zu neueren Buchveröffentlichungen zum Thema (und damit zu Start-Titeln für die Schneeball-Suche) zu gelangen, kann man selbstverständlich auch mit *Datenbank-Recherchen im Internet* beginnen, z.b. auf den Sites der Cyber-Buchhandlungen. Damit ist der Vorteil verbunden, dass man in der Regel gleich die neueste Auflage eines Werkes angezeigt bekommt. Was wissenschaftliche Zeitschriftenveröffentlichungen, Kongressbeiträge und Ähnliches betrifft, so kann man unter www.subito-doc.de als Gast auch die Subito-Zeitschriftendatenbank des Deutschen Bibliotheksinstituts benutzen und sich Aufsatzkopien per Post oder Fax bzw. Aufsatzscans per e-Mail schicken lassen.

– *Einkreisung*: Suche vom Allgemeinen zum Speziellen; mögliche Ausgangspunkte: Lehrbücher zur Allgemeinen Betriebswirtschaftslehre, Volkswirtschaftslehre oder Soziologie, Lehrbücher zu Speziellen Betriebs- oder Volkswirtschaftslehren oder Soziologien, Handwörterbücher, Gabler Wirtschafts-Lexikon, Gabler Kompakt-Lexikon Wirtschaft, Vahlens Großes Marketing Lexikon usw. (Nicht verzetteln, nur den heißen Literaturspuren bzw. Querverweisen folgen!)

– *Eigenbau*: Zu Beginn die Eigenbestände der Hochschule sichten, d.h. Schlagwortkataloge, Schlüsselverzeichnisse, CD-ROM-Datenbanken oder im Internet die eigenen Bestände via OPAC-Verzeichnis abfragen sowie die Präsenzbestände durchsehen. Aufschlussreich sind Bibliographien, Zusammenstellungen neuerer Veröffentlichungen zu bestimmten Themenkreisen (z.B. der Internationale betriebswirtschaftliche Zeitschriftenreport ibz; Beilagen des Betriebsberaters). Hinweise auf fachspezifische Aufsätze in Zeitschriften und Zeitungen geben manchmal auch lehrstuhleigene Literaturdatenbanken und Archive.

– *Wanderzirkus*: Nutzen Sie die Fernleihe über die eigene Hochschulbibliothek und arbeiten Sie auch in anderen Hochschul-, Instituts-, Kammer-, Verbands- und Stadtbibliotheken. Im Internet erschließt der Karlsruher Virtuelle Katalog KVK Bibliotheksbestände in Deutschland, Österreich, der Schweiz sowie zunehmend auch weltweit: www.ubka.uni-karlsruhe.de/kvk.html.

– *Klinkenputzer*: Schreiben Sie Verbände, Behörden und Forschungsinstitute, ggf. auch einzelne Unternehmen mit der Bitte an, Ihnen Material oder Literaturhinweise für Ihre Examensarbeit zu überlassen (höflicher Originalbrief mit präzisen Problem-Stichwörtern).

– *Lorbeerkranz*: Schreiben Sie direkt den einen oder anderen Autor, auch den „Papst" Ihres Faches, lobend-interessiert an mit der Bitte um Hilfe bei der Materialsuche. Anschriften von Buchautoren finden Sie im Internet, von Aufsatzautoren im Allgemeinen über die im Sammelwerk- oder Zeitschriften-Impressum genannte Redaktion.

Womöglich fällt jemandem aber auch das System *Gedankenübertragung* ein. Dazu eine sehr deutliche Warnung: Die Übersetzung einer fertigen, scheinbar unzugänglichen wissenschaftlichen Arbeit aus dem Portugiesischen, aus dem Arabischen oder aus dem Sanskrit ins Deutsche ist ebenso verboten wie die Download-Übernahme einer passenden Arbeit aus dem Internet.

(b) Zu den meisten Themen gibt es eher zuviel als zuwenig Literaturmaterial. (Mit Zahlenmaterial sieht es schon schlechter aus. Hier sind ggf. die zuständigen Wirtschaftsverbände anzuschreiben). Die Frage nach der *zweckmäßigen Literaturauswahl* ist schwer und nicht allgemeingültig zu entscheiden. Tendenziell ist jedoch zu empfehlen,

– zunächst Sekundärliteratur zu verwenden, erst danach Primärliteratur (aber keinesfalls auf letztere verzichten);
– nur veröffentlichte Literatur zu verwenden und unveröffentlichtes Material (Manuskripte, Briefwechsel, Vorlesungsskripte) zu vermeiden;
– die neueste Literatur zu verwenden bzw. möglichst die neueste Auflage; das heißt aber keinesfalls bedeutende ältere Werke zum Thema auszuklammern;
– grundsätzlich nur Literatur zu verwenden, die wissenschaftlichen Standards genügt. Ein Urteil hierüber bedarf einiger Übung. Populärwissenschaftliche Literatur, Publikumszeitschriften, lokale und regionale Tageszeitungen dürfen nur in Ausnahmefällen herangezogen werden, wenn sie z.B. originäre Informationen zum Thema bieten.

(c) Die Frage nach den *zweckmäßigen Fundorten* für wissenschaftliche Literatur könnte man mit Weber/Kolb (1977, S. 98) „eigentlich einfach" beantworten: in Bibliotheken. Aber in welchen Bibliotheken? Die Hauptspielstätten sollten zunächst die Spezialbibliotheken des Lehrstuhls und des Fachbereichs bzw. der Fakultät sein. Über diese Fachbibliotheken hinaus stehen in der Regel noch weitere Bibliotheken, vor allem die Universitätsbibliothek und die von ihr vermittelte Fernleihe, zur Verfügung. Einzelheiten sind den Benutzerinformationen der Universitätsbibliotheken zu entnehmen. Im Übrigen stellen die meisten Hochschulbibliotheken einen *Online Public Access Catalogue* (OPAC) zur Verfügung, der von jedem PC-Arbeitsplatz mit Modem-Verbindung aus abgefragt werden kann (vgl. Corsten/Deppe 1996, S. 61). Als Bibliotheken außerhalb der Hochschule können ggf. auch die Stadtbibliothek, die Bibliothek der nächstgelegenen Industrie- und Handelskammer sowie sonstige Bibliotheken (Ämter für Wirtschaftsförderung, Volkshochschulen, Verwaltungsakademien) gerade bei Standardwerken nützliche Dienste leisten. Regelmäßig lohnt sich auch ein Tagesausflug zu den Präsenzbeständen von Bibliotheken an anderen Hochschulen und sonstigen Lehreinrichtungen in anderen Städten.

Weniger bekannt und von Studenten kaum genutzt ist das *Archivmaterial* der Wirtschaftsverbände, der Wirtschaftszeitungen und -zeitschriften sowie der Wirtschaftsredaktionen von Zeitungen, Funk- und Fernsehanstalten. Gelegentlich stellen auch Großunternehmen Informationsmaterial zur Verfügung. Für wirtschafts- und handelspolitische Fragen sind die Bundes- und Länderministerien für Wirtschaft vielfach geeignete Anlaufstellen. Anschriften findet man in einer Reihe von Adressenwerken. Hier ist vor allem die regelmäßig aktualisierte Sammlung „Verbände, Behörden, Organisationen der Wirtschaft" (bearbeitet von Georg Paulini; letzte, 51. Ausgabe Darmstadt 2001) zu erwähnen. Als Informationsstellen für Handels-, Absatz- und Marketingfragen kommen spezielle *universitäre und außeruniversitäre Forschungsinstitute* in Frage, beispielsweise

- das Institut für Handelsforschung an der Universität zu Köln, Säckinger Str. 5, 50935 Köln, www.ifhkoeln.de;
- das FfH-Institut für Markt- und Wirtschaftsforschung (ehemals Forschungsstelle für den Handel Berlin (FfH) e.V.), Am Weidendamm 1 A, 10117 Berlin, www.ffh-institut.de;
- das Eurohandelsinstitut e.V. (EHI), Spichernstr. 55, 50672 Köln, www.ehi. org;
- das Ifo-Institut für Wirtschaftsforschung, Poschingerstr. 5, 81679 München, www.ifo.de;
- das Rheinisch-Westfälische Institut für Wirtschaftsforschung (RWI), Hohenzollernstr. 1–3, 45128 Essen, www.rwi-essen.de.

Heute helfen bei der Suche nach geeigneten Quellen insbesondere die verschiedenen *Internet-Datenbanken* weiter. Bibliografische Angaben über Buchveröffentlichungen erhält man beispielsweise über Internet-Buchhändler wie www.amazon.de oder über das Verzeichnis lieferbarer Bücher, das unter www.buchhandel.de kostenlos zugänglich ist. Wer Sachinformationen zu bestimmten Stichwörtern sucht, kann in dem gewaltigen Fundus der großen Suchmaschine www.metacrawler.com, www.metager.de, www.google.de, www.altavista.com oder www.lycos.de recherchieren. Um in der Überfülle von Dokumentenquellen nicht zu ertrinken, ist es ratsam, zwei oder drei Begriffe anzugeben oder mit „AND" oder „+" zu verknüpfen. Dabei sollten die Suchbegriffe in der Reihenfolge vom Allgemeinen zum Besonderen eingegeben wer-.

den. In Anbetracht der kaum noch überschaubaren Internet-Suchdienste leisten „Suchmaschinen fürs Finden von Suchmaschinen" gute Dienste, z.B. www.suchfibel.de, www.suchmaschinen.de oder www. searchenginewatch. com. Gelegentlich kann es ratsam sein, Suchwortkombinationen durch ihre Verknüpfung mit „NOT" oder „–" auszuschließen. Wer beispielsweise das Thema „Möglichkeiten und Grenzen des Einsatzes der Portfoliotechnik in der Handelsmarktforschung" bearbeitet, könnte die Verknüpfung „Handelsmarktforschung + Portfolio – Wertpapiere" eingeben, um alle irrelevanten Dokumente zum Wertpapierportfolio auszuschließen. Wer ein Buch selbst anschaffen möchte, braucht im Übrigen nicht immer den vollen Ladenpreis zu bezahlen. Viele Buchtitel sind mittlerweile bei *Internet-Versteigerern* wie www.ebay.com/ www.ebay.de oder bei *„Cyber-Buchbasaren"* wie Amazon-Marketplace als Second-Hand-Exemplare weitaus günstiger zu bekommen; allerdings gilt bei dieser Suche die Regel: „Immer schön die Augen auf." Es stehen hierfür spezielle Suchmaschinen zur Verfügung, mit deren Hilfe man rasch Preise vergleichen und Schnäppchen finden kann, z.B. www.sfb.at, www.findmybook.de, www. antbo.de, www.zeusman.de und das Zentrale Verzeichnis Antiquarischer Bücher www.zvab.de.

Dass das Internet eine Fülle von Informationen zu beinahe jedem Thema bereit hält, ist unbestritten, allerdings auch das Risiko, unzuverlässige Informationen zu erhalten. Jeder User muss abwägen, welche Kompetenz er dem jeweiligen Betreiber einer Internetseite zuzubilligen bereit ist. Manchmal geben die Domain-Endungen der Internetseite Hinweise auf mutmaßlich zuverlässige Inhalte, z.B. edu (für *educational*, in den USA meistens von Universitäten verwendet), org (für *organisational*, ursprünglich nur für Non-Profit-Organisationen gedacht) oder gov (für *governmental* als Kennzeichnung US-amerikanischer Regierungsbehörden). Kritisch muss man jedoch stets sein, am meisten gegenüber privaten Homepages. Bei langen Internetadressen ist der Urheber der betreffenden Internetseite oft nicht direkt erkennbar. Hier gibt es einen einfachen Trick: die überlange Adresse von hinten beginnend bis zur Domain-Endung weglöschen, damit man sehen kann, auf welcher Seite man sich wirklich befindet. Vorsicht ist auch angebracht bei einer URL, die mit einer Tilde (~) versehen ist; denn sie deutet auf eine inoffizielle Seite hin.

Schließlich noch ein Tipp für Bearbeiter, die einen bestimmten und wichtigen Text (Aufsatz oder Fachvortrag) nicht auftreiben können, dessen Verfasser ihnen jedoch bekannt ist: Man kundschafte den *Autor* aus. Außer Telefonauskunft oder Internetrecherche stehen dazu in den Universitätsbibliotheken auch Nachschlagewerke wie „EU-Who is Who" (Kürschners Gelehrtenkalender) oder das „Who is Who in der Wissenschaft" zur Verfügung. Man frage höflich den Autor direkt oder sein Sekretariat, ob man ein Exemplar oder eine Kopie des Textes für die Examensarbeit überlassen bekommen könnte. Eitelkeit hin, Eitelkeit her – im Normalfall wird der Verfasser auf jeden Leser stolz sein und seinen so sehr begehrten Text gern auf den Postweg geben.

Während der Phase der Materialsammlung hat der Bearbeiter relativ schnell relativ lange Listen von Aufsatz- und Buchtiteln zusammengestellt und gespeichert sowie relativ hohe Berge von Literatur aufgetürmt. Er lasse sich jetzt nicht entmutigen. Die innere Stimme („Das kann ich unmöglich alles in drei, vier Wochen lesen") ist nur noch nicht mit einer der zweckmäßigen Arbeitstechniken der *Materialauswertung* vertraut. Hier sind ein paar Tipps:

Man verschaffe sich über jedes Buch und jeden Aufsatz zunächst einen *ersten Überblick* – schon danach kann manche Spreu vom Weizen getrennt werden. Man lese – sofern vorhanden – bei Büchern zunächst das *Vorwort*, das *Inhaltsverzeichnis* und die *Zusammenfassung*. Ist ein *Stichwort- oder Sachregister* vorhanden, fahnde man nach Stichwörtern (und Synonymen und verwandten Begriffen) aus der eigenen Grobgliederung. Vielleicht stellt sich das Buch rasch als für das Examensthema unergiebig heraus oder entspricht nicht wissenschaftlichen Standards. Jede Textstelle sollte man mit dem Bleistift lesen und charakteristische Stellen möglichst sofort exzerpieren oder kopieren (Quellenangabe nicht vergessen!). Bei Kopien und (nur) bei eigenen Buch- oder Zeitschriften-Anschaffungen kann man mit Unterstreichungen oder Farbmarkierungen arbeiten. Bei Fremdeigentum verbietet sich selbstverständlich jegliche Markierung im Text.

In der zweiten Runde folgt die *intensive Auswertung* der erfolgversprechenden Stellen und der für die Examensarbeit wichtigen Kapitel. Die wichtigsten Stellen halte man als zitierreife Auszüge, d.h. wortgetreu und mit Seitenzahl, auf den Exzerptträgern (Kärtchen oder einseitig beschriebene Blätter) oder in den Dateien fest. Kommen beim Lesen eigene Gedanken und Überlegungen in den Sinn (Ergänzungen, Kritik, Analogien usw.), dann sind auch sie unverzüglich schriftlich festzuhalten. Es nützt gar nichts, wenn sie einem erst nach drei Monaten wieder einfallen. Ganz allgemein gibt es *zwei Grundtechniken der Materialauswertung*. Für eine Technik sollte sich der Bearbeiter entscheiden, für

– das „Zentripetalprinzip": VIELES flüchtig durchsehen, ETWAS genauer durchsehen, WENIG sehr genau durcharbeiten;

oder für

– das „Zentrifugalprinzip": EINES sehr genau durcharbeiten, NAHELIEGENDES genau durchsehen, FERNLIEGENDES flüchtig durchsehen bzw. selten berücksichtigen. Diese Technik bietet sich an, wenn eine das Thema weitgehend abdeckende Quelle zum Ausgangspunkt gewählt wird, z.B. eine Monographie, liegt aber auch bei empirischen Arbeiten nahe, in deren Mittelpunkt die EINE empirische Untersuchung steht.

Das durchgearbeitete, kopierte und exzerpierte Material muss jederzeit zugriffsfähig sein. Dazu bedarf es einer *Materialordnung*, die zweckmäßigerweise vom Beginn der Materialsuche an eingehalten werden sollte. Die aus der Schule bekannten fixen (gehefteten oder gebundenen) Aufzeichnungsformen wie Notizbücher oder Schreibhefte sind wenig geeignet. Besser geeignete Hilfsmittel zur *dynamischen* Materialablage sind

– Zettel- und/oder Karteikasten,
– Sammelmappen oder Schnellhefter,
– Pultordner (stabile Ablagemappen mit am rechten Rand herausstehenden Zahlen oder Blankoregistern, die jeweils für einen Gliederungspunkt vorzusehen und – mit Bleistift! – zu beschriften sind),
– Aktenordner (stehend oder als Hängeregistratur im Schreibtisch eingebaut. In jedem Aktenordner, etwa jeweils für einen Gliederungspunkt, können wiederum farbige Registerblätter für bestimmte Unterpunkte, Tabellen, Pläne usw. als Trennblätter eingelegt werden) und
– computergestützte Datenträger (Festplatte, Diskette, CD-Rom oder DVD). Sie sind ausgesprochen flexible Instrumente zur Informationsspeicherung, jederzeit differenzier- und revidierbar. Sie können beliebig ergänzt und umgruppiert werden.

Für die traditionellen Ablageformen (Karteien, Mappen, Schnellhefter, Pult- und Aktenordner) gibt es Register mit alphabetischer Unterteilung, Register mit Blanko-Unterteilung und andere Ordnungskennzeichen (farbig getönte Karten, getöntes Papier, farbige Reiter). Wegen ihrer praktischen Vorzüge der

– Mobilität,
– Stabilität,
– Übersichtlichkeit (bei der Ablage in Karteikästen) und
– Differenzierungsmöglichkeiten (z.B. nach Farben für verschiedene Gliederungspunkte oder nach Reitern zur Erinnerung an Leihfristen)

sind nach wie vor die traditionellen *Karteikarten* zur Materialordnung bestens geeignet.

Übersicht 5 zeigt ein Beispiel für eine Karteikarte zur Materialsammlung mit einigen Einträgen, die beim Lesen bzw. Exzerpieren handschriftlich vorzunehmen sind. Im Kopf sind Name(n) von Autor(en) bzw. Herausgeber(n), Zuordnungsstichwort aus der Gliederung, der Werktitel mit allen bibliografischen Angaben sowie (bei Leihexemplaren) die Bibliothekssignatur einzutragen. Die notierte Signatur erleichtert das Wiederfinden eines Werks in der

Bibliothek. Bei der Wahl des Stichworts (Deskriptor) sind Präzision und größte Sorgfalt angesagt. Sonst kann es passieren, dass man das eine oder andere passende Zitat übersieht, weil es an der falschen Stelle abgelegt wurde. Im freien Leerraum unter dem Kopf der Karteikarte hält der Rechercheur Anmerkungen, wörtliche zitatreife Exzerpte, Hinweise auf abgelegte Kopien und eventuell Besonderheiten seiner Fundstelle fest.

Dieses System ermöglicht es, die Karteikarten alphabetisch nach Autoren (links oben) oder nach Gliederungspunkten (rechts oben) abzulegen. Am sinnvollsten ist die Ablage nach *sachlichen Gesichtspunkten*, besonders nach Gliederungspunkten. Die so abgelegten Karteikarten können in sich wieder alphabetisch nach Autoren sortiert werden. Dieses System funktioniert desto besser je detaillierter die (Fein-)Gliederung ausgearbeitet ist. Im Übrigen kann die Beispiel-Karteikarte je nach Thema oder der Art der Examensarbeit modifiziert werden. Welche Informationen am sinnvollsten festzuhalten sind, kann der Bearbeiter am besten selbst beurteilen.

Als *Formate* kommen für Karteikarten die DIN-Formate A 6 (Postkarte) und A 7 (halbe Postkarte) in Betracht. Das Hosentaschenformat A 7 ist nur aus „logistischer" Sicht praktisch; der Raum für Notizen und Exzerpte ist meist zu knapp, und nummerierte Fortsetzungskarten erschweren nur die Orientierung in der Kartei. Vorzuziehen sind daher die Karten im A 6-Format. Es empfiehlt sich, stets ein paar leere Karteikarten mit sich zu führen, nicht nur beim Arbeitsbesuch einer Bibliothek.

Während sich für alle Hilfsmittel der dynamischen Materialablage inhaltliche und alphabetische Unterteilung nach Autoren als Ordnungssysteme anbieten, muss bei jedem anderen Hilfsmittel das zweckmäßigste Vorgehen im Einzelfall geprüft werden. Grundsätzlich lässt sich sagen, dass Exzerpte, Kopien und Downloads nach inhaltlichen Kriterien (z.B. nach Gliederungspunkten) geordnet werden sollten, die verwendete Literatur (nach Verfassern, Herausgebern) jedoch alphabetisch.

Abschließend noch ein paar Anmerkungen zur *elektronischen Katalogisierung*, die als Ergänzung zum Karteikartensystem durchaus sinnvoll sein kann. Denn nicht nur bei der Manuskripterstellung, sondern auch bei der Materialordnung ist die elektronische Text- und Datenverarbeitung hilfreich, da einmal eingegebene Texte jederzeit sortiert und in andere Texte kopiert werden können. Im Internet finden sich über die Suchbegriffe „Karteikasten" und „Zettelkasten" geeignete Archivierungsprogramme, auch als Freeware.

Dennoch gilt zu bedenken: Nicht immer ist ein Computer zur Hand und auch das eigene Notebook trägt man nicht jederzeit mit sich herum, etwa bei Sprechstunden-Besuchen oder beim Stöbern in der Buchhandlung. Handschriftliche Aufzeichnungen müssen in Doppelarbeit in das Programm eingepflegt werden.

Übersicht 5: Karteikarte zur Materialsammlung

Froböse, Michael
Kaapke, Andreas

Kommunikationspolitik
(Gliederungspunkt)

Marketing. Eine praxisorientierte Einführung mit Fallbeispielen
Frankfurt/Main 2000

Signatur: ABC 1234

Anmerkungen: Interessante Darstellung der Sonderformen der KommPol,
S. 276-280
2 Beispiele für Eventmarketing (Rapunzel, Mercedes-Benz-
Forum), S. 278

Exzerpte:

S. 250: „Zurechnungsprobleme verhindern den eindeutigen ökonomischen
Bezug zwischen Investitionen in die Kommunikation und deren Ertrag."

S. 277: „*Product Placement* stellt die werbewirksame Platzierung von Produkten
und/oder Dienstleistungen in Medien ohne eindeutige Erkennbarkeit der
Werbeintention gegen Entgelt dar."

Kopie(n) von S. ... abgelegt unter ...
Kopie(n) von S. ... abgelegt unter ...

Besonderheiten:

Natürlich kann auch der Akku in der Uni-Bibliothek plötzlich seine Dienste
versagen – diese und andere kleine Katastrophen kennt wohl jeder studentische PC-Benutzer. Außerdem gestattet der Monitor des PC oder des Notebooks
keine gute Übersicht über mehrere Seiten, auch müssen die gespeicherten Dateien permanent ergänzt werden, was häufige Neuausdrucke verlangt. Der
elektronische Karteikasten ist also nur als Ergänzung zur altbewährten Papier-
kartei sinnvoll: wenn der Datenbestand häufig nach verschiedenen Kriterien
(Autor, Stichwort, Datum) durchsucht oder sortiert werden muss.

3.6 Gliederung

Ähnlich einem Gemälde entsteht das Kunstwerk Examensarbeit nicht mit wenigen Pinselstrichen, nach fest umrissenen, vorgezeichneten Konturen oder an einem Tag. Vielmehr wächst die Arbeit ganz allmählich. Zwar werden manche Bearbeiter schon bei der Themenvergabe bzw. -annahme eine Grobgliederung von ihren Kandidaten erwarten; denn die Gliederung lässt auf einen Blick erkennen, ob die wichtigsten Aspekte des Themas erfasst sind und der Aufbau schlüssig ist. Jedoch werden die in die erste Gliederung eingeflossenen Ideenkonturen im Laufe der Recherchen immer klarer. Sie werden in zunehmend konkrete Planung umgesetzt, und diese wird unter Umständen mehrfach revidiert, verworfen und durch andere ersetzt. Eines ist allerdings für den Bearbeiter unverzichtbar: die Orientierung der Manuskriptarbeiten an einer *Gliederung*. Die dabei zu beachtenden Überlegungen und die bei der Erstellung von Gliederungen – vom ersten Entwurf über Grobgliederung(en) bis zur Feingliederung – zur Verfügung stehenden Techniken werden im Folgenden näher untersucht.

3.6.1 Gliederungsprinzipien und -typen

Dem Bearbeiter stehen verschiedene formale Gliederungsmöglichkeiten zur Verfügung. Gliederungen werden auch Klassifikationen genannt; denn die Gliederungs(unter)punkte schließen sich auf einer Ebene gegenseitig aus. Da bei jedem der beiden folgenden Gliederungsprinzipien weitere Gestaltungsentscheidungen zu treffen sind (linksbündig/eingerückt; Verwendungsart der Punkte), stehen dem Bearbeiter mehrere, nachfolgend wiedergegebene Gliederungstypen zur Verfügung. Sofern von einer Prüfungsordnung oder vom Betreuer kein bestimmtes Gliederungsprinzip und kein bestimmter Gliederungstyp vorgeschrieben wird, sind sie alle gleichwertig. Die beiden grundsätzlich in Frage kommenden Gliederungsprinzipien sind die *dezimale, dekadische* oder *numerische Klassifikation* und die *alphanumerische Klassifikation*. Für die Gliederungstypen der Dezimalgliederung kommen – je nach Kombination von linksbündig/eingerückt und Vergabe/Nichtvergabe von Punkten für die Gliederungsziffern – die folgenden sechs Möglichkeiten in Betracht. Für die alphanumerische Gliederung wird traditionell nur die eingerückte Form gewählt.

Übersicht 6: Die Gliederungsprinzipien für schriftliche wissenschaftliche Arbeiten

Numerische Klassifikation eingerückt

```
1
  11
    111
    112
  12
2
```

oder (Abschnittsgliederung gemäß Normblatt DIN 1421)

```
1
  1.1
    1.1.1
    1.1.2
  1.2
2
```

oder (den Duden-Richtlinien nicht entsprechend)

```
1.
  1.1.
    1.1.1.
    1.1.2.
  1.2.
2.
```

In der gewählten Form – mit oder ohne Punkte – werden die Abschnittsnummern auch im fortlaufenden Text angeführt.

Numerische Klassifikation linksbündig

```
1
11
111
112
12
2
```

oder

```
1.
1.1
1.1.1
1.1.2
1.2
2.
```

oder

```
1.
1.1.
1.1.1.
1.1.2.
1.2.
2.
```

Alphanumerische Klassifikation (immer eingerückt)
(Abschnittsgliederung gemäß Duden Rechtschreibung, 21. Aufl., 1996)

    I. Römische Zahlen für Hauptteile
      A. Großbuchstaben für Teile (Hauptabschnitte)
        1. Arabische Zahlen für Abschnitte
          a) Kleine lateinische Buchstaben für Unterabschnitte
            aa) Mehrere Kleinbuchstaben für weitereUnterabschnitte
            ab)
              *
          b)
        2.
      B.
    II.

* Bei weiterer Untergliederung können griechische Buchstaben verwendet werden.

oder

      A. Großbuchstaben für Hauptteile
        I. Römische Zahlen für Teile (Hauptabschnitte)
          1. Arabische Zahlen für Abschnitte
            a) Kleine lateinische Buchstaben für Unterabschnitte
              aa) Mehrere Kleinbuchstaben für weitere Unterabschnitte
              ab)
               *
           b)
         2.
        II.
      B.

* Bei weiterer Untergliederung können griechische Buchstaben verwendet werden.

Bei Abschnittsgliederungen mit Ziffern und Buchstaben steht der Punkt nach römischen und arabischen Zahlen und nach Großbuchstaben. Werden solche Abschnittskennzeichen im Text angeführt, können Punkt oder Klammer entfallen. Außerdem besteht – namentlich bei umfangreichen Arbeiten und sehr tiefen Gliederungen – die Möglichkeit der Kennzeichnung durch Kapitel oder Paragraphen, z.B.

```
Kapitel 1 (oder Erstes Kapitel)
      A.
          I.
              1.
                  a)
                      aa)
oder

Kapitel 1 (oder Erstes Kapitel)
      § 1
          A.
              I.
                  1.
                      a)
                          aa)
```

Bei allen Gliederungsprinzipien und -typen ist auf einen *streng logischen Aufbau* zu achten. So müssen sich die (Unter-)Gliederungspunkte 1.1, 1.2, 1.3 oder a), b), c) jeweils auf gleicher logischer Ebene befinden (auch wenn die gleiche logische Ebene in den oben genannten Beispielen formal durch vertikal gleiche Stellung angezeigt wird).

Die Anfrage von Examenskandidaten „Welche Gliederung wäre Ihnen denn am liebsten?" wird ein verständnisvoller Betreuer etwa so beantworten: „Wählen Sie den Gliederungstyp, der *Ihnen* am liebsten ist – aber vermischen Sie nicht zwei oder drei verschiedene." Aus didaktischen Gründen könnte zudem gleich eine Empfehlung mitgegeben werden: „Prüfen Sie ruhig einmal komparativ, welche Gliederungsprinzipien und -typen in verschiedenen Standardlehrbüchern des Fachs, in besonders anspruchsvollen Werken oder in eher schlichten Papers gewählt wurde."

Einen schweren *Gliederungsfehler* stellt ein einziger Gliederungspunkt auf einer Ebene (ohne mindestens einen zweiten Gliederungspunkt auf derselben Ebene) dar. Unlogisch wäre folglich die Gliederungsabfolge 1, 1.1, 1.2, 1.3, 2, *2.1*, 3, 3.1, 3.2. Ebenfalls fehlerhaft sind Überschriften ohne inhaltliche Aussage (z.B. nur „Exkurs" ohne nähere inhaltliche Angabe oder „Schluss") sowie unvollständige Untergliederungen. Diese Gefahr besteht immer bei der Verwendung von bestimmten Artikeln („Der ...", „Die ...", „Das ...") für übergeordnete Gliederungspunkte. Wer „Die Möglichkeiten und Grenzen des Self-Scanning" bearbeiten will, der muss *wirklich alle* Möglichkeiten und Grenzen erfassen und sie in der Untergliederung umfassend auflisten – was der Quadratur des Kreises ziemlich nahe kommt.

3.6.2 Grob- und Feingliederung

Anhaltspunkte für die erste Grobgliederung bieten meistens schon die Substantive und, falls vorhanden, die Adjektive des Themas. Von Anfang an ist unbedingt auf Gleichgewichtigkeit aller Hauptabschnitte und Unterabschnitte zu achten! Ein bewährtes logisches Hilfsmittel für zwei Abschnitte ist die (echte!) Alternative: „interne – externe Faktoren"; „betriebswirtschaftliche – volkswirtschaftliche Bedeutung"; „Instrumentarium für Klein-, Mittel- und Großbetriebe"; „einmalige – mehrmalige Entscheidungen" usw.

Zwischen erster Grobgliederung (Anmeldungsstatus) und endgültiger Feingliederung kann man anhand von skizzenhaften Aufzeichnungen die *Arbeitsgliederung* – auch mehrfach – verfeinern und revidieren bzw. Lücken auffüllen. Beim heute üblichen Manuskripterstellen mit Hilfe der Textverarbeitung kann der Bearbeiter von Mal zu Mal umgebaute und/oder verfeinerte Arbeitsgliederungen erstellen. Jede neue Version sollte er unverzüglich speichern, ausdrucken und an seinem Arbeitsplatz in Sichtweite an einer Pinnwand befestigen. Der Bearbeiter des Themas „Die Stellung des Produktmanagers aus organisatorischer Sicht" könnte beispielsweise zu den geplanten Hauptteilen I und II seiner dritten Gliederungsversion folgende *Stichwörter* festhalten (die für eine vierte Version weiter ergänzt werden können):

zu I   (Die Konzeption des Produktmanagements):
        Begriffsabgrenzungen, Definitionen
        Aufgaben und Tätigkeitsbereiche
        Instrumente (technische und organisatorische Instrumente)
        Formen des Produktmanagements in der Praxis

zu II   (Die Stellung des Produktmanagers in der Unternehmungsorganisation)
        Die funktionsorientierte Aufbauorganisation
        (Begriff, Integration des Produktmanagers, Vorzüge, Schwächen)
        Die produktorientierte Aufbauorganisation
        (Begriff, Integration des Produktmanagers, Vorzüge, Schwächen)
        Die Matrixorganisation
        (Begriff, Integration des Produktmanagers, Vorzüge, Schwächen)

Dass bzw. ob noch weitere Lücken der Gliederung bestehen, die aufgefüllt werden müssen, stellt sich oft erst während der laufenden Lektüre oder durch Gespräche mit Fachleuten und/oder Kommilitonen, eventuell durch Brainstorming, heraus.

Die endgültige *Feingliederung* mit Zuordnung aller Abschnitte zu den (nume-rischen oder alphanumerischen) Gliederungspunkten kommt erst in Betracht, wenn der Bearbeiter den vollständigen Überblick über die relevanten Aspekte des Themas und über sein Arbeitsmaterial hat. Mit der endgültigen Feingliede-rung legt der Bearbeiter inhaltlich das Gesamtkonzept fest und setzt gleichsam seine Signatur unter das formale Aufbaukonzept. Leider kommt man als Bear-beiter leicht in eine Konfliktsituation, namentlich bei einer komplexen Thema-tik: Auf der einen Seite kann die endgültige Feingliederung erst nach gründli-chem Einlesen, Materialsammeln und -ordnen, also zu einem relativ späten Zeitpunkt, vorgenommen werden. Auf der anderen Seite ist die (Arbeits-)Glie-derung bei der Textabfassung umso hilfreicher, je detaillierter sie schon beim Beginn der Textformulierung gestaltet ist. Hier muss ein Kompromiss gefunden werden. Grundsätzlich sollte die Feingliederung jedenfalls so früh wie möglich stehen. Dann ist die dank elektronischer Textverarbeitung mögliche Bearbei-tung beliebiger Gliederungspunkte am einfachsten.

Vierte Lektion
Durchführung der Examensarbeit (I): Inhalt

> Der wirklichen Erkenntnis ist Natur-
> forschung der Weg zum Geist
> und Geistesforschung die Augenöffnung
> für die Naturgeheimnisse.
>
> (Rudolf Steiner)

Wie jedes rationale Vorgehen unterliegt die Anfertigung einer Examensarbeit einem Dreischritt: Planung – Durchführung – Kontrolle. Die wichtigsten Elemente der Planungsphase wurden schon in der Dritten Lektion behandelt. Mit der Kontrolle der (fertigen) Examensarbeit beschäftigt sich die Elfte Lektion. Die vorliegende Lektion befasst sich schwerpunktmäßig mit den inhaltlichen Aspekten der Durchführung, die folgende Lektion mit den formalen Aspekten der Durchführung. Diese Aufteilung nach Inhalt und Form erfolgt aus arbeitsökonomischen Gründen. Überlappungsfrei sind beide Lektionen nicht; denn auch in dieser Vierten Lektion werden formale Fragen behandelt. Auf den eigentlichen Inhalt einer Examensarbeit nach Umfang und Tiefe, auf ihren Gehalt, kann selbstverständlich nicht eingegangen werden. Sein konkretes Thema nach bestem Vermögen inhaltlich auszufüllen bleibt die ureigene Aufgabe des Bearbeiters, während der Betreuers allenfalls durch Augenöffnen zum Gelingen der inhaltlichen Aufgabenlösung beitragen kann. Mit denkbaren Inhalten seiner wissenschaftlichen Arbeit beschäftigt sich der Bearbeiter im Übrigen vom ersten Moment seiner thematischen Überlegungen bzw. vom Erhalt des konkreten Themas an und nicht erst ab einer bestimmten AG-Sitzung. In dieser Lektion geht es vielmehr um verallgemeinerungsfähige Aussagen darüber, was bei der *inhaltlichen Strukturierung* einer Examensarbeit, ihrer „Rhetorik", zu berücksichtigen ist. Dabei sind die einzelnen Bestandteile der Examensarbeit (ihre Aufbauorganisation) näher zu beleuchten. Ferner ist zu klären, was bei Arbeiten zu beachten ist, deren Durchführung primär auf Literaturrecherchen oder primär auf eigene empirische Recherchen gestützt werden sollen.

4.1 Bestandteile der wissenschaftlichen Arbeit

Für die Aufbauorganisation einer wissenschaftlichen Arbeit gibt es keine zwingenden Vorschriften. In der Durchführung kommen die eigene Leistung des Bearbeiters und seine Originalität zum Ausdruck. Auch wenn hier weite Gestaltungsspielräume bestehen, ist es nützlich, sich an einem Standard zu orientieren. Übersicht 7 nennt die *wichtigsten Teile* einer wissenschaftlichen Examensarbeit in der üblichen Reihenfolge. Die notwendigen Bestandteile sind mit „+", die nicht notwendigen, akzessorischen Bestandteile mit „(+)" gekennzeichnet. Gleichzeitig enthält die Übersicht Richtwerte über die Proportionen der Bestandteile. Nicht aufgenommen wurde ein dem Textteil vorangestelltes Abstract, d.h. eine kurze zusammenfassende Wiedergabe von Konzept, Methode(n) und Ergebnis(sen) der Arbeit. Dieses ist nur sinnvoll im Falle der Veröffentlichung.

Übersicht 7: Die Bestandteile einer wissenschaftlichen Examensarbeit

		notwendig + möglich (+)	Länge in Seiten(ca.)
1	Titelblatt	+	1
(2)	Vorwort	(+)	(1)
3	Inhaltsverzeichnis		1–3
(4)	Abkürzungsverzeichnis	(+)	(1)
(5)	Abbildungs-/Tabellen-oder Übersichtenverzeichnis(se)	(+)	(1–5)
6	Textteil der Arbeit:		
	Problemstellung	+	3–10
	Begriffsabgrenzung	+	1–3
	Historische Anmerkungen	(+)	(1–3)
	Untersuchungsmethode(n) (nur bei empirischen Arbeiten)	+	1–5
	Gang der Untersuchung	+	1
	Hauptteil(e)	+	35–50
	Zusammenfassung oder Fazit oder Ausblick	+	1–5
(7)	Anhang (bei Literaturarbeiten)	(+)	(beliebig)
	Anhang (bei empirischen Arbeiten)	+	beliebig
8	Literaturverzeichnis	+	1–5
9	Ehrenwörtliche Erklärung	+	1

Beim *Titelblatt* sind die Vorschriften und Angaben der jeweiligen Hochschule und des jeweiligen Studiengangs zu beachten. In Übersicht 8 ist ein Muster des Titelblatts für Diplomarbeiten wiedergegeben, das für die Diplomanden der Fakultät 3 der Universität Duisburg maßgeblich war. Vom Prüfling sind je nach gewähltem Studienschwerpunkt der angestrebte akademische Grad in Langfassung – z.B. Diplom-Ökonom/Diplom-Ökonomin (Dipl.-Ök.), Diplom-Kaufmann (Dipl.-Kfm.) bzw. Diplom-Kauffrau (Dipl.-Kff.), Diplom-Volkswirt/Diplom-Volkswirtin (Dipl.-Volksw.) oder Diplom-Handelslehrer/Diplom-Handelslehrerin (Dipl.-Hdl.) –, das Thema, der Name des Betreuers, Name und Wohnort des Verfassers und das Abgabedatum einzutragen.

Übersicht 8: Titelblatt für eine Diplomarbeit

Gerhard-Mercator-Universität Duisburg
– Fakultät Wirtschaftswissenschaft –

Diplomarbeit
(Drei-Monats-Arbeit)

zur Erlangung
des Grades eines Diplom-Kaufmanns

über das Thema:
„XXX XXX XXXXX XXX"

Eingereicht bei
Prof. Dr. ....
von
cand. rer. pol. ....
aus ....
am ....

Merksatz
Wenn es den Formvorschriften des Prüfungsamts für das Titelblatt der Examensarbeit nicht widerspricht, kann ein besonders zügiger Student auf dem Titelblatt auch seine Semesterzahl angeben – ein kleines Fleißsignal für den Korrektor.

Ein *Vorwort* ist im Allgemeinen entbehrlich. Es wendet sich üblicherweise an einen breiteren Leserkreis, dem Näheres über den Entstehungszusammenhang der Arbeit mitgeteilt werden soll. Besondere Umstände beim Entstehungsprozess, wie z.b. die Förderung der Recherchen durch bestimmte Firmen oder Personen, rechtfertigen eventuell eine kurze dankende Erwähnung. Die Vorwegnahme von Ergebnissen oder gar eine Zusammenfassung gehört auf keinen Fall ins Vorwort der Examensarbeit.

Das *Inhaltsverzeichnis* enthält sämtliche Gliederungspunkte. Sie müssen mit den (Zwischen-)Überschriften des Textes völlig übereinstimmen. Bei der Seitennummerierung ist die jeweilige Startseite des Gliederungspunktes rechtsbündig anzugeben. Das Inhaltsverzeichnis muss mit den Überschriften des Textes unter Angabe der betreffenden Seitenzahlen übereinstimmen. Die Einsetzung der Seitenzahlen, die Paginierung, kann erst zum Schluss nach Beendigung der Reinschrift erfolgen. Der gesamte Textvorbau – die so genannte Titelei mit Titelseite, ggf. Vorwort und Inhaltsverzeichnis – kann in die Seitennummerierung mit arabischen Ziffern einbezogen oder separat mit römischen Ziffern durchnummeriert werden. Unterstreichungen und Abkürzungen sind im Inhaltsverzeichnis unzulässig.

Ein *Abkürzungsverzeichnis* ist kein Selbstzweck. Es sollte nur erstellt werden, wenn in der Examensarbeit mit vielen und/oder unüblichen Abkürzungen gearbeitet wird. Übliche Abkürzungen darin aufzunehmen, wirkt aufgesetzt (z.b. = zum Beispiel, usw. = und so weiter, GmbH = Gesellschaft mit beschränkter Haftung). Bei der Erstellung eines Abkürzungsverzeichnisses sei Umsicht angeraten. Nach dem Motto „Wenn schon, denn schon" müssen im Abkürzungsverzeichnis auch wirklich *alle* im Text verwendeten (unüblichen) Abkürzungen in alphabetischer Reihenfolge erklärt werden. Wer in seiner Examensarbeit viele eigenständige Kurzzeichen oder mathematische Formelzeichen verwendet, kann dem Abkürzungsverzeichnis noch ein separates Verzeichnis der Kurzzeichen und/oder Formelzeichen folgen lassen.

Je ein *Verzeichnis der Abbildungen, Tabellen* und/oder *Übersichten* ist angezeigt, wenn die Arbeit drei oder mehr durchnummerierte Abbildungen, Tabellen oder Übersichten enthält. Bei mehreren Verzeichnissen ist jeweils getrennte Durchnummerierung vorzusehen. Jeder Abbildung, Tabelle und Übersicht ist eine *Überschrift* voranzustellen, z.b. „Abbildung 1: Die Produktlebenszykluskurve" (oder „Abb. 1: Die Produktlebenszykluskurve"). Enthält die Abbildung, Tabelle oder Übersicht wenig geläufige (Fach-)Ausdrücke, so sind diese in einer nachgestellten Legende (Text- oder Begriffserklärung) zu erläutern. Ihre Formatierungsart bleibt dem Bearbeiter überlassen. Ein erstmalig gewähltes System ist dann für die gesamte Arbeit beizubehalten. Schließlich noch ein Hinweis für Bearbeiter, die für ihre Analysen und Ableitungen *mathematische Formeln* verwenden: Wie Abbildungen, Tabellen und Übersichten sind auch alle mathematischen Formeln durchzunummerieren.

Zum eigentlichen Text der Arbeit lassen sich nur wenige Aufbauhinweise geben. Die *Durchführung* ist das ureigene Betätigungs- und Profilierungsfeld der Bearbeiters. Wie er es bestellt, bezeugt seine individuelle und originäre Leistung. Inhaltliche Anregungen zu geben, damit der Text der Examensarbeit als vollständig, folgerichtig und geschlossen gelten kann, ist Teil einer verantwortungsvollen Betreuungsarbeit durch den Dozenten, ggf. auch durch seine(n) wissenschaftlichen Mitarbeiter. Als bewährtes Strukturprinzip kann auf jeden Fall die (freilich in der Gliederung nicht so zu bezeichnende) traditionelle Dreiteilung: Einleitung (a) – Hauptteil (b) – Schlussteil (c) angeraten werden.

(a) In der *Einleitung* sollte je ein Gliederungspunkt der Problemstellung (vgl. hierzu auch 3.1), der Abgrenzung bzw. Definition der wichtigsten Begriffe, ggf. historischen Anmerkungen und dem Gang der Untersuchung gelten. Aber Achtung: Definitionen sind kein Selbstzweck Und es muss auch nicht alles und jedes definiert werden. Definitorisch abzugrenzen und festzulegen sind nur die *tragenden Begriffe*. Mitunter ist es nicht einfach zu entscheiden, welches denn tragende Begriffe sind. Hinweise geben meist die Substantive des Themas. Lautet das Thema für eine Magisterarbeit z.b. „Gemeinsamkeiten und Unterschiede des traditionellen Versandhandels und des B-to-C-Internethandels", dann liegt es nahe, die Begriffe „Versandhandel", „Internethandel" und „B-to-C(-Geschäft)" definitorisch abzugrenzen und die Erscheinungsformen des „traditionellen" Versandhandels (Großhandelsversand und Einzelhandelsversand mit den Varianten Universalversand und Spezialversand) abzuklären. Der Bearbeiter hat freie Hand, auch weitere, für den Gang der Arbeit besonders wichtige Begriffe zu definieren. Leider sehen einige Dozenten die Begriffsdefinitionen lieber im Text als in einem separaten Einleitungsabschnitt. Der Bearbeiter informiere sich also vorsorglich.

Grundsätzlich stehen drei Definitionstechniken zur Verfügung:

– Es wird (nur) eine Standarddefinition mit Quellenangabe übernommen – und zwar aus einer möglichst zuverlässigen Quelle.
– Eine wissenschaftlich ansprechendere Technik liegt in der Zusammenstellung mehrerer Definitionen aus verschiedenen Quellen. Mit diesen kann sich der Bearbeiter kritisch auseinander setzen und eine – mit Begründung! – für seine Arbeit als maßgeblich auswählen. Aber Achtung: In diesem Fall darf kein Widerspruch dadurch entstehen, dass der „maßgebliche" Begriff im Verlauf der Arbeit doch eine andere, in der Definition ausgeblendete Bedeutung annimmt.
– Eine dritte Technik besteht darin, dass der Bearbeiter sich für keine der vorgestellten Definitionen entscheidet, sondern eine (ggf. aus verschiedenen

Fremddefinitionen zusammengesetzte) eigene Definition formuliert. Darin kommt ein hoher Grad selbstständiger Leistung zum Ausdruck. Die im vorhergehenden Absatz ausgesprochene Warnung ist hier besonders ernst zu nehmen.

Bei den meisten Themen von Examensarbeiten ist ein *historischer Abriss* möglich und angebracht. Er sollte jedoch kurz ausfallen, sofern das Thema nicht selbst historisch angelegt ist. Bei der Schilderung des *Gangs der Untersuchung* wird man die Reihenfolge der Gliederungshauptabschnitte aufgreifen. Ihre bloße Wiederholung oder Aneinanderreihung – nur aus formalen Gründen – wäre jedoch sinnloser Ballast. Dem Leser sollte vielmehr eine Begründung für die gewählte Abfolge der (auf einander aufbauenden oder gleichwertigen) Hauptabschnitte gegeben werden.

Der *Einstieg* in das Thema fällt manchem Bearbeiter recht schwer. Weder darf man mit der Tür ins Haus fallen noch dürfen – daran sei erinnert – beim Start schon Ergebnisse vorweg genommen werden. Hier einige Einstieg-Tricks:

– Aus eigener Beobachtung oder aus Literaturbefunden eine oder mehrere (durchnummerierte) Arbeitshypothesen aufstellen. Damit ist eine elegante Struktur angelegt; denn im Schlussteil kann dann die bzw. jede Hypothese als vorläufig bestätigt oder als widerlegt ausgewiesen werden.
– Eine aktuelle Diskussion, z.B. in der Tagespresse oder in der Fachliteratur, aufgreifen. Das Ziel der Arbeit könnte dann die Vermittlung eines Überblicks oder die Klärung des Diskussionsgegenstands sein.
– Eine fachliterarische Kontroverse aufgreifen. Mitunter ist die ideologiekritische Analyse, z.B. die Aufdeckung verborgener Standpunkte oder Interessen, eine reizvolle Aufgabe.
– Eine Problementdeckung im akademischen Unterricht aufgreifen und zum Anlass für vertiefende Analysen nehmen.
– Eine neuere Buch- oder Aufsatzveröffentlichung als Aufhänger für differenzierte, vielleicht vergleichende oder empirische Untersuchungen nehmen.
– Den Entdeckungs-, Begründungs- und Verwendungszusammenhang der Examensarbeit umreißen (vgl. hierzu Kroeber-Riel 2003). Dabei handelt es sich um einen besonders anspruchsvollen Einstieg, der eher von Dissertationen und Habilitationsschriften erwartet wird. Für den erfahrenen Dozenten dürfte es immerhin reizvoll sein, hierzu in der Examens-AG einen Ausflug in die Methodologie zu machen und das eine oder andere Beispiel vorzuführen.

(b) Für den *Hauptteil* gibt es kaum inhaltliche Ausformungsregeln oder Empfehlungen – zum Vorteil für die Forschungsfreiheit, zum (scheinbaren) Nachteil für den Bearbeiter. Damit die Examensarbeit inhaltlich überzeugt, sind wissenschaftliche Kreativität und Klarheit der Gedankenführung des Bearbeiters gefordert. Ein paar Anregungen seien dennoch erlaubt:

– Polemisches und Persönliches gehört nicht in den Text (keine Ich-Form).

– Wichtiges kann (möglichst selten) hervorgehoben werden durch **Fettschrift**, VERSALIEN, *Kursivschrift*, <u>Unterstreichung</u>, S p e r r u n g, KAPITÄLCHEN, einzeiligen Zeilenabstand, schmale Schrift, Einrücken oder Umranden . Mit Hervorhebungen sollte sparsam umgegangen werden, da bei allzu vielen Hervorhebungen die beabsichtigte Wirkung verfehlt wird.

– Wiederholungen und Widersprüche sind zu vermeiden. Einzige Ausnahme für Wiederholungen: In einer Zusammenfassung können auch einzelne wichtige Textstellen nochmals wortwörtlich aufgegriffen werden.

– Normative, wertende Aussagen sind grundsätzlich unzulässig („sollte", „müsste", „leider", „gottlob"), da der Inhalt einer wissenschaftlichen Arbeit aus objektiven, „wertfreien" Aussagen zu bestehen hat. Eine Ausnahme besteht für begründete Empfehlungen – etwa betriebs-, wirtschafts- oder gesellschaftspolitischer Art –, die der Bearbeiter als Ergebnis seiner Untersuchungen vorschlägt. Das „wertfrei" steht in Anführungszeichen, weil sich nach den beiden großen Werturteilsstreiten der Nationalökonomie Ende des 19. Jahrhunderts und der Adaption entsprechender erkenntnistheoretischer Einsichten über die von Hans Albert unterschiedenen drei Kategorien von Werturteilen (im Basisbereich, im Objektbereich und im Aussagenzusammenhang) in den Wirtschafts- und Sozialwissenschaften in den sechziger Jahren des 20. Jahrhunderts die Erkenntnis durchgesetzt hat, dass Werturteile in der wissenschaftlichen Lehre und Forschung unvermeidbar sind – schon wegen wertender Elemente in vielen Begriffen und wegen der Wertungen durch bloße Auswahl bei der Themenbehandlung. Wir müssen also mit dem Paradoxon leben, dass die Kompromiss-Aussage „Die Wissenschaft sollte sich um Wertfreiheit bemühen" ihrerseits ein Werturteil (im Basisbereich) darstellt.

Zu den inhaltlichen Vorzügen einer Examensarbeit zählt alles, was der *Anschaulichkeit* dient. Auch wenn schriftliche wissenschaftliche Arbeiten grundsätzlich durch Nüchternheit der Darstellung geprägt sind, muss das nicht zwangsläufig Langweiligkeit oder Unanschaulichkeit bedeuten. In Maßen angewandt, tun Auflockerungen jeder Examensarbeit gut, jedenfalls solange sie themenadäquat sind. Ein vorzügliches Mittel zur Gewinnung von Anschaulichkeit sind *bildliche Darstellungen*, Bildreproduktionen, Bilder-Downloads aus dem Internet und Fotografien. Mit der Erstellung und dem Einbau eigener, wenn möglich farbiger Fotos in seine Examensarbeit erzielt der Bearbeiter eine doppelt günstige Wirkung: Erstens werden die entsprechenden Arbeitsinhalte im Wortsinn anschaulich, sie springen ins Auge. Zweitens bezeugen eigene Fotos die Kreativität und Originalität des Bearbeiters.

Ein Wort noch zu *Exkursen:* Exkurse (lat. *excursio* = Ausflug) werden von einigen Dozenten in schriftlichen wissenschaftlichen Arbeiten nicht gern gesehen. Fragen Sie im Zweifel nach. Dennoch sind Exkurse – sparsam eingesetzt – eine interessante Möglichkeit, Informationen zu verarbeiten, die nicht unmittelbar zum Thema gehören, es aber doch berühren und eine aufschlussreiche Ergänzung bieten. Lautet z.b. das Thema „Bonuskarten als Instrument der Public-Private-Partnership in Deutschland" und der Bearbeiter trifft bei seinen Recherchen auf einen Erfolgsbericht über eine Bonuskarte, die von zwei Kreditinstituten und dem Einzelhandel in der Stadt Osaka herausgegeben wird, dann gehört die Erwähnung zwar nicht in den laufenden Text. Ist das japanische Beispiel jedoch anregend oder weiterführend und will man nicht nur beiläufig mit ein, zwei Fußnotensätzen darauf hinweisen, dann wäre die kurze Behandlung in einem „Exkurs: Erfahrungen mit einer PPP-Bonuskarte in Japan" eine elegante Einbindungsform – für den Bearbeiter bestimmt erfreulicher als die Papierkorblösung, für den Betreuer wahrscheinlich eine willkommene Zusatzinformation.

(c) Für den *Schlussteil* gibt es keinen Königsweg. Falls der Bearbeiter eine originelle und themengerechte Abschlussidee einbringen kann, wird sie ihm nur nützen (sofern sie kein Eigenlob enthält). Im Volksmund ist bekanntlich der erste Eindruck entscheidend. Bei einer Examensarbeit ist aber auch der letzte Eindruck nicht zu unterschätzen. Zum Abschied eine flapsige Bemerkung oder ein ungeschicktes Zitat (vom Widersacher des Betreuers?) oder ein völlig themenfernes Statement – und schon bekommt die sechzig oder achtzig Seiten lang bemühte Geduld des Betreuers einen Knacks. Indes muss sich kein Examenskandidat mit Gewalt einen ungemein originellen Schluss abringen. Es gibt genug bewährte Lösungen für den Schlussteil. Als *Standardlösungen* kommen zunächst in Betracht:

– eine Zusammenfassung
– ein Fazit der Untersuchung
– ein Ausblick

Sodann bieten sich *weitere Lösungswege* an:

– Hinweise auf ungelöste Probleme oder aufkommende neue Probleme oder auf ausgeklammerte Randprobleme
– (besonders bei empirischen Arbeiten) thesenartige oder tabellarische Ergebnisübersichten

- Tafelübersichten („Synopse", „Synopsis", „Tableau")
- durchnummerierte Ergebnisse des/der Hypothesentests

Man sollte sich auf einen Lösungsweg beschränken und nicht mehrere oder alle miteinander vermischen. Allenfalls gibt einmal ein empirisch angelegtes Thema eine Kombination her wie z.b. „Fazit und Ausblick". Die genannten Standardlösungen sollte man aber nicht auf die leichte Schulter nehmen und nur als schönen Schein einsetzen. In die *Zusammenfassung* gehört wirklich nur im Text Ausgeführtes und nichts Neues. Ins *Fazit* gehören – sozusagen als Höhepunkt der wissenschaftlichen Arbeit – nur die Schlussfolgerungen aus den im Text dargebotenen und analysierten Befunden aber keine Zusammenfassung. Der *Ausblick* darf nicht schon Behandeltes oder ermittelte Ergebnisse enthalten, sondern muss Folgerungen für die Zukunft oder begründete Entwicklungstrends aufzeigen. Ein literarisch ambitionierter Verfasser mag seine Diplomarbeit sogar mit einem trefflichen Zitat beenden. Es muss nicht unbedingt der einschlägigen Fachliteratur entstammen (die ohnehin in der Arbeit schon zitiert wurde); es kann auch eine (belegte) Prominenten-Äußerung sein oder der belletristischen Literatur entnommen werden – es muss nur sehr genau zum Thema passen.

Ein *Anhang* ist immer dann sinnvoll, wenn der Verfasser Dokumente beifügen will, die den Text überfrachten und den Lesefluss stören. In diesem Fall gehört jeweils ein Klammerhinweis oder eine Fußnote in den Text, z.B. „... (Vgl. Anlage 5)". Für den Leser bzw. Korrektor ist häufiges Nachschlagen im Anhang zwar hinderlich. Aber seine Notwendigkeit wird er im begründeten Einzelfall einsehen. Zu Anhang-Objekten zählen etwa statistisches Material, Korrespondenz, Gesetzestexte, Satzungen, Zeitungs- und Zeitschriftenausschnitte, Inserate oder Planskizzen. Bei empirischen Examensarbeiten liegt es nahe, das gesamte Untersuchungsmaterial in den Anhang zu stellen: Fragebogen, Begleitschreiben oder SPSS-Ergebnistabellen. In der Beschränkung zeigt sich normalerweise der Meister, nicht so beim Anhang einer empirischen Arbeit; denn hier muss er *alle* Dokumente lückenlos wiedergeben.

Das *Literaturverzeichnis* der Examensarbeit hat nur die tatsächlich verwendete Literatur auszuweisen. Auffüllen mit möglichst vielen Fundstellen ist ein unzulässiges Falschspiel. Die Literatur ist in alphabetischer Reihenfolge zu bringen, sortiert jeweils nach dem Familiennamen des Autors, ggf. des Herausgebers. Bei fehlender Autor- oder Herausgeberangabe ist die Quelle unter „o.V." (ohne Verfasserangabe) einzuordnen. Die Literatur kann in sich gegliedert sein, z.B. kapitelweise oder nach Büchern, Aufsätzen, Beiträgen in Sammelwerken, Dissertationen oder Gesetzestexten. Bei mehreren Texten eines Autors sind diese chronologisch, beginnend mit dem ältesten, zu ordnen. Gemeinschaftsarbeiten eines Autors mit Koautor(en) erscheinen nach seinen allein verfassten Arbeiten. Allgemein muss das Literaturverzeichnis folgenden Kriterien genügen:

– Richtigkeit
– Vollständigkeit
– Einheitlichkeit
– Übersichtlichkeit

Zur Vollständigkeit gehören sämtliche bibliografischen Angaben: Name, Vorname (ggf. mit dem Zusatz „Hg."), Titel, Auflage, Erscheinungsort, Erscheinungsjahr. Bei anderen als Buch-Veröffentlichungen ist hinter dem Titel einzufügen „..., in: ... (genaue Fundstelle)". Näheres zum Literaturverzeichnis findet sich in der Fünften Lektion, Kapitel 5.5.

Die *Ehrenwörtliche Erklärung* bzw. die an manchen Hochschulen noch übliche Eidesstattliche Versicherung[1] schließt die wissenschaftliche Examensarbeit ab.

Übersicht 9: Ehrenwörtliche Erklärung

Ehrenwörtliche Erklärung

Ich versichere hiermit, dass ich die Diplomarbeit selbstständig und ohne Benutzung anderer als der angegebenen Hilfsmittel angefertigt habe. Alle wörtlichen und sinngemäß aus veröffentlichten und nicht veröffentlichten Schriften entnommenen Stellen sind als solche kenntlich gemacht.
Weiterhin erkläre ich, dass die Arbeit in gleicher oder ähnlicher Form noch keiner anderen Prüfungsbehörde vorgelegen hat.

Oberstadt, ...
                                                   (Unterschrift)

Der Wortlaut wird vom zuständigen Prüfungsamt bzw. -sekretariat vorgegeben und ist wortwörtlich zu übernehmen. Die Erklärung ist in allen gemäß Prüfungsordnung abzugebenden Exemplaren mit Ort, Datum und eigenhändiger Unterschrift (Vorname und Familienname) zu versehen. Übersicht 9 enthält ein Beispiel für eine Ehrenwörtliche Erklärung für wirtschaftswissenschaftliche

---

1 Die synonyme Verwendung beider Begriffe ist umstritten. Beides sind Gelöbnisse zu ehrenhaftem Verhalten. Eine Versicherung an Eides Statt als juristisch strenge Form des Gelöbnisses verlangt eigentlich den Akt eines Schwurs, der freilich einem Examenskandidaten nicht abgenommen wird. Und ein Bruch dieses Gelöbnisses gilt gemeinhin als Straftatbestand (Meineid). Indes wird der „meineidige" Plagiator kaum hinter schwedischen Gardinen landen – die Nichtbewertung seiner Examensarbeit ist Strafe genug.

Diplomarbeiten. Ihr Wortlaut ist genau anzuschauen und zu beherzigen. Die Folgen eines Verstoßes gegen das Ehrenwort sind bekannt. Wenn die Examensarbeit – ohne Veröffentlichungsabsicht – interessierten Dritten zugänglich gemacht werden soll und die Vorgaben der Prüfungsordnung dem nicht entgegenstehen, kann die Ehrenwörtliche Erklärung um eine entsprechende Einverständniserklärung des Bearbeiters ergänzt werden. Sie könnte z.b. lauten:

> „Ich erkläre mich damit einverstanden, dass diese Examensarbeit nach Abschluss meiner Hochschulprüfung wissenschaftlich interessierten Personen oder Institutionen zur Einsichtnahme zur Verfügung gestellt wird und dass zu diesem Zweck Ablichtungen dieser Examensarbeit hergestellt werden, sofern sie keine Korrektur- oder Bewertungsmerkmale enthalten."

4.2 Literaturarbeit oder empirische Arbeit

Die wissenschaftlichen Examensarbeiten lassen sich nach einem Methodenkriterium prinzipiell in zwei Arten unterscheiden: *Literaturarbeiten* und *empirische Arbeiten*. Gelegentlich werden Projektarbeiten als dritte Art genannt. Arbeiten, die ausschließlich oder überwiegend auf Literaturrecherche, -auswertung und -verarbeitung beruhen, gelten als Literaturarbeiten und solche, die ausschließlich oder überwiegend auf eigener empirischer Gewinnung von Erkenntnissen beruhen, als empirische Arbeiten. Es leuchtet ein, dass auch in literaturgestützte Arbeiten die eine oder andere empirische Erkenntnis (experimentelle Messung, Beobachtung, Befragung) einfließen kann und dass empirische Arbeiten kaum ohne Heranziehung von Fachliteratur erstellt werden können. Entscheidend ist also das Dominanzkriterium „überwiegend".

Die Bestandteile und die Bewertungskriterien für Literatur- und empirische Arbeiten sind nicht identisch (vgl. die Elfte Lektion). Besonders *bei empirischen Arbeiten* sind einige Besonderheiten zu beachten. Bei ihnen müssen in der Einleitung – nach theoretischer Einordnung der Thematik, ggf. einem Kurzüberblick über einschlägige Forschungsergebnisse, nach Präzisierung der Problemstellung (Formulierung von Hypothesen oder Untersuchungsfragen) – der Untersuchungsplan, das Untersuchungsdesign bzw. Forschungsdesign, vorgestellt werden. (Näheres in der Achten Lektion) Dazu sind im Einzelnen die angewandten Methoden der Datengewinnung und Datenauswertung, namentlich die statistischen Prüf- und Analyseverfahren, zu erläutern. Als Hauptaufgabe für die Durchführung sind die verbale, tabellarische und/oder grafische Darstellung der empirischen Ergebnisse sowie ihre Interpretation anzusehen. Für den Schlussteil bieten sich eine kurze Zusammenfassung oder ein Fazit mit

Erörterung von Bedeutung und Konsequenzen der empirischen Befunde für die Fragestellung(en) an. Der Anhang einer empirischen Arbeit fällt regelmäßig erheblich umfangreicher als bei einer Literaturarbeit aus; denn hier werden alle der Auswertung zugrunde liegenden Arbeitsmaterialien dokumentiert, z.b. Fragebögen, Messergebnisse, Rohdaten, Stadtpläne, Interviewer-Anweisungen, Interview-Protokolle oder Beschreibungen der verwendeten Materialien (vgl. hierzu die Fünfte Lektion, Kapitel 5.4).

Fünfte Lektion
Durchführung der Examensarbeit (II): Form

> Werden bedeutet immer, dass ein Etwas
> wird, gestaltet wird. Und Gestalten: Es
> bedeutet schon sprachlich das Zeitwort
> von Gestalt, sachgemäß ihr formendes
> Geschehen.
>
> (Ernst Bloch)

Was die Form der wissenschaftlichen Arbeit betrifft, so liegt es im Ermessen des Bearbeiters, Elemente der Pflicht mit Elementen der Kür zu verbinden. Wirkt das äußere Erscheinungsbild der fertigen Examensarbeit, ihr optischer Eindruck klar, sauber und gefällig, dann sind das allemal Pluspunkte für die Bewertung. Wenngleich die sehr gute oder gute Form einer Arbeit im Gesamturteil nicht durchschlagen und eine inhaltlich schwache Leistung allein nicht kompensieren wird, kann sie doch helfen, eine wackelige Note nach oben zu korrigieren. Dank der modernen Textverarbeitung und der Layout-Standards kann man bei den Pflichtelementen kaum noch gravierende Fehler machen. Manches ist vom Prüfungsamt vorgeschrieben, wie z.B. das DIN A 4-Seitenformat oder die Gestaltung des Titelblatts und der Ehrenwörtlichen Erklärung, manches vom betreuenden Lehrstuhl. Das meiste ist jedoch nicht vorgeschrieben. Mithin hat der Bearbeiter in der formalen Strukturierung des Layouts ein vorzügliches Instrument, in den Kür-Elementen seine individuelle Handschrift zu zeigen. Mit den Form-Elementen befassen sich die folgenden Abschnitte. Die Fülle an formalen Gestaltungsmöglichkeiten – Formatierungs-, Schrifttypen- oder Schriftgrößenwechsel, Hervorhebungen, Rahmen, eingerückte Aufzählungen, Tabellen, farbige Darstellungen, Fotos oder Zitat-Kästen, um nur einige zu nennen – birgt allerdings die große Gefahr der Übertreibung. Diese Warnung an die Studenten vorab.

Und vorab eine Anregung für den Dozenten: Präsentieren Sie zu Beginn oder im Verlaufe dieser AG-Sitzung drei „alte" Examensarbeiten als Beispiele. Im Hinblick auf formale Gestaltung sind drei Arbeiten zum Vergleich besonders lehrreich:

- eine formal korrekte, saubere Arbeit
- eine formal fehlerhafte Arbeit
- eine mit allzu vielen formalen Extras und Gags überladene Arbeit

Durch den Vergleich erkennen die Studenten den Sinn der guten Form am ehesten. Und für kaum etwas sind sie dankbarer als für bewährtes und nachweislich zielführendes Know-how.

5.1 Zitate und Entlehnungen

Die schriftliche Examensarbeit unterliegt in besonders hohem Maße dem Gebot wissenschaftlicher Ehrlichkeit. Jedes fremde Gedankengut ist als solches auszuweisen, entweder als wörtliches Zitat oder als Entlehnung (sinngemäße Übernahme). Im laufenden Text sind sämtliche Übernahmen am Ende mit einem Hinweis auf die Fundstelle zu versehen. Welche Zitiertechnik für den studentischen Bearbeiter maßgeblich ist, wird von einigen Lehrstühlen genau vorgeschrieben. Daran hat sich der Bearbeiter dann unbedingt zu halten, genau so wie Autoren, die von ihrem Verlage zur Einhaltung detaillierter Zitierregeln verpflichtet werden. Sind dem Bearbeiter einer Examensarbeit keine besonderen Zitierregeln vorgeschrieben, bleibt ihm die Wahl der Zitiertechnik überlassen. Sie ist dann für die gesamte Arbeit streng beizubehalten. Hier seien nur die wichtigsten *vier Zitiertechniken* genannt:

- hochgestellte fortlaufende Ziffer ohne oder mit Klammer – z.B. „... Zitat"[18] oder „... Zitat"[18] – und mit Fußnote;
- in Klammern gesetzte Ziffer mit Fußnote; Beispiel: „... Zitat ..."(18) für den Literaturnachweis mit der laufenden Nummer 18;
- Autor(en)nennung mit Erscheinungsjahr des betreffenden Textes (so genanntes Harvard-System oder Autor-Jahr-System); Beispiel: „... Zitat... (Tietz, 1971b, S. 50)"; zulässig ist auch die extreme Kurzform (Tietz 1971b: 50); für den Namen des Autors wurde in diesem Beispiel die Schreibweise in Kapitälchen gewählt; das b bedeutet einen Hinweis auf den zweiten der nachgewiesenen Tietz-Texte aus dem Jahre 1971;
- Klammerzahlen als Hinweis auf das am Ende durchlaufend nummerierte Literaturverzeichnis; Beispiel: „ ... Zitat ... (22, S. 169f.)"; d.h. zitiert wurden die Seiten 169 und 170 des Werks mit der laufenden Nummer 22 des Literaturverzeichnisses.

Die beiden letztgenannten Techniken sind einfacher und weniger aufwändig als die Fußnoten-Technik (für den Verfasser, nicht für den Leser).

Alle *Fußnoten* sind durchzunummerieren. Dies kann auf drei Arten erfolgen:

- Nummerierung auf den betreffenden Seiten jeweils mit 1) beginnen (seitenweise)
- Durchnummerierung jeweils für einen Hauptabschnitt (kapitelweise)
- Durchnummerierung durch die gesamte Arbeit

Der Bearbeiter muss sich für eine Art entscheiden und diese streng einhalten. Sofern eine der beiden erstgenannten (weniger üblichen) Techniken gewählt wird, muss jede Fußnote bei erstmaliger Quellenerwähnung enthalten:

- Name, Vorname(n) des Autors bzw. Namen, Vornamen der Autoren; vollständig, mit ausgeschriebenem bzw. ausgeschriebenen Vornamen
- vollständiger Titel
- Auflage (erst ab der zweiten Auflage angeben)
- Erscheinungsort (ggf. „o. O." für „ohne Ortsangabe")
- Erscheinungsjahr (ggf. „o. J." für „ohne Jahresangabe")
- Seiten- bzw. Spaltenangabe

Bei der zweiten und allen weiteren Erwähnungen derselben Quelle genügt für die Fußnote eine Kurzfassung, z.B. Tietz, a.a.O., S. 52. Die im angelsächsischen Raum übliche Angabe von Verlagsnamen setzt sich in der deutschen wissenschaftlichen Literatur mehr und mehr durch. Wenn davon Gebrauch gemacht wird, dann sollte eine der in den nachfolgenden Beispielen gezeigten Formen gewählt werden. Jede Quellenangabe in der Fußnote ist durch einen Punkt zu beenden.

Es bleibt dem Verfasser im Allgemeinen frei gestellt, im Text und/oder in den Fußnoten die *Namen hervorzuheben,* etwa durch *Kursivschrift,* durch VERSALIEN, durch KAPITÄLCHEN oder durch Unterstreichung. Im Text können mehrere Hervorhebungsverfahren angewandt werden. Im Literaturverzeichnis und in den Fußnoten ist nur ein Hervorhebungsverfahren durchgängig beizubehalten. Bei Sammelwerken ist der bzw. sind die Herausgeber mit zu nennen, bei Zeitschriften der Jahrgang und/oder die genaue Ausgabe (z.B. Heft 3/1995), bei Zeitungen die genaue Ausgabe mit Datum und Seitenangabe (z.B. Der Tagesspiegel Nr. 18070 vom 23. 03.2003, S. 23), bei Veröffentlichungsreihen die Laufnummer nach dem Titel. Bei Internet-Zitaten sind – unbeschadet einer unter Umständen sehr langen, mehrzeiligen Quellenbeschreibung – die gesamte Internet-Adresse und das Zugriffsdatum anzugeben. In keinem Fall anzugeben sind Bibliothekssignaturen und akademische Titel der Autoren.

Beispiele

- Picot, Arnold/Dietl, Helmut/Franck, Egon: Organisation. Eine ökonomische Pespektive, Stuttgart 1997, S. 263.
- Poenseler, Kurt-Egon: Marketing des Einzelhandels, in: Dornieden, Ulrich/ Scheibler, Albert/Weihrauch, Josef (Hrsg.): Studienhefte für Operatives Marketing, Heft 5, Wiesbaden 1979, S. 165–215.
- Schenk, Hans-Otto: Verbundlehre. Neuer Wissenschaftsansatz für die Kooperation, in: Der Verbund, Heft 1/1993, S. 4–7.
- o.V.: Mobile Commerce, unter http://www.mobile-commerce-buch.de/ home.htm; Zugriff: 24.03.2003.

Neben diesen Standardformen für Quellenangaben sind viele andere Formen möglich. In modernen Werken werden häufig die Vornamen nicht mehr ausgeschrieben. Damit entstehen jedoch leicht Verwechslungsmöglichkeiten. So ist nicht ohne weiteres zu erkennen, ob sich hinter „Weber, M." Margarete Weber oder Max Weber verbirgt. Die gegenwärtig dominierende Form der Quellenangabe sieht wie folgt aus:

- Bruhn, M. (1999), Marketing, 4. Aufl., Wiesbaden.
- Schenk, H.-O. (2002), E-Commerce und Internet-Handel. Eine typologische Klärung. In: Trommsdorff, V. (Hg.), Handelsforschung 2001/02, Köln, S. 25–52.

Zunehmend geben deutschsprachige wirtschafts- und sozialwissenschaftliche Werke bei den bibliografischen Angaben nach angelsächsischem Vorbild auch den jeweiligen Verlagsnamen an. Das erste Beispiel zeigt die Standardform, das zweite eine weniger gebräuchliche Form.

- Haupt, Heinz-Gerhard: Konsum und Handel. Europa im 19. und 20. Jahrhundert, Göttingen: Verlag Vandenhoeck & Ruprecht, 2003.
- Haupt, Heinz-Gerhard: Konsum und Handel. Europa im 19. und 20. Jahrhundert, Göttingen 2003 (Verlag Vandenhoeck & Ruprecht).

Wörtliche *Zitate* sind peinlich genau zu übernehmen. Das gilt selbst für fehlerhafte oder veraltete Schreibweise im Original. Allenfalls kann der Bearbeiter ein in eckige Klammern [!], seltener in Winkelklammern <!> gesetztes Ausrufezeichen oder ein [sic!] zum Zeichen der bewussten Übernahme des Fehlers einfügen. Enthält der zitierte Originaltext seinerseits ein Zitat, also eine Stelle in doppelten Anführungszeichen, dann wird diese Stelle im Zitat durch einfache Anführungszeichen kenntlich gemacht. Beispielsweise sähe ein solches Zitat so aus: „Bei Scheinkäufen oder ‚Mystery Shopping' handelt es sich um eine seit langem etablierte und weit verbreitete Technik." Jede *Abweichung* vom buchstabengenauen Vorlagentext (Ergänzung, Umstellung, Auslassung, Hervorhebung) und jede eigene Übersetzung des Verfassers sind als solche zu kennzeichnen, z.b. durch angefügte oder eingeschobene Klammer („eingefügt durch den Vf."). Auslassungen werden durch drei Punkte (nicht mehr und nicht weniger Punkte) kenntlich gemacht. Dabei darf der ursprüngliche Sinn nicht verfälscht werden. Fremdsprachliche Zitate sind ausschließlich in der Originalsprache zu übernehmen. Ist eine Übersetzung ins Deutsche zweckmäßig, dann kann sie in einer Fußnote mitgeliefert werden. Es sind nur wichtige Gedanken – jedenfalls kein Allgemeingut – zu zitieren, wobei die Grenzziehung zwischen wichtig und unwichtig mit den Betreuern variieren wird. Sinngemäße Übernahmen *(Entlehnungen)* werden nicht durch An- und Ausführungszeichen gekennzeichnet; ihr Umfang muss jedoch kenntlich gemacht und am Satz-, am Abschnitt- oder am Seitenende mit einer laufenden Nummer für die Fußnote angezeigt werden. Bei sinngemäßer Übernahme beginnt die Fußnote dann mit „Vgl. ...".

Die Frage der *Zitierfähigkeit* von Quellen kann problematisch werden. Grundsätzlich sind wissenschaftliche Veröffentlichungen uneingeschränkt zitierwürdig. Umstritten sind jedoch Zitate oder Entlehnungen aus Zeitungen, Publikumszeitschriften und nicht veröffentlichten Arbeiten. Ein großzügiger Betreuer wird seinen Examenskandidaten anheim stellen, auch Berichte aus dem „Daily Mirror", aus der „Apotheken Umschau", aus dem „Stern" oder aus der „Frau im Spiegel" zu verwerten. Sie sollten allerdings (a) genau zum Thema passen und (b) originäre Informationen enthalten. So weit kommen jedoch nicht alle Dozenten ihren Kandidaten entgegen. Einige achten streng auf die wissenschaftliche Reputation von zitierten Autoren und Verlagen. Bei dem einen Dozenten ist die Toleranzgrenze schon bei einem Zitat aus dem „Spiegel" überschritten (und sei es noch so aufschlussreich), bei einem anderen erst bei Zitaten aus Werken seines wissenschaftlichen Gegenspielers. Im Zweifel erkundige sich der Student nach der Zitier-Toleranzgrenze seines Betreuers.

Zitate und Entlehnungen werfen für die Bearbeiter von Examensarbeiten in der Regel keine größeren *rechtlichen Probleme* auf. Durch ordentliche Zitierweise wird das Urheberrecht normalerweise nicht verletzt. Das Zitatrecht erlaubt selbst über mehrere Seiten laufende Großzitate, sofern sie als Beleg oder Erörterungsgrundlage für die eigenen Untersuchung dienen, der Zitatzweck also eingehalten wird. Freilich sind Großzitate untypisch für Examensarbeiten. Informationen, die als streng vertraulich überlassen werden, sollten in der Examensarbeit nicht erwähnt werden, auch nicht in anonymisierter Form. Darüber hinaus sei jedem Bearbeiter, der von Firmen, Behörden oder sonstigen Informanten sensibles Material erbittet, empfohlen, die (schriftliche) Zusicherung abzugeben, dass die Daten nur für die wissenschaftliche Examensarbeit verwendet, nicht veröffentlicht sowie Dritten außer dem Betreuer und dem Prüfungsamt nicht zugänglich gemacht werden. Sie ist strikt einzuhalten.

5.2 Fußnoten

Fußnoten sind vom laufenden Text durch einen etwa 5 cm langen Strich abzusetzen, falls das Textverarbeitungsprogramm nicht automatisch eine andere Linie zuordnet. Sie sind einzeilig zu schreiben, möglichst in kleinerer Schrift (z.b. in dieser Größe von 10pt). Sie sollten auf derselben Seite stehen, auf der auch der zitierte Text erscheint. Jede Fußnote ist mit einem Punkt abzuschließen. Zwei Hauptfunktionen der Fußnoten sind zu unterscheiden:

– Belegfunktion
– Ergänzungsfunktion

Als *Belege* enthalten Fußnoten die zitierten oder sonst im Zusammenhang beachtlichen Literaturangaben, z.t. auch Zitate mit angefügter Fundstelle. Fußnoten als Quellenangabe können als Vollbeleg – wie in den vorstehenden Beispielen – oder als Kurzbeleg ausgestaltet sein. Als Kurzbeleg sind verschiedene Darstellungsmöglichkeiten gegeben. Als wichtigste kommen die folgenden fünf in Betracht:

– PICOT / DIETL / FRANCK S. 263.
– Picot, A.; Dietl, H.; Franck, E., Organisation, 1997, S. 263.
– Picot et al., 1997, S. 263.
– Picot; Dietl; Franck (Organisation) S. 263.
– Picot, Dietl, Franck (Organisation 1997), S. 263.

Der in wissenschaftlichen Zeitschriften gelegentlich anzutreffende Belegnachweis – mit fortlaufenden Zahlen versehene Zitate und Entlehnungen sowie Sammlung aller Belege am Ende des gesamten Texts (Endnoten) – sollte für Examensarbeiten nicht gewählt werden, da das permanente Blättern zu den Fundstellen für den Leser zu umständlich wird. Als *Ergänzungen* entlasten Fußnoten den fortlaufenden Text, enthalten also selbst weniger wichtige oder kontroverse Ausführungen, notfalls auch persönliche Anmerkungen des Verfassers. Die Entlastung darf jedoch nicht so weit gehen, dass nun die Fußnoten mit ergänzendem Text überladen werden und eine Drittelseite oder mehr umfassen.

Wird ein Werk ein zweites Mal oder mehrere Male zitiert, ist eine Kurzform der Fußnote erlaubt. Die ausführliche Quellenangabe muss bei der ersten Erwähnung auf jeden Fall vollständig (in der Langform) erfolgt sein.

Beispiele
– Ulrich, Hans: Die Unternehmung ..., S. 148.

Wird *dasselbe Werk* nochmals zitiert, ist z.B. erlaubt:

- Ulrich, H., a.a.O., S. 153.
- Ulrich, H., a.a.O., S. 180.

Wird *dieselbe Seite* eines Werkes nochmals zitiert, ist z.b. erlaubt:

- ebenda/ebd. oder ibidem/ib. (Zitat derselben, zuletzt genannten Seite; so nur auf derselben Textseite der wissenschaftlichen Arbeit; auf einer neuen Textseite dann wieder „a.a.O.").

Werden mehrere Seiten oder wird ein Aufsatz zitiert, dann ist der genaue Seitenumfang anzugeben, also nicht „S. 85ff.", sondern „S. 85–116". Taucht ein übernommener Gedanke an mehreren Stellen des zitierten Werkes auf, kann der Hinweis „passim" (da und dort, verstreut) gewählt werden. Werden mehrere Werke verschiedener Autoren in einer Fußnote zitiert, können sie in chronologischer oder alphabetischer Reihenfolge der Autorennamen aufgelistet werden. Üblich ist die alphabetische Reihenfolge, z.B.

- Vgl. Bruhn, M. (1999), S. 247f.; Froböse, M./Kaapke, A.(2000), S. 88; Nieschlag, R./Dichtl, E./Hörschgen, H. (2002), S. 390; Porter, M.E. (1995), S. 166.

Im Wiederholungsfall ist die gewählte Variante dann konsequent beizubehalten. Die (Fleiß dokumentierende) Nennung verschiedener Quellen sollte nicht übertrieben eingesetzt werden.

5.3 Tabellen und Grafiken

Kaum eine Examensarbeit kommt ohne Tabellen (Zahlenübersichten) oder Grafiken aus. Für empirische Arbeiten sind zumindest Tabellen unverzichtbar. Aber auch Literaturarbeiten können durch eingefügte Tabellen oder Grafiken aufgelockert werden. Allgemeine Empfehlungen für die Verwendung von Tabellen oder Grafiken können nicht gegeben werden. Die nicht-verbale Darstellung hängt im Einzelfall von der Veranschaulichungsmöglichkeit des Datenmaterials ab. Beispielsweise lassen sich zeitliche Entwicklungen besser durch Liniendiagramme als durch tabellarische Darstellungen visualisieren. Für die Erstellung von Tabellen ist die Kenntnis ihrer Bestandteile sowie der Lückenfüller-Symbole erforderlich; letztere sind für die korrekte Interpretation wichtig. Die Bestandteile einer Tabelle sind Tabellenkopf, Vorspalte, Zeilen, Spalten und Zellen. Beim Einbau in den laufenden Text ist jede Tabelle mit Überschrift und Quellenangabe („Unterschrift" oder „Tabellenfuß") zu versehen sowie zu interpretieren. Übersicht 10 zeigt ein Beispiel mit den Bestandteilen einer einfachen Tabelle.

Übersicht 10: Die Bestandteile einer Tabelle

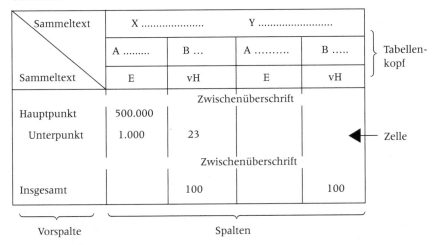

Quelle: In Anlehnung an Theisen, Manuel René: Wissenschaftliches Arbeiten, 6. Aufl., München 1992, S. 157.

Können einige Felder der Tabelle (Zellen) nicht mit Zahlenmaterial gefüllt werden, werden Symbole als „Lückenfüller" verwendet. Sofern man keine eigenen Symbole verwendet und in einer Legende erklärt, kann man auf die folgenden *Standardsymbole* zurückgreifen:

– = nichts
0 = mehr als nichts, aber weniger als die Hälfte der kleinsten benutzten Maßeinheit
· = Angabe aus sachlichen Gründen nicht möglich
... = Angaben sind noch nicht verfügbar
p = Angabe ist geschätzt (hochgestelltes p)

Beim Erstellen einer Tabelle mit Hilfe eines Textverarbeitungsprogramms ist zu beachten, dass zuerst die Tabelle gestaltet werden muss. Danach erst können Text und Zahlen eingetragen werden. Für die Feingestaltung der Tabelle kann auf diverse *Formelemente* zurückgegriffen werden:

– Rahmen (unterschiedlich breite, einfache oder doppelte Rahmenlinien)
– Spaltenfüllung (zentriert, links- oder rechtsbündig)

– Schattierung (ggf. einzelner Spalten, Zeilen oder Zellen)
– hochgestellte Buchstaben oder Ziffern

Für grafische Gestaltungen steht eine große Auswahl an Varianten zur Verfügung, für Diagramm-Darstellungen z.B. Balken-, Stab-, Kreis-, Kuchen-, Linien-, Flächen- oder Flussdiagramme sowie das Kartogramm. Die meisten Textverarbeitungsprogramme halten dafür einen reichhaltigen Werkzeugkasten bereit.

> Merksatz
> Bildliche und grafische Visualisierungen von Zusammenhängen verbessern die Verständlichkeit und lockern den Text auf. Bauen Sie daher (wenn es das Thema zulässt) Bilder und/oder Grafiken ein – aber ohne Übertreibung: Ihre Examensarbeit ist kein Bilderbuch.

5.4 Anhang

Ob dem Textteil der Examensarbeit ein Anhang angefügt werden soll, ist umstritten. Ein Ratgeber „Wissenschaftliches Arbeiten" postuliert als Grundregel: „Im Allgemeinen ist in Seminar- und Diplomarbeiten ein ‚Anhang' weder notwendig noch zweckmäßig" (Bänsch 1996, S. 69). Das ist sicherlich überspitzt formuliert. Für *empirische Arbeiten* ist ein Anhang in den allermeisten Fällen sogar unentbehrlich. Denn alles Material, das im Text weder verbal noch als Tabelle, Kopie, Foto oder Grafik unmittelbar verwendet werden kann, gehört aus Gründen der Überprüfbarkeit der empirischen Befunde in den Anhang. Dazu kann so Unterschiedliches zählen wie Fragebögen, Pläne, Ergebnislisten und -tabellen, Gesetzestexte, Prospekte, Protokolle, Aktennotizen, Zeichnungen (größer DIN A2), Messdaten, Quelltexte von Rechnerprogrammen und selbst Disketten. Der Bearbeiter braucht keine Bedenken zu haben, wenn der Anhang ähnlich umfangreich wie der Textteil ausfällt, selbst wenn er wie ein Zahlenfriedhof wirkt. Voraussetzung ist freilich, dass nur tatsächlich angewandtes und ausgewertetes Material im Anhang ausgewiesen wird. Notfalls wird umfangreiches Material in einem separaten Anlagenband gesammelt und dieser der Examensarbeit beigegeben. Bloßes Anreichern der Arbeit mit Unterlagen als Selbstzweck ist selbstverständlich nicht erlaubt.

Bei *Literaturarbeiten* hängt es ganz von der Thematik ab, ob die Untersuchungsmaterialien den Textteil unnötig aufblähen oder belasten und deshalb zweckmäßigerweise in den Anhang gestellt werden sollten. Der Bearbeiter sollte allerdings bedenken, dass das mit allzu häufigen Querverweisen auf den

Anhang verbundene Hin- und Herblättern vom Leser, d.h. zunächst vom Korrektor, als lästig empfunden wird.

Besteht der Anhang aus mehreren Anlagen, dann sind diese mit Überschriften zu versehen und durchzunummerieren. Der Anhang ist dann mit einem *Verzeichnis der Anlagen* einzuleiten mit allen Anlagenummern, Anlagenüberschriften und Seitenangaben. Im Text muss auf jede Anlage des Anhangs Bezug genommen werden. Ob ein Anhang ganz oder teilweise zum Selbstzweck eingerichtet wurde, kann der Korrektor leicht überprüfen. Fehlen im Text Klammerhinweise wie „(Vgl. Anlage 5)", dann ist die Vermutung begründet, dass der Anhang nur aus optischen Gründen erstellt wurde. Zu Pluspunkten in der Bewertung wird solche Fleißarbeit kaum führen.

5.5 Literaturverzeichnis

Das Literaturverzeichnis stellt den Nachweis aller bei einer wissenschaftlichen Arbeit wörtlich oder dem Sinn nach verwendeten Literaturquellen dar. Es kann bereits während der Manuskriptarbeiten vorbereitet, später nach und nach ergänzt werden. Seine Fertigstellung ist erst nach Abschluss der Manuskriptarbeiten möglich. Wie bei Monographien und Dissertationen darf das Literaturverzeichnis der Examensarbeit nur die *tatsächlich verwendete* Literatur enthalten. Falls im Text bzw. in Fußnoten Literaturbelege aus zweiter Hand erwähnt wurden, stammen also der tatsächlich verwendeten Quelle (Sekundärquelle) entnommene Zitate aus anderen Quellen (Primärquellen), so sind diese Primärquellen grundsätzlich nicht ins Literaturverzeichnis aufzunehmen. Auf jeden Fall unzulässig ist das Auffüllen mit möglichst vielen, aus anderen Werken abgeschriebenen Literaturquellen.

Die *Ordnung* der verwendeten Literatur kann nach verschiedenen Kriterien erfolgen, z.B.

- alphabetisch nach Verfassern bzw. Herausgebern
- chronologisch nach dem Erscheinungsjahr der Quellen
- nach der Art der Literaturquellen (Lehrbücher, Monographien, Dissertationen, Nachschlagewerke, Festschriften, Periodika, statistische Quellen, Gesetzestexte)
- nach Kapiteln der Examensarbeit

Kombinationen mehrerer Kriterien sind durchaus geläufig, etwa innerhalb der Literaturgruppen nach Verfassern. Für Examensarbeiten empfiehlt sich die durchgängige alphabetische Ordnung nach dem Familiennamen der Autoren, ggf. der Herausgeber (bzw. des erstgenannten Autors/Herausgebers bei mehreren Autoren/Herausgebern). Bei fehlender Autor- oder Herausgeberangabe ist die verwendete Quelle unter „o.V." (ohne Verfasserangabe) einzuordnen. Mehrere „o.V."-Quellen sind wiederum chronologisch zu ordnen. Wer die Hauptuntergliederung nach Art der Quellen bevorzugt, muss bei jeder Quellenart wiederum systematisch untergliedern, z.b. zunächst nach Autoren, bei mehreren Werken eines Autors chronologisch (ältestes Werk zuerst). In diesem Fall und bei Kurznachweisen sind die Werke eines Autors zusätzlich mit Buchstaben zu versehen, z.b. Tietz (1993a), Tietz (1993b), Tietz (1993c).

Das Literaturverzeichnis muss folgenden *Anforderungen* genügen:

– Richtigkeit
– Vollständigkeit
– Einheitlichkeit
– Übersichtlichkeit
– Ehrlichkeit

Unter *Richtigkeit* ist nicht zu verstehen, dass die angegebene Literatur im Sinne des Themas richtig, d.h. passend, themenadäquat ist. Vielmehr ist die formale Richtigkeit gemeint, d.h. die korrekte Schreibweise und Wiedergabe der bibliografischen Details. Unter *Vollständigkeit* ist nicht die Angabe der vollständigen, d.h. überhaupt existierenden Literatur zum Thema gemeint. Sie kann in einer befristeten Examensarbeit ohnehin nicht erwartet werden. Vielmehr bedeutet Vollständigkeit des Literaturverzeichnisses, dass sämtliche bibliografischen Angaben zu der verwendeten Literatur gemacht werden: Name(n), Vorname(n), ggf. mit dem Zusatz (Hrsg.), Titel, Auflage, Erscheinungsort, Erscheinungsjahr. Bei Nichtbuchveröffentlichungen und Beiträgen in Sammelwerken ist hinter dem Beitragtitel einzufügen „..., in: ..." (genaue Fundstelle) oder „.... In: ..."

Beispiel
Schenk, Hans-Otto: Funktionen, Erfolgsbedingungen und Psychostrategie von Handels- und Gattungsmarken, in: Bruhn, Manfred (Hrsg.): Handelsmarken. Entwicklungstendenzen und Perspektiven der Handelsmarkenpolitik, 3. Aufl., Stuttgart 2001, S. 71–98.

Hinsichtlich der Seitenangaben ist diese Schreibweise der weniger genauen „S. 71ff." unbedingt vorzuziehen. Unter Umständen ist zu präzisieren, z.B. „..., S. 71–98, hier S. 92" oder auch „..., S. 71–98, besonders S. 92." Wie das Beispiel zeigt, werden die Literaturangaben ab der zweiten Zeile etwas eingerückt (hängender Einzug).

Für alle Literaturnachweise gilt im Übrigen, dass akademische Titel der Autoren und Verlagsanschriften nicht aufzunehmen sind. Und wer sich für die Angabe von Verlagsnamen entschließt oder diese anzugeben hat, muss diese dann für alle herangezogenen, verlegerisch betreuten Druckwerke angeben (vgl. die Beispiele im Kapitel 5.1).

Das Erfordernis der *Einheitlichkeit* des Literaturverzeichnisses bezieht sich auf die durchgängige Anwendung bzw. Beibehaltung eines Darstellungsverfahrens (einheitliche Typographie und Chronologie). Die *Übersichtlichkeit* des Literaturverzeichnisses dürfte für keinen Bearbeiter ein Problem darstellen. Sie stellt sich bei konsequenter alphabetischer Ordnung und konsequent chronologischer Ordnung bei mehreren Werken eines Autors fast von selbst ein. Bei sehr umfangreichen Literaturverzeichnissen kann die Übersichtlichkeit z.b. durch Trennung nach Büchern, Aufsätzen, Beiträgen in Sammelwerken, Dissertationen und Sonstigen Veröffentlichungen gesteigert werden. Das Kriterium *Ehrlichkeit* ist bewusst aufgenommen worden; denn Verlockungen zur Manipulation sind gerade beim Literaturverzeichnis groß. Sei es, dass ein Bearbeiter mit einem möglichst üppigen Literaturverzeichnis imponieren möchte und mehr als die verwendeten Quellen benennt, sei es, dass ein Bearbeiter die angegebene Buchausgabe, etwa die genannte letzte Auflage, gar nicht benutzt hat oder gar eine (oder mehrere) benutzte Quelle(n) verschweigt – alles dies ist unredlich und ein Verstoß gegen die Ehrenwörtliche Erklärung. Die Bearbeiter sind also gehalten, das Gebot der Ehrlichkeit strikt zu befolgen. Und der Dozent sollte die Einhaltung des Ehrlichkeitsgebots zumindest durch Stichproben-Kontrollen überprüfen.

Schließlich ein Hinweis auf den Nachweis *sonstiger Quellen*. Das Literaturverzeichnis weist lediglich das vom Bearbeiter benutzte Literaturmaterial aus (was in Anbetracht des häufig überbordenden Angebots an einschlägiger Literatur bereits eine stattliche Leistung für sich darstellt). In vielen Fällen wird der Bearbeiter jedoch auch andere Informations- und Materialquellen ausweisen, Quellenangaben über Internet-Auszüge, CD-ROM-Auszüge, Expertengespräche, Korrespondenzen, Telefonate u.ä. Die Einstellung derartiger Quellen in das Literaturverzeichnis ist gebräuchlich, aber nicht ganz korrekt. In diesen Fällen wäre der entsprechende Arbeitsteil statt mit „Literaturverzeichnis" genauer mit „Verzeichnis der benutzten Literatur und sonstiger Quellen" oder mit „Quellenverzeichnis" überschrieben.

5.6 Layout und typografische Gestaltungselemente

Die modernen Textverarbeitungsprogramme stellen mit ihrer Fülle an Variationsmöglichkeiten für das Seitenlayout und die typografische Gestaltung für den Bearbeiter eine außerordentlich nützliche Hilfe dar. Zugleich bergen sie die Gefahr, die Arbeit mit zu vielen typografischen Elemente zu überfrachten und so ihr äußeres Erscheinungsbild allzu unruhig erscheinen zu lassen. Mit den Möglichkeiten der Layoutgestaltung sind die Bearbeiter heutzutage in der Regel schon von der Schule her vertraut. Daher mag es genügen, eine Grundregel und ein paar Standards zu vermitteln.

> Merksatz
>
> Als Grundregel für die äußere Gestaltung der Examensarbeit gilt: Das Layout muss klar und einfach sein, typografische Elemente müssen sparsam eingesetzt werden.

Da die Wahl des Layouts für die einzelne Seite wie für die gesamte Arbeit grundsätzlich im Ermessen des Bearbeiters liegt, bietet ihm diese Gestaltungsaufgabe Gelegenheit, seiner Originalität auch im Formalen Ausdruck zu verleihen. Sofern ihm keine konkreten Anweisungen vorgegeben werden, ist es zweckmäßig, die üblichen *Standards* einzuhalten. Dazu gehört, dass alle Seiten – weißes Papier im Normalformat DIN A 4 – einheitlich formatiert sind. Für den Text ist durchgängig eine Schriftart und Schriftgröße zu wählen. Aus Gründen der guten Lesbarkeit sollte eine relativ breite Schriftart einer schmalen Schriftart vorgezogen werden und eine proportionale Schrift einer nichtproportionalen Schrift. Bei proportionalen Schriften ändert sich der Zeichenabstand in Abhängigkeit vom jeweiligen Zeichen. Bei nichtproportionalen Schriften ist der Zeichenabstand bei jedem Zeichen derselbe, z.B. bei der Schriftart Courier New. Ob der Bearbeiter eine Serifenschriftart – Serifen sind kleine Querstriche an den Ober- und Unterlinien der Buchstaben, z.B. bei der häufig verwendeten Schrift Times New Roman – oder eine serifenlose Schriftart verwenden möchte, bleibt in seinem Ermessen. Allerdings ruft eine übergroße oder betont breite Schrift in der Examensarbeit leicht den Verdacht des Platzschindens hervor.

Übersicht 11 zeigt einige ausgewählte Schriftarten und -größen, für die die gängigen Textverarbeitungsprogramme normalerweise auch die passenden Druckertreiber bereit halten. Als Standard-Schriftgröße für den Text gilt eine 12-Punkt-Schrift (12pt). Für Kapitel- oder Abschnittüberschriften ist je nach Gliederungsebene eine eigene fette Schriftgröße zu wählen (mit abnehmender Größe bei zunehmender Gliederungstiefe). Es kann aber auch auf abgestufte Schriftgrößen verzichtet werden zugunsten einer einheitlichen fetten Schriftgröße für alle Überschriften. Der 1,5-fache Zeilenabstand gilt als Normwert. Auf den einzeiligen Abstand des laufenden Texts sollte wegen der schlechteren Lesbarkeit verzichtet werden, es sei denn, er wird an einzelnen Stellen bewusst als typografisches Element eingesetzt (Zitate, Hervorhebungen). Nach Möglichkeit ist die gesamte Arbeit im Blocksatz zu formatieren, der ihr ein ruhiges äußeres Erscheinungsbild verleiht. Dabei sollten im Text (korrekte) Trennun-

Übersicht 11: Schriftarten und -größen

Dies ist ein Blindtext. An ihm lässt sich vieles über die Schrift, in der er gesetzt ist, ablesen: Times New Roman, 10pt

Dies ist ein Blindtext. An ihm lässt sich vieles über die Schrift, in der er gesetzt ist, ablesen: Times New Roman, 12pt

Dies ist ein Blindtext. An ihm lässt sich vieles über die Schrift, in der er gesetzt ist, ablesen: Times New Roman, fett, 14pt

Dies ist ein Blindtext. An ihm lässt sich vieles über die Schrift, in der er gesetzt ist, ablesen: Arial, 10pt

Dies ist ein Blindtext. An ihm lässt sich vieles über die Schrift, in der er gesetzt ist, ablesen: Arial, 12 pt

Dies ist ein Blindtext. An ihm lässt sich vieles über die Schrift, in der er gesetzt ist, ablesen: Arial, fett, 14pt

```
Dies ist ein Blindtext. An ihm lässt sich vieles
über die Schrift, in der er gesetzt ist, ablesen:
Courier New, 10 pt

Dies ist ein Blindtext. An ihm lässt sich
vieles über die Schrift, in der er gesetzt
ist, ablesen: Courier New, 12 pt
```

```
Dies ist ein Blindtext. An ihm lässt
sich vieles über die Schrift, in der
er gesetzt ist, ablesen: Courier New,
fett, 14 pt
```

---

gen vorgenommen werden, um Lücken in einer Zeile, scheinbar Leerschritte, zu vermeiden (vgl. die vorstehende Zeile).

Die Entscheidung für *Überschriften* oder *Unterschriften* sowie die Wahl ihrer Schrift und ihrer Platzierung – linksbündig oder zentriert – liegen ebenfalls im

Ermessen des Bearbeiters. Die einmal getroffene Wahl muss jedoch die gesamte Arbeit hindurch beibehalten werden. Werden für Darstellungen Unterschriften gewählt, so werden die Quellenangaben diesen vorangestellt. In der Übersicht 12 sind drei Beispiele aufgeführt.

Übersicht 12: Anordnung der Quellenangabe bei Über- und Unterschriften

Übersicht x: Überschrift
Inhalt Quelle: xyz

Übersicht x: Überschrift Inhalt Quelle: xyz

<div align="center">Inhalt</div>Quelle: xyz <div align="center">*Übersicht x: Unterschrift*</div>

Normalerweise werden für besondere Darstellungen Überschriften und linksbündige Platzierung vorgezogen. Was die Textüberschriften für Kapitel, Hauptabschnitte, Abschnitte usw. betrifft, so wird hier häufig gegen eine formale Anforderung verstoßen: Gliederungspunkte und Überschriften ohne Text. Zu jeder Überschrift gehört jedoch unbedingt *erläuternder Text*. Wenn in der Arbeit z.b. die Kapitel-, die Hauptabschnitt- und die Abschnittüberschriften 3, 3.1 und 3.1.1 unmittelbar aufeinander folgen, der Text sich aber nur auf 3.1.1 bezieht (3 und 3.1 also ohne Erläuterung bleiben), dann wird deutlich, dass die Untergliederung bis auf die dritte Ebene nicht begründet ist und als Selbstzweck dient. Schließlich noch ein Warnhinweis zu den Überschriften: Sowohl das Thema als auch alle Überschriften des Inhaltsverzeichnisses und des Texts dürfen *keine Abkürzungen* enthalten. Wer für die tragenden Begriffe des Themas und des Inhalts Abkürzungen verwenden will – was durchaus legitim und rationell ist –, der muss diese bei der ersten Erwähnung der Langfassung im laufenden Text erklären und, falls vorhanden, zusätzlich in seinem Abkürzungsverzeichnis. Beispielsweise könnte es in der Einleitung zum Thema „Die Bedeutung des Dosenpfands für den deutschen Lebensmitteleinzelhandel" heißen: „Mit der Einführung des Dosenpfands ist der deutsche Lebensmitteleinzelhandel (LEH) erneut zum Hauptlastenträger einer ökologisch orientierten Wirtschaftspolitik geworden."

Hervorhebungen sind mit Bedacht und wirklich nur für besonders wichtige Stellen einzusetzen. Hervorheben lassen sich ganze Absätze, einzelne Sätze und einzelne Satzelemente nicht nur durch auffällige typografische (einschließlich farbliche) Schriftgestaltung, sondern auch durch Aufzählungszeichen oder Rahmen, z.b. durch:

–   Spiegelstriche
·   Punkte
*   Sterne
1)   Ziffern
a)   Buchstaben
→   Pfeile

☐   sonstige Zeichen (Sonderzeichen)

Rahmen ohne Schattierung

Rahmen mit Schattierung, hier Grau–25%.

Als Standard für die *Seitenränder* (Satzspiegel) von Examensarbeiten mit Seiten im DIN A 4-Format gelten:

– oben 2,5 cm
– unten 2,5 cm
– links 4 cm
– rechts 2 cm

Von diesen Einstellungen kann abgewichen werden, z.b. wenn Kopfzeilen (mit Kapitelüberschrift) oder umfangreiche Fußzeilen vorgesehen sind. Der linke Korrektur- bzw. Heftrand sollte jedoch nicht schmaler gewählt werden, da hier der Korrektor seine Anmerkungen notieren wird, falls er nicht das in der Elften Lektion vorgeschlagene Korrektur-Notizblatt verwendet.

Ob *Absätze* wie beim traditionellen Buchdruck ohne zusätzliche Leerzeile und eingerückt (mit Einzug) eingerichtet werden sollten oder mit zusätzlicher Leerzeile und ohne Einzug, ist eine Frage des Geschmacks – falls der betreuende Lehrstuhl hierzu keine besondere Anweisung erteilt. Am Ende des Absatzes kann ein zusätzlicher Abstand (Leerzeile oder vergrößerter Zeilenabstand) eingebaut werden, damit der neue Absatz auch dann noch optisch hervortritt, wenn der letzte Absatz mit dem Zeilenende schließt.

5.7 Paginierung

Für die Paginierung (Seitenzählung) der Examensarbeit eröffnet die Anfertigung mittels PC eine Reihe von Möglichkeiten. Die die Seitenzahlen automatisch einsetzenden Textverarbeitungsprogramme lassen die Wahl sowohl hinsichtlich des Zifferntyps als auch der Platzierung (Position und Ausrichtung) der Seitenzahlen. Es können arabische und römische Ziffern gewählt werden. Für die durchgängige Position der Seitenzahlen können der Seitenanfang oder das Seitenende, für die durchgängige Ausrichtung können bei einseitigem Druck die Optionen rechts, links oder zentriert gewählt werden. Sofern der betreuende Lehrstuhl diesbezüglich keine Vorgaben setzt, ist die Art der Paginierung dem Bearbeiter freigestellt – für ihn ein formal-stilistisches Gestaltungsmittel. Der Bearbeiter ist gut beraten, eine der beiden folgenden Standardanwendungen zu wählen:

– durchgängige Paginierung mit arabischen Ziffern von der ersten bis zur letzten Seite, wobei die Seitenzahlen erst nach dem Titelblatt erscheinen;
– Paginierung der Titelei, d.h. Titel (ohne Seitenzahl), Vorwort, Inhaltsverzeichnis, sonstige Verzeichnisse, also alle dem Text vorgeschalteten Teile, mit römischen Ziffern und Paginierung des Texts, des Literaturverzeichnisses, des Anhangs und der Ehrenwörtlichen Erklärung, also aller der Titelei folgenden Teile, mit arabischen Ziffern.

Position und Ausrichtung der Seitenzahlen sind bei den üblicherweise einseitig bedruckten Seiten einer Examensarbeit weniger standardisiert. Wählt der Bearbeiter eine Kopfzeile (mit dem Thema der Arbeit oder des jeweiligen Kapitels oder Hauptabschnitts), dann empfiehlt sich die Platzierung der Seitenzahlen oben rechts in der Kopfzeile. In den anderen Fällen sind die Platzierungen oben zentriert, oben rechts und unten rechts gleichwertig. Der Bearbeiter muss sich lediglich für ein System entscheiden.

5.8 Vervielfältigung

Das fertige, d.h. korrigierte und paginierte Manuskript der Examensarbeit bedarf der Vervielfältigung; denn die Prüfungsordnungen sehen vor, dass zwei oder drei identische Exemplare fristgerecht beim Prüfungssekretariat einzureichen sind. Die Endkorrektur der elektronisch erstellten Arbeit sollte möglichst nicht anhand der begrenzten Monitor-Darstellung, sondern anhand eines Papierausdrucks erfolgen. Die vollständige Papier-Version bietet eine bessere Orientierung als die Ausschnitte auf dem Monitor. Überdies kann die Papier-Version einem zuverlässigen Menschen, der der deutschen Rechtschreibung,

Zeichensetzung und Grammatik mächtig ist, zur kritischen Durchsicht an die Hand gegeben werden.

Die Zeiten, in denen mit der Schreibmaschine ein Original und ein oder zwei Durchschläge getippt werden mussten, sind gottlob vorbei. Im Zeichen der elektronischen Textverarbeitung kann der Bearbeiter leicht eigene Ausdrucke eines oder mehrerer Exemplare seiner wissenschaftlichen Arbeit anfertigen. Der Druck der Examensarbeit in mehreren Exemplaren ist somit keine technische, sondern eine Kostenfrage. Da die Vervielfältigung auf dem Wege der Fotokopie nicht nur technisch einwandfrei, sondern auch kostengünstiger vorgenommen werden kann als der Direktausdruck mehrerer Exemplare auf den heimischen Drucker, genügt ein sauberes selbst ausgedrucktes Exemplar als Kopiervorlage. Im Hinblick auf eventuelle weitere Verwendung (z.B. für Bewerbungs- oder Publikationszwecke) sollte der Examenskandidat über die Pflichtexemplare hinaus sogleich einige zusätzliche Exemplare anfertigen. Auf eine Vervielfältigung im kostenträchtigen Buchdruckverfahren (Kleinoffset), das für auflagenstärkere Dissertationen oder Habilitationsschriften gern gewählt wird, kann er getrost verzichten.

Die auf feinweißem Papier ausgedruckten bzw. (auf jeden Fall sauber) kopierten Exemplare müssen abschließend noch mit einem *Einband* versehen werden. Diese Bindearbeit übernimmt praktisch jeder Copyshop. Die Copyshops beraten auch über die diversen Einbandformen (z.B. Kartonheftung, Leimung oder Ringbuch-Ablage), über die Einbandgestaltung (z.B. Format, Kartonfarbe, Karton mit oder ohne Fenster, Klarsichteinband) sowie über die Kosten. Der Bearbeiter wird die gebundenen Exemplare – so oder so – mit Stolz entgegen nehmen. Vielleicht bedenkt er vor dem Bindeauftrag noch, dass seine gebundene Arbeit für ihn den letzten Eindruck, für den Betreuer jedoch den ersten Eindruck abgeben wird. Vermittelt dieser erste Eindruck dezente Ästhetik und Originalität, dann wird er den Betreuer-Korrektor womöglich von Anfang an positiv einstimmen. Aber Vorsicht ist auch hier die Mutter der Porzellankiste. Ein Einband mit Eisblumen-Muster mag noch angehen bei einer Examensarbeit über Tiefkühlkost; ein knallroter Einband bei einer Arbeit über Hochtechnologie in China überreizt wohl eher. Und der gefällige Einbandkarton mit Fenster (in welchem Titel und Autorname sichtbar werden müssen) ist nur dann als ansprechendes Gesicht der Arbeit erlaubt, wenn die durch Prüfungsordnung oder vom Lehrstuhl vorgegebene Normierung des Titelblatts dieser Lösung nicht entgegen steht. Passieren kann eigentlich nichts mit einem langweiligen, aber üblichen Einband: schwarz oder dunkelblau. Was man Schwarz auf Weiß besitzt, kann man, also auch der Korrektor, bekanntlich getrost nach Hause tragen. Und blau wirkt als Symbol für Kontemplation und Konzentration unterschwellig auch in die richtige Richtung, nämlich beruhigend.

Sechste Lektion
Tipps zur „Organisationspsychologie"

Wie man in den Wald ruft, so schallt es
heraus. Das hat man uns schon gesagt,
als wir noch Kinder waren. Und in unse-
rem Kopf wissen wir es auch; aber glau-
ben tun es nur einige wenige Glückliche.
Glaubten wir es nämlich, dann wüssten
wir, dass wir nicht nur die Schöpfer unseres eigenen Unglücklichseins sind, sondern genauso gut unsere Glücklichkeit
selbst schaffen könnten.

(Paul Watzlawick)

Die Organisationspsychologie beschäftigt sich mit dem Spannungsverhältnis,
das aus den Beziehungen zwischen Individuum und einer Organisation resultiert. Spannungen entstehen zwangsläufig, da eine Organisation zweckrational
konstruiert ist und der einzelne, der diesem Zweck zu dienen hat, zum Instrument reduziert wird. Sowohl die Organisation der Examens-AG als auch die
Organisation der Examensarbeit – beide sind in den größeren Organisations-
rahmen des Hochschulstudiums eingebettet. Spannungen entstehen daher im
Prinzip für beide Seiten: für den die Examens-AG betreuenden Dozenten und
für jeden studentischen Teilnehmer an der Examens-AG bzw. Bearbeiter einer
wissenschaftlichen Examensarbeit. Zum Wohlbefinden, vielleicht sogar zum
Glücklichsein aller Beteiligten wird es beitragen, wenn vorhersehbare Spannungen, Widerstände, Stress und negative Einflüsse auf die Examensarbeit reduziert werden. Eine gewisse Widerstandsfähigkeit des Organismus gegenüber
spannungserzeugenden negativen äußeren Einwirkungen ist jedem Menschen
anlagemäßig mitgegeben. Die Psychologie bezeichnet sie mit „Resistenz". Diese
Resistenz zu steigern, Spannungen und Stress abzubauen kann geübt werden.
Dabei geht es weder um eine völlige Vermeidung von Spannungen und Widerständen in der Examens-AG *ex ante* noch um die Rationalisierungs- und Be-
schönigungsstrategien bei kognitiver Dissonanz (Leon Festinger) *ex post*. Auch

empfiehlt sich keinesfalls bequeme bilaterale Anpassung: Der Dozent lehrt das, was die Studenten am liebsten hören, und die Studenten schreiben, was der Dozent am liebsten liest und zitiert sieht. Vielmehr wird von beiden Seiten aktive, durchaus systemkritische Beteiligung und Mitverantwortung beim Spannungsabbau erwartet (vgl. Sader et al. 1970, S. 109f.). Jede Seite muss sich (mit Johan Huizinga) als *homo ludens* bemühen, „etwas fertig zu bringen, was die Lösung der Spannungen bewirkt".

Vor diesem Hintergrund seien einige Tipps und Tricks genannt, wie sowohl die eigene Widerstandskraft als auch die der Gegenseite gestärkt werden kann. Nennen wir die Stärkungsübungen und Ansätze zum Spannungsabbau bei sich selbst und bei der Gegenseite einmal „autogenes" und „heterogenes Resistenztraining". Die Wahl solch exotischer Ausdrucksweise ist ja selbst schon ein psychologischer Trick. Leider verfängt er nicht bei allen Dozenten.

6.1 Tipps für Dozenten

Hochschuldozenten erwarten normalerweise keine psychologischen Gestaltungstipps für den Unterricht. Sie agieren autark und lassen nach außen Vieles erkennen, nur keine Anspannung, erst recht keine Unterrichtsangst. Jeder hat seine Hausphilosophie für den Unterricht und ist überzeugt, im Laufe der Zeit genug selbstbestätigende Routine erlangt zu haben. Aber kennt der eine oder andere Dozent nicht trotzdem so etwas wie Lampenfieber vor dem Unterricht? Er wird vielleicht eingestehen, dass die großen Vorlesungen vor 800 oder 1.200 Hörern schon nervenanspannend seien. Hingegen die kleinen Arbeitsgemeinschaften? Eine Examens-AG? Da ist man doch King! Da braucht man doch keine Beruhigungstricks! Das mag in vielen Fällen stimmen. Aber in vielen Fällen ist Lampenfieber in der Kleingruppe mit all der menschlichen Nähe und Transparenz sehr wohl ein ständiger Begleiter. Ob „wissenschaftlich gesicherte Erkenntnisse" über diese konkrete Situation vorliegen, bleibe dahingestellt. Aber Lehrerfahrungen und Bekundungen von Studierenden machen folgende Analogie nicht ganz unwahrscheinlich: Es scheint eine enge Verwandtschaft der Hochschul-Lehrveranstaltung mit der Theater- oder Konzert-Vorstellung vorzuliegen. Man muss nicht unkritisch die „dramaturgische Perspektive" amerikanischer Soziologen wie Kenneth Burke oder Erving Goffman übernehmen, die behaupten, jedes menschliche Verhalten sei von Natur aus theatralisch, und auch nicht die populärwissenschaftliche These „Das Wirtschaftssystem wird umgebaut: von einer großen Fabrik in ein großes Theater" (Rifkin 2000, S. 219). Aber soviel darf wohl doch behauptet werden: Im Hochschulunterricht wie auf der Theater- oder Konzertbühne bemühen sich die

Ausführenden, jedenfalls die engagierten, um affektiv-kognitiv überzeugende Stoffvermittlung wie um angemessene Haltung und Beweglichkeit (Dispokinesis). Ein ausdrucksloses Gesicht und Stocksteife des Vortragenden mindern den Genuss nicht nur in den großen, sondern auch in den kleinen Veranstaltungen. Und wenn Peter Kaufmann 1969 mit seinem Buch „Der Schlüssel zum Verbraucher" den nachhaltigen Anstoß gab, die Handelsbetriebe als Erlebnisbühnen zu verstehen und einzurichten – warum sollte wirtschafts- und sozialwissenschaftliche Hochschullehre, zumal in dem intimen Rahmen einer Examens-AG, nicht auch auf einer Erlebnisbühne stattfinden, und zwar möglichst spannungsarm?

6.1.1 „Autogenes Resistenztraining"

Ganz ohne innere Anspannung geht es für den Dozenten selbst in einer geliebten Examens-AG nicht. Da ist es gut, die eigene Widerstandsfähigkeit gegenüber Stress, namentlich Lampenfieber oder störendem Verhalten seitens der AG-Teilnehmer (Verspätungen, Unaufmerksamkeit, Passivität, aggressive Fragen), trainiert zu haben. Wie soll das gehen? Und ist es überhaupt nötig?, wird mancher Dozent fragen. Allgemein gültige Empfehlungen sind wohl kaum angebracht. Dazu sind die kognitiven, affektiven und situativen Bedingungen, denen sich der einzelne Dozent gegenüber sieht, zu unterschiedlich. Und wer sich hier von der Emotions- und Stressforschung Seelenheil erhofft, der mag zu der reichlich vorhandenen psychologischen Fachliteratur greifen. An dieser Stelle seien nur ein paar schlichte, praktisch erprobte Spielregeln des autogenen Resistenztrainings weitergegeben:

– Vertrautheit mit dem Lehrstoff
– angemessene Haltung und Wendigkeit im Auftritt
– überzeugende Regie des akademischen Unterrichts

Diese drei Tugenden bieten dem Hochschullehrer beste Voraussetzungen für lampenfieber- und spannungsfreien Verlauf seiner Lehrveranstaltungen, auch der Examens-AG.

Wer seine Lektion gelernt hat, wer mit dem Stoff bestens vertraut ist, geht auch frisch und frohgemut ans Werk. Wer seinen Lehrstoff für die Lernenden nützlich und interessant vorbereitet hat, wird Zustimmung und Dankbarkeit erfahren. Als Sokrates sollte sich ein Dozent freilich nicht aufspielen. Wenn man nur an den Einsatz von elektronischen Medien im Hochschulunterricht denkt, an das Lehren und Lernen mit Internet-Ressourcen, dann muss der Dozent, falls er nicht gerade Informatik-Professor ist, sogar damit rechnen, nicht mehr in jedem Fall mehr zu wissen als die Studierenden.

Wer die Lehrarbeit mit geistiger Beweglichkeit tut, wer kompetent studentische Fragen und Anregungen aufgreift, wer ein gesundes Maß zwischen Distanz und Anbiederung (Studierende duzen) findet und wer Gelassenheit und Aufmerksamkeit für kritische Ideen und Meinungen der Studenten, das heißt Respekt an den Tag legt, der braucht gar keine große Widerstandskraft zu mobilisieren. Wer seine Emotionen vor und während der Examens-AG positiv zu tönen vermag, überträgt sie automatisch auf die anderen Teilnehmer.

Und soll das Werk – sollen also nicht andere – den Meister loben und er selbst damit zufrieden sein, kann der Dozent schließlich manchen Regietrick anwenden. Hier verfügt jeder über seine eigene Trickkiste. Beispielhaft seien trotzdem erwähnt:

- Wahl eines geeigneten, d.h. ruhigen und intimen Seminarraumes für die Examens-AG. Seine erforderliche Medien-Ausstattung (Pinnwand, Overhead-Projektor, Flipchart, Video-Anlage, Beamer, Computer- bzw. Internet-Arbeitsplätze) hängt von der Art des geplanten Unterrichts ab. Dass Powerpoint-Präsentationen nicht nur mit studentischen Fans rechnen können, sollte einen Dozenten nicht von ihrem Einsatz abhalten. Freilich tun die herkömmlichen Transparentfolien ihre Dienste noch immer am besten. Eine Wandtafel und Kreide – weiße und farbige – sowie ein (funktionierender!) Overhead-Projektor mit Folien und Stiften sollten immer zur Verfügung stehen;
- Wahl eines geeigneten Sitzungstermins, etwa zwei frühe Abendstunden an einem Tag in der ersten Wochenhälfte (so erschöpft ist kein Teilnehmer, als dass ihn eine spannende Abendsitzung nicht munter hielte);
- Vorbereitung und Verteilung von Unterlagen für jede Lektion (Sitzungs-Programm);
- Einbringen von Anschauungsmaterial für mindestens einen Programm-Punkt je Sitzung;
- dramaturgisch strukturierter Aufbau jeder Lektion mit mehreren „Akten" oder „Sätzen" (Inhaltsankündigung, Überraschungsinformation, Folien-Unterstützung des Lehr- bzw. Gesprächsstoffs, Eröffnungs- oder Abschlussbonbon).

6.1.2 „Heterogenes Resistenztraining"

Zur psychopädagogischen Doppelstrategie des Dozenten gehört es, dass er neben eigenen Widerständen gleichzeitig den potenziellen Widerstand der Studenten absenkt, wenn nicht im Keim erstickt. Verallgemeinerungen sind auch hier kaum zulässig. Aber wer als Dozent ahnt oder gar weiß, dass seine Studenten oder einige von ihnen eher gezwungenermaßen, widerwillig, mit düsterer Stimmung oder ohne Lernmotivation die Examens-AG als lästige Pflicht abhaken, der sollte trainieren, deren negative Einstellung in eine positive umzukehren. Mancher wird sich schwer tun mit dieser Aufgabe. Aber in Wirklichkeit ist sie nicht schwer. Eine ungeliebte gemeinsame Lehr- und Lernveranstaltung, eine Zwangsvorstellung im nicht-psychologischen Sinn, kann der Dozent mittels zweier einfacher Techniken in eine gern besuchte und gemeinsam erarbeitete Veranstaltung im Sinne der Fröhlichen Wissenschaft verwandeln, und zwar mittels derivativer und originärer Stimmungsaufhellung.

Bei der *derivativen Stimmungsaufhellung* geht es darum, zunächst die negativen, ungeliebten Einstellungen der Studenten gegenüber der Examens-AG bzw. ihrem Leiter in Erfahrung zu bringen und diese Kritikpunkte am AG-Konzept bzw. an der Person des Betreuers dann abzubauen. Das geht nicht ohne Offenheit, Vertrauen und gegenseitigen Respekt, ist aber – abgesehen von der ersten Sitzung; denn die Kritik muss erst einmal artikuliert und gesammelt werden – auch nicht unmöglich.

Zur *originären Stimmungsaufhellung* hat jeder Dozent ein reichhaltiges Instrumentarium zur Verfügung. Es reicht von der persönlichen Vorstellung aller AG-Teilnehmer in der ersten Sitzung über die Verteilung von Arbeitsunterlagen (Tischvorlagen) für jede Sitzung, über die ausdrückliche Bitte um Diskussion und Wortmeldung, über einen ruhigen Vortrags- und Diskussionsstil, über das Einsprengseln von lockeren (nicht zynischen) Redensarten, über das Einlegen einer Zigarettenpause (sofern gewünscht) bis hin zu den im Folgenden genannten speziellen Dienstleistungsangeboten. Dabei sollten Diskussionen in der Examens-AG weder als Selbstzweck missverstanden noch den AG-Teilnehmern krampfhaft oktroyiert werden. Sie sollten bei Klärungsbedarf von ganz alleine entstehen. Bei Sitzungsbeginn zu jederzeit möglicher Diskussion einladen – darin besteht der psychopädagogische Trick

Was die *speziellen Dienstleistungsangebote* des Dozenten betrifft, so sind der Phantasie kaum Grenzen gezogen, jedenfalls solange der Service nicht zum Zwang wird. Die im folgenden zusammengestellten und bewährten *special services* können leicht ergänzt werden.

– Vortrag einer aktuellen fachbezogenen Meldung aus der Tageszeitung mit anschließender kurzer Diskussion.
– Vortrag bzw. Zitat aus einer „steinalten" Publikation (z.B. ein fachwissenschaftlicher Meilenstein wie Luca Paciolis „Abhandlung über die Buchhaltung", 1494, deutscher Nachdruck Stuttgart 1992; oder frühe philosophisch-theologische Arbeiten mit Irrlehren, Fehldeutungen oder weitsichtiger Vorwegnahme aktueller Probleme – als Fundgruben seien nur Fernand Braudels

dreibändige „Sozialgeschichte des 15. bis 18. Jahrhunderts" und Jacques Le Goffs „Wucherzins und Höllenqualen. Ökonomie und Religion im Mittelalter" erwähnt – oder Frühgeschichtliches über die eigene Hochschule).

- Vorführung eines fach- oder studienbezogenen Videos, evtl. mit Vorgabe von Beobachtungsaufgaben und anschließender kurzer Diskussion.
- Kurzvorstellung einer fachlichen Buchneuerscheinung oder eines soeben erschienenen grundlegenden Fachaufsatzes (aus fremder oder eigener Feder) durch den Dozenten.
- Eigener Kommentar oder Weitergabe einer Glosse zu Tagesthemen (z.b. wirtschaftspolitischer, bildungspolitischer, gesellschaftlicher oder sportlicher Art).
- Kurzbericht des Dozenten über seine Teilnahme an einer aktuellen Fachtagung.
- Kurzbericht eines oder mehrerer Studenten über seine/ihre Eindrücke von einer Exkursion, einer Prüfung (keine Kollegenschelte!) oder einer fachbezogenen Lektüre.
- Kurzbericht der studentischen AG-Teilnehmer über Fortgang und Stand ihrer Arbeit.
- Kurzer Erfahrungsbericht der studentischen AG-Teilnehmer über ihre Material- und Informationsbeschaffung.
- Kurzer Erfahrungsbericht oder -austausch über Erfahrungen an ausländischen Hochschulen (Lehrmethoden und -materialien; Leistungsnachweise; Prüfungsvorbereitung und -betreuung).

Einige Beispiele sind regelmäßig, am besten zu Beginn jeder Sitzung, einsetzbar. Andere eignen sich eher zur fallweisen Anwendung, auch während oder am Ende einer Sitzung. Bietet der Dozent regelmäßig einen „Bonbon" an, etwa zu Beginn jeder Sitzung, dann können sich die Studenten darauf einstellen. Dann werden sie sich auf jede Sitzung freuen und pünktlich erscheinen. Nicht zu unterschätzen ist der positive Überraschungseffekt, wenn eine gänzlich unerwartete Belebung die Examens-AG würzt, beispielsweise eine aktuelle und interessante Video-Aufzeichnung. Der Inhalt des Videos muss nicht unbedingt fachspezifisch sein, er kann auch generelle Informationen zum Verlauf oder Abschluss des Studiums, z.B. in einem anderen Bundesland, in einem anderen europäischen Land, an der Stanford University, Kalifornien, oder an der Nagasaki Prefectural University in Ohnojo/Japan, enthalten. Um die Beschaffung des „Überraschungsbonbons" muss sich der Dozent nicht unbedingt selbst kümmern. Mit der Aufzeichnung oder Ausleihe eines interessanten Videos aus der hochschuleigenen Medienstelle oder aus einer privaten oder öffentlichen Mediothek (Museum, Stadtbücherei, IHK), kann er einen wissenschaftlichen oder studentischen Mitarbeiter betrauen. Allen Service-Häppchen ist jedenfalls ein erfreulicher Doppeleffekt gemeinsam: Sie verbinden Belehrung mit Unterhaltung (*edutainment*).

In diesem Zusammenhang sei ein bewährtes Highlight in Examens-AGs erwähnt, das allerdings nicht übertrieben eingesetzt werden sollte: *Lehrreich-Humoristisches* aus dem eigenen Fachgebiet. In jedem Semester gibt es irgend einen Anlass, irgend einen Feiertag, zu dem man als Dozent, wenn auch als *Second-Hand*-Angebot, etwas Heiteres beisteuern kann: eine komische Episode aus der Hochschule, ein kniffliges Rätsel oder einen humorvoll-belehrenden Text. Beispielsweise könnte man am Ende der Zweiten, Dritten, Fünften oder Siebten Lektion (in denen so viel von Logik die Rede war) den Studenten die in Übersicht 13 wiedergegebene oder eine ähnliche Denksportaufgabe mit auf den Weg geben. Für die nächste Sitzung muss nicht gerade ein Preis ausgelobt werden, aber die richtige Lösung bringt schon Pluspunkte ein – an Ansehen.

Übersicht 13: Denksport mit Albert Einstein

Albert Einstein ...

... soll dieses Rätsel verfasst und behauptet haben, 98 % der Weltbevölkerung seien nicht in der Lage es zu lösen. Wer das anzweifelt oder sich zu den restlichen 2 % zählt, lasse pure Logik walten. Kein Trick!
Es gibt fünf Häuser mit je einer Farbe.
In jedem Haus wohnt eine Person einer anderen Nationalität.
Jeder Hausbewohner bevorzugt ein bestimmtes Getränk, raucht eine bestimmte Zigarettenmarke und hält ein bestimmtes Haustier.
KEINE der fünf Personen trinkt das gleiche Getränk, raucht die gleiche Zigarettenmarke oder hält das gleiche Tier wie einer seiner Nachbarn.
Die Hinweise:
Der Brite lebt im roten Haus.
Der Schwede hält einen Hund.
Der Däne trinkt gerne Tee.
Das grüne Haus steht links vom weißen Haus.
Der Besitzer des grünen Hauses trinkt Kaffee.
Die Person, die Pall Mall raucht, hält einen Vogel.
Der Mann, der im mittleren Haus wohnt, trinkt Milch.
Der Besitzer des gelben Hauses raucht Dunhill.
Der Norweger wohnt im ersten Haus.
Der Marlboro-Raucher wohnt neben dem, der eine Katze hält.
Der Mann, der ein Pferd hält, wohnt neben dem, der Dunhill raucht.
Der Winfield-Raucher trinkt gern Bier.
Der Norweger wohnt neben dem blauen Haus.
Der Deutsche raucht Rothmanns.
Der Marlboro-Raucher hat einen Nachbarn, der Wasser trinkt.
Frage: Wem gehört der Fisch?

An lehrreich-humorvollen Texten haben Wirtschaftswissenschaftler nicht übermäßig viel zu bieten. Auch dürften die meisten unter WiSo-Studenten kreisenden E-Mail-Gags über Wirtschaft und Gesellschaft für den Unterricht wenig geeignet sein. Indes findet sich doch auch Zitierfähiges und Anspruchsvolleres im Bücherwald. Man denke nur an die folgenden Titel:

- Krämer, Walter: So lügt man mit Statistik, München 2000
- Krämer, Walter/Sauer, Wolfgang: Lexikon der populären Sprachirrtümer, Frankfurt a.M. 2001
- Krämer, Walter/Pogarell, Reiner (Hg.): Sternstunden der deutschen Sprache, München 2002
- Tietzel, Manfred (Hrsg.): Kunst und Ökonomie, München 1992
- Trebeis, Orestes von: Nationalökonomologie, Tübingen 1994

Ob der Dozent praktisch-nützliches, aufklärerisches Wissen (erster Titel) oder absurd-theoretische Denkschulung (letzter Titel) für vorzugswürdig hält, mag er selbst entscheiden.

Was den unfreiwilligen WiSo-Humor betrifft, so sitzt der Hochschullehrer an einer reich sprudelnden Quelle! Die allsemestrigen Klausuren, vor allem des Grundstudiums, schwemmen immer wieder köstlich-schaurige *Stilblüten* an. Wer sich als Dozent die Mühe macht (oder einen wissenschaftlichen Mitarbeiter darum bittet), die schönsten Stilblüten zu exzerpieren, kann sie in der Examens-AG, häppchenweise über die Sitzungen verteilt oder en bloc in einer Sitzung, vortragen. Der Sinn einer Stilblütensammlung liegt allerdings nicht darin, sich über einige *greenhorns* des Grundstudiums und ihre unausgereifte Ausdrucksweise lustig zu machen, sondern darin, das Sprachbewusstsein zu schärfen, die Notwendigkeit einer korrekten und präzisen wissenschaftlichen Sprache vor Augen zu führen.

Bei aller Kompetenz, bei allem Pflichtbewusstsein und bei aller verinnerlichten Pflicht zur Kritik sollte der engagierte Dozent schließlich nicht vergessen, dass begründetes *Lob der AG-Teilnehmer* ein vorzügliches Heilmittel gegen studentische Resistenz darstellt. Einen aufschlussreichen Diskussionsbeitrag oder einen originelle Gliederungsentwurf oder eine treffliche Rekonstruktionslösung oder tausend andere kritisch-konstruktive Kleinigkeiten, die die Studenten in die Examens-AG einbringen, sind immer des Lobes wert. Für den einzelnen Studenten stellt jedes erhaltene Lob eine motivierende Wegmarke des Studiums dar. Für ihn ist es ein Zeichen des Erfolgs und des Fortschritts mit hohem Erlebniswert – und Ansporn zum aktiven Mitmachen. Langfristig mag es ihm sogar Selbstsicherheit vermitteln, Rüstzeug für den künftigen Berufsweg. Und wenn der Dozent nicht gerade an einem *Burn-out-Syndrom* leidet, müssten ihm die durch seine Kompetenz motivierten zufriedenen Mitmacher einen nicht minder hohen Erlebniswert verschaffen und die eigene Arbeitsmotivation steigern. Denn: „Ein hoher Qualifikationsgrad ohne die Motivation, die eigenen Fähigkeiten und Fertigkeiten für die Aufgabenlösung einzusetzen, reicht ebenso wenig wie ein intensives und andauerndes Bemühen, das nicht von einem Minimum an aufgabenbezogenen Kompetenzen begleitet wird" (Franke/Kühlmann 1990, S. 249).

Merksatz
Nicht nur jedem Anfang, sondern auch jedem Ende wohnt ein Zauber inne. Denken Sie als Leiter einer Examens-AG daran, jede einzelne Lektion so zu gestalten und so zu beenden, dass jeder Examenskandidat sie mit dem guten Gefühl verlässt, für seine schriftliche Prüfungsarbeit bestens gerüstet zu sein!

6.2 Tipps für Studenten

Für viele Studenten baut sich vor dem Besuch einer Hochschullehrveranstaltung auch leicht eine innere Spannung auf, nicht unbedingt in den Massenveranstaltungen, bei denen man sich auf die hinteren Ränge verkrümeln kann, aber doch in einer intimen und transparenten Kleingruppenveranstaltung wie der Examens-AG. Herrschen in einer solchen Arbeitsgemeinschaft dann noch Sarkasmus, Drill, Lern- und Diskussionszwang oder allzu heftige Konkurrenz, müssen schon erhebliche Widerstandskräfte mobilisiert werden. Aber nicht nur die Sitzungen selbst, sondern auch das ganze Drum und Dran bei der Anfertigung einer wissenschaftlichen Arbeit kann studentische Nerven verschleißen und zum Unglücklichsein beitragen. Ein wenig psychologisches Resistenztraining schadet in dieser Lebenslage nicht. Nur: „Wie kann ich die eigenen Spannungen abbauen? Und wie die des Dozenten?"

6.2.1 „Autogenes Resistenztraining"

Wer in einer frühen Bearbeitungsphase feststellt, dass er (a) in zu viel Stoff ertrinkt oder (b) zu wenig Stoff findet, gerate nicht in Panik. In beiden Fällen kann – falls das Arbeitsthema schon beim Prüfungsamt angemeldet ist – immer noch das Thema eingeengt werden. Im Fall (a) kann man im einleitenden Teil darauf hinweisen, dass der Schwerpunkt z.B. wegen der thematischen Breite oder wegen der Materialfülle auf bestimmte Aspekte gelegt wird. Im Fall (b) müsste man die Konzentration auf einen oder wenige Aspekte entsprechend begründen, z.B. mit unzureichender Materialsituation oder unbefriedigender Information durch angeschriebene Firmen, Institute o.Ä.

Oft fällt der *Start der Texterstellung* besonders schwer. Man brüte nicht zu lange über dem einleitenden Teil. Man halte sich bei der Textabfassung nicht unbedingt an die Gliederungsreihenfolge. Es kann ruhig der Abschnitt 3.1.1 oder 4.2 zuerst geschrieben werden, jedenfalls ein Abschnitt, der einem besonders liegt, für den gute Unterlagen existieren, den man für besonders wichtig (oder leicht) hält. Hat man die ersten zehn Seiten geschrieben, dann setzt meist die Freude am Schreiben automatisch ein. Besonders die Problembeschreibung fällt manchmal schwer, weil man sich in die Thematik eingelesen hat und den Wald vor lauter Bäumen nicht mehr sieht. Der einfachste Trick sei wiederholt: Erzählen Sie Ihrer Freundin, der Oma oder dem Pastor, worüber Sie Ihre Examensarbeit schreiben wollen. Dabei entsteht die Problembeschreibung von selbst. Sie muss nur noch schriftlich festgehalten werden.

Während der Materialsuche und auch während der Schreibarbeiten sollte der Bearbeiter stets ein *Notizbuch mitführen* und jeden guten Gedanken, jede Quelle und jede Anregung zum Thema sofort eintragen. Man kann sich so den Ärger über den vergessenen Geistesblitz, der beim Einkaufen oder in der S-Bahn kam (aber nicht im Gedächtnis haften blieb), ersparen.

Während der Schreibarbeiten können innere Widerstände auch durch einen *Tagesplan* reduziert werden, müssen es aber nicht. Man muss nicht wie weiland Thomas Mann Tag für Tag nach Frühstück und Zeitungslektüre um Punkt 9:00 Uhr am Stehpult mit dem Schreiben loslegen. Aber wer es schafft, einen tagesgenauen Zeitplan zum Arbeiten aufzustellen und einzuhalten, wird sich wohler fühlen bei dem Gedanken, im Plan zu liegen. Der Schreibplan muss nicht täglich die gleiche Arbeitszeit, etwa 10:00 bis 13:00 Uhr, vorsehen. Er kann bestimmte Verpflichtungen (Vorlesungen, Bibliotheksbesuche usw.) berücksichtigen. Dummerweise kann bei dieser Methode auch das genaue Gegenteil eintreten – Unzufriedenheit, gar Panik über das (schon wieder) nicht erreichte Tagespensum...

Nach Fertigstellung des *Rohmanuskript*s sollte der Bearbeiter seine fast fertige Arbeit einem des Deutschen mächtigen Menschen mit der Bitte um

– Stilkritik,
– Angabe von Verständnisschwierigkeiten sowie
– Überprüfung von Rechtschreibung und Zeichensetzung

zum Gegenlesen an die Hand geben. Das daraufhin korrigierte fertige Opus kann er am Ende entspannter einreichen, und dem Korrektor erspart er auch unvorteilhafte Spannungen.

Während der Erstellung einer Examensarbeit sollte man immer realistisch vom Bewusstsein geleitet sein, dass es Hochs und Tiefs gibt, dass einen viel Arbeit, gute und schlechte Tage und manchmal auch schlaflose Nächte erwarten. Wer so auf Rückschläge und Enttäuschungen eingestellt ist, kommt damit besser zurecht als der Sorglose, der bei einer Panne in Panik gerät. Wenn der gestresste Student sich der Tatsache bewusst ist, dass der ganze Stress um eine Examensarbeit zum Eustress, dem positiven Stress mit vorübergehender notwendiger Aktivierung, zählt, nicht jedoch zum negativen, schädigenden Disstress mit seinem unausweichlichen, andauernden Zuviel an Stress, ist er gerüstet zum Abbau eigener Spannungen. Dieses *positive Bewusstsein* sollte genügen. Wer glaubt, innere Anspannungen besser mit Medikamenten oder mit einer Supervision durch Psychotherapeuten (Meditation, Yoga- oder Atemübungen, Biofeedback, progressiver Muskelentspannung, Gedankenreisen) bewältigen zu können, bedenke, dass sich die erhofften Wohltaten meist nicht kurzfristig einstellen.

6.2.2 „Heterogenes Resistenztraining"

Unliebsame Spannungen beim Betreuer bzw. Korrektor kann der Bearbeiter leider leichter verstärken als reduzieren. Zum unliebsamen Spannungsaufbau tragen in der Examens-AG z.B. ungeschickte oder unhöfliche Verhaltensweisen bei. Beispiele kennt jeder aus Erfahrung. Sie müssen hier gar nicht ausgebreitet werden. Nur ein unscheinbares Fehlverhalten sei erwähnt, dessen negative Wirkung den meisten Studenten kaum bewusst sein wird: unentschuldigtes Fernbleiben. Egal ob der Student mit $38,5°$ das Bett hüten oder zur Hochzeitsfeier seiner Cousine aufbrechen muss – wenn er verhindert ist, muss er seine Verhinderung vor der AG-Sitzung anzeigen. Anruf im Sekretariat genügt. Auch kurzfristig. Bedrohliche Gefahren des Spannungsaufbaus beim Dozenten treten besonders nach Abgabe der fertigen Examensarbeit auf: Nichtbeachtung der Einzelheiten, die in der Examens-AG besprochen wurden. Verstöße gegen die Formerfordernisse, Widersprüche, Wiederholungen, unlogische Argumentation oder Begriffsbildung, massenhafte Rechtschreib- und Zeichensetzungsfehler – das sind die Hauptstressoren, die beim Korrektor Widerstände auslösen können. Seine Resistenz kann folglich durch Vermeidung solcher Verstöße und eigenen Fehlverhaltens vermindert oder gar verhindert werden.

Dass der Duden Rechtschreibung und ein Fremdwörter-Duden stets in Griffweite zu liegen haben, sollte selbstverständlich sein. Die einfachste Vorbeugung, Verärgerungen seitens des Dozenten über falsch benutzte oder falsch geschriebene Fremdwörter zu vermeiden, liegt im Zweifel. Man zweifle die

Schreibweise des verwendeten Fremdworts an und schlage im Duden nach. Dann hat man schon halb gewonnen. Ansonsten verliert man rasch das Vertrauen des Dozenten und er womöglich die Geduld, wenn ihm auf einer Textseite das „aquisitorische Potenzial", die „Korelationsanalyse" und die „prätiale Funktion" begegnen.

Merksatz

Bei allen Empfehlungen, mit Ausnahme der *termini technici* Fremdwörter tunlichst zu vermeiden – es ist nicht zu leugnen, dass einige Dozenten eine ausgeprägte Schwäche für Fremdwörter haben. Schlagen Sie bei solchen Dozenten einen anderen Weg ein und setzen Sie psychologisch noch eins drauf: Durchstöbern Sie ein Fremdwörterbuch und streuen Sie ganz und gar ungewöhnliche Fremdwörter ein. Wetten, dass Ihr Dozent staunen, womöglich selbst nachschlagen muss, wenn er Begriffen wie „Adiaphora" (Gleichgültiges), „Etalage" (Ladenaufbau), „Indagation" (Aufspürung, Untersuchung), „Semasiologie" (Wortbedeutungslehre) oder „Zelerität" (Geschwindigkeit) begegnet?

Personal mailing, ein um Verständnis bittender Brief, etwa an den Mathe-Lehrer, mag in der Schule Pluspunkte eingebracht haben. In der Hochschule nützt das nichts. Und Gesichtsmassage, bloße Teilnahme am Unterricht, wird in der Hochschule als altes Hausmittel gegen Dozentenverstimmungen leicht überschätzt. Hier zählen nur objektive Qualitätskriterien. Allenfalls können *Psychotricks* wie

- Originalität,
- Prägnanz (Präzision und Kürze),
- Anschaulichkeit (Fotos, Grafiken, Lagepläne usw.),
- literarische oder empirische Neuheiten oder
- Zitate aus Veröffentlichungen des Dozenten (siehe sein Veröffentlichungsverzeichnis)

den oder die Beurteiler der Examensarbeit milde stimmen.

Merksatz

Vergessen Sie nicht, die eine oder andere Publikation Ihres Betreuers (evtl. auch des Zweitgutachters) zu zitieren, nach Möglichkeit schon in einer der ersten Fußnoten, auf jeden Fall in der letzten Fußnote! Irgend was zum Thema Passendes findet sich immer.

Ein Kapitel für sich ist der bereits angesprochene Stil. Von der Lektüre einer Stilfibel sei keinesfalls abgeraten. Nur: Eine Dreimonatsarbeit lässt kaum Zeit für solche Lektüre. Der Stil geht zwar normalerweise nicht in die Note ein, kann aber doch unterschwellig den oder die Beurteiler beeinflussen. Jeder hat seinen Stil, und den soll er auch nicht verleugnen. Trotzdem sei am Ende ein Tipp für Bandwurmsatz-Formulierer ausgesprochen: Fügen Sie ganz bewusst auf jeder Seite zwei, drei kurze Sätze ein, am besten schon während der Schreibarbeit. Aber auch nachträglich lässt sich jeder Bandwurmsatz unschwer in zwei oder mehrere kürzere Sätze aufteilen. Übersicht 17 bietet als Beispiel die Aufteilung eines Bandwurmsatzes in vier Einzelsätze.

Übersicht 14: Aufteilung eines „Bandwurmsatzes"

Vom „Bandwurm"...	... zur Satzfolge
„Ein zweites Argument für die Notwendigkeit von Information für die Planung verweist auf die massive Invasion der neuen Informationstechnik in anderen Feldern institutionalisierter Entscheidungsfindung – im Verwaltungs- und Unternehmensbereich – und folgert, dass, was sich dort als nützlich durchgesetzt hat, auch von Planungsbehörden auf nationaler, regionaler oder lokaler Ebene eingeführt werden muss, wenn sie den wachsenden Anforderungen an Flexibilität und Effizienz gerecht werden wollen, die der immer härtere Wettbewerb um Ressourcen und Aufmerksamkeit in Planungsprozessen diktiert." (Wegener/Masser 1997, S. 59).	Ein zweites Argument für die Notwendigkeit von Information für die Planung verweist auf die massive Invasion der neuen Informationstechnik in anderen Feldern institutionalisierter Entscheidungsfindung: in Verwaltung und Unternehmen. Es folgert, dass, was sich dort als nützlich durchgesetzt hat, auch von nationalen, regionalen oder lokalen Planungsbehörden eingeführt werden muss. Nur so würden sie den wachsenden Anforderungen an Flexibilität und Effizienz gerecht. Denn sie diktiert der immer härtere Wettbewerb um Ressourcen und Aufmerksamkeit in Planungsprozessen.

Dass dabei die Verständlichkeit nicht gerade signifikant zunimmt, liegt an der im Wesentlichen beibehaltenen Wortwahl des willkürlich ausgesuchten Quelltexts. Indes hat sich die Lesbarkeit des Texts verbessert. – Für die Beeinträchtigung des Leseflusses und des Verständnisses durch Bandwurmsätze noch ein kleines Beispiel:

Ideen für neue Strategien entstehen auch – oder vielleicht sogar meist – ohne vorhergehende Analyse, nicht am Schreibtisch, nicht während der für die Planung vorgesehenen Dienstzeit, sondern zu den ,unmöglichsten Zeiten' und an den ,unmöglichsten Orten' und auch oft ohne strategisches Management, vor allem dann, wenn ein Unternehmer entweder selbst für diesen Ideenfluss sorgt oder Organisation und Kultur eines Unternehmens solche Ideen bei Mitarbeitern entstehen lassen, die Mitarbeiter aber auch dazu ermuntern, die entstandenen Ideen nicht gleich wieder zu verwerfen, sondern zu kommunizieren (Mugler 1998, S. 179).

Haben Sie den Satz auf Anhieb verstanden? Oder mussten Sie ihn (mindestens) zweimal lesen?

Merksatz

Keine Sorge! Auch wer den „Kurzsatz-Tipp" während des Schreibens (noch) nicht verinnerlicht hat, bekommt seine Chance: Er gehe die (fast) fertige Endfassung seiner Examensarbeit nochmals durch und zerhacke den einen oder anderen „Bandwurm". Das Ergebnis wird den Text spürbar auflockern. Und den Dozenten meistens auch.

Zweiter Teil
Praktische Übungen in der Examens-AG

Siebte Lektion
Praktische Übungen (I)

Auch im Praktischen ist Originalität un-
erlässlich;
sonst passt, was man tut, nicht zu dem,
was man ist.

(Arthur Schopenhauer)

Die Lektionen 7 bis 9 enthalten einige Übungen, die dazu dienen, ausgewähltes Handwerkszeug zum wissenschaftlichen Arbeiten anhand von praktischen Beispielen in der Examens-AG zu erproben. Einige Übungen sind für alle Examensarbeiten, andere nur für empirisch ausgerichtete Examensarbeiten relevant. Auf jeden Fall gehören die Übungsinhalte zum Wissensfundus wirtschafts- und sozialwissenschaftlicher Hochschulabsolventen. Die Übungsthemen sind, wie angekündigt, BWL-Spezialgebiet Handel/Absatz/Marketing entnommen. Den Beispielen folgend, können ähnliche Übungsthemen ohne weiteres anderen Wissenschaftsgebieten entnommen werden. Das Doppelziel der vorgeschlagenen Übungen besteht darin, den Examenskandidaten

– generell die Vertrautheit mit fachlich relevanten Arbeitstechniken zu vermitteln, und zwar sowohl mit ihrem theoretischen Gehalt als auch mit ihren praktischen Anwendungsmöglichkeiten, und
– speziell Orientierungsbeispiele für ihre eigene Examensarbeit an die Hand zu geben.

Dazu bedarf es in der Examens-AG einer Abfolge von drei Schritten:

– Vermittlung bzw. Rekapitulation von fachbezogenen Forschungsinstrumenten und -methoden als Lehrstoff durch den Dozenten;
– Hinführung zu einer konkreten Aufgabe für die studentischen AG-Teilnehmer, für die entweder in der aktuellen Sitzung gemeinsam eine Lösung erarbeitet wird oder für die von jedem studentischen AG-Teilnehmer eine individuelle Lösung zu erstellen und in der folgenden Sitzung mitzubringen ist;
– kritische Diskussion der Lösungen (der gemeinsamen Lösung bzw. der indi-

viduellen und originellen Lösungen für die Hausaufgabe aus der vorangegangenen Sitzung).

7.1 Gliederungsübungen

Als Ausdruck ihrer sinnfälligen, logischen Aufbaustruktur ist jeder schriftlichen
wissenschaftlichen Arbeit eine Gliederung voranzustellen. Bei der fertigen Arbeit wird sie in der Regel als Inhaltsverzeichnis oder Inhalt ausgewiesen, während sie zu Beginn der Arbeit und in ihrem Verlauf als Grob- oder vorläufige
Gliederung fungiert (vgl. auch Dritte Lektion 3.6). Da das Manuskript im Regelfall mit Hilfe von Textverarbeitungsprogrammen erstellt wird, können – ohne
dass längere Textstellen oder die ganze Arbeit neu geschrieben werden müssen
– auch an der Gliederung immer wieder Änderungen vorgenommen werden:
Streichungen, neue Gliederungspunkte oder Umstellungen/Andersgliederung.
Dennoch: Man sollte unbedingt das Gliedern üben. Dabei sind Logik und Semantik der Gliederungsteile, insbesondere der Text- und Tabellenüberschriften, zu beachten.

Beim Gliedern muss auch der Nichtmathematiker strenge *Logik* walten lassen: Gleichwertige Gedanken müssen auch auf der gleichen Gliederungsebene
stehen. Für den Aufbau der gesamten Arbeit und ihrer Teile ist die Logik entscheidend, nicht die Textlänge. Der Abschnitt 1.1.3 kann ohne weiteres zehn
Seiten und der Abschnitt 1.1.4 nur eine halbe Seite umfassen. Die Gliederungstiefe hängt von der Komplexität des Themas und von der Materiallage ab.
Regelmäßig reicht eine vierstufige Untergliederung aus. Dient das Gliedern
dem Bearbeiter zunächst zur gedanklichen Ordnung aller Facetten, die er zu
seinem Thema aufgespürt hat, so erleichtert ihm im Fortgang der Arbeit eine
hinreichend feine Gliederung die Zuordnung aller Arbeitsmaterialien, aller literarischen und/oder empirischen Befunde. Schließlich erkennt der Betreuer
unmittelbar an der Gliederung die mehr oder weniger stringente Aufbauorganisation der ihm vorgelegten Arbeit. Und im Falle einer Veröffentlichung liefert
eine logisch korrekte Gliederung den Lesern die nötige Orientierung über die
ihn erwartende Stofffülle. Zur Gliederungslogik gehört es auch, dass das Thema
der Arbeit in der Gliederung nicht ein zweites Mal als Überschrift für einen
Gliederungsteil verwendet werden darf.

Beachtet und eingeübt werden sollte unbedingt auch die *Semantik der Überschriften*. Das Thema wie auch die Überschriften des Inhaltsverzeichnisses (deren Wortlaut mit den entsprechenden Überschriften im Text identisch sein
muss) sollen dem Leser insgesamt und im Detail einen genauen Überblick über
das, was ihn erwartet, verschaffen. Daher müssen sie so präzise wie möglich

formuliert werden. Grundsätzlich stehen dem Verfasser zwei Stilmittel zur Verfügung, der Nominalstil und der Verbalstil. Für einen Stil hat er sich zu entscheiden und diesen konsequent beizubehalten. Beim etwas veralteten Verbalstil werden für die Überschriften ganze Sätze, gelegentlich in Frageform, gebildet, während beim knapperen und heute üblichen Nominalstil auf Verben verzichtet wird. Beispielsweise könnte eine Abschnittüberschrift im Verbalstil lauten „Kann die intrinsische Arbeitsmotivation durch Anreize bei der extrinsischen Arbeitsmotivation negativ beeinflusst werden?" Im Nominalstil wäre der Abschnittinhalt mit „Zusammenhänge zwischen intrinsischer und extrinsischer Arbeitsmotivation" kürzer und genau so zutreffend, also prägnanter formuliert. Zu beachten sind zwei weitere inhaltliche Regeln:

– Eine Überschrift darf keine Leerformeln wie „Einleitung", „Hauptteil" oder „Schluss" enthalten. Jede Überschrift hat den sachlichen Inhalt anzukündigen. Für den Schlussteil, für den zwar weniger sachliche, eher abstrakte Überschriftenformulierungen zulässig sind (der gleichwohl nicht unterschätzt werden sollte), stehen eine Reihe von Möglichkeiten zur Verfügung: „Fazit", „Zusammenfassung", „Ausblick", „Offene Fragen".
– Eine Überschrift darf kein Ergebnis vorwegnehmen. Der (inhaltlich durchaus zutreffenden) Formulierung „Mehr als drei Wiederholungskäufe im Monat nur bei zwei Prozent der Inhaber von Kundenkarten" wäre etwa die Formulierung „Kundenkarten und Wiederholungskaufrate" vorzuziehen, da sie das Ergebnis noch nicht preisgibt.

Für Dozenten dürfte es ein Leichtes sein, das eine oder andere Inhaltsverzeichnis aus einem Lehrbuch oder einer Monographie zu kopieren und entweder zusammen mit den AG-Teilnehmern (a) die Einhaltung der Logik- und Semantik-Regeln zu überprüfen und (b) Umformulierungen im jeweils anderen Gliederungsstil zu üben oder den AG-Teilnehmern beide Übungen als Hausaufgabe für die nächste Sitzung mitzugeben.

Merksatz
Gut gegliedert ist halb gewonnen. Gute Gliederungen sind durch Logik der Gleich- bzw. Unterordnung aller Teile, durch Präzision der Überschriftenformulierungen sowie durch einheitlichen Überschriftenstil gekennzeichnet.

7.1.1 Gliederungsvergleich

Eine anregende Übung besteht im *Vergleich von zwei Gliederungen* zu einem Thema mit dem Ziel, Schwächen aufzudecken und/oder die bessere zu bestimmen – oder eine dritte, optimale Gliederung zu entwerfen. Dazu hat der Dozent die Wahl. Er kann

– zwei neue, für den Vergleich geeignete Gliederungen selbst anfertigen;
– die eine Gliederung einer wissenschaftlichen Arbeit – zum Beispiel einer von ihm betreuten, anonymisierten Arbeit – entnehmen und die andere selbst anfertigen;
– zwei oder mehrere Gliederungen von AG-Teilnehmern – möglichst unabhängig voneinander – anfertigen lassen

und jeweils zwei ausgewählte Versionen der Arbeitsgemeinschaft zur kritisch-vergleichenden Diskussion vorlegen.

Um die AG-Teilnehmer für die Vergleichsarbeit im Sinne der „Fröhlichen Wissenschaft" zu motivieren und ihnen an Stelle von Druck die Empfindung spielerischen Vorgehens zu vermitteln, kann diese Arbeit in Form eines kleinen Wettbewerbs stattfinden. Vorausgesetzt, die Anzahl der zu entdeckenden Schwachpunkte in der „schlechten" Gliederung lässt sich quantifizieren, gewinnt derjenige, der alle Fehler entdeckt hat oder der Fehlerzahl am nächsten kommt. Die Belohnung kann sich jeder Dozent selbst ausdenken.

Die Übersicht 15 zeigt zwei Beispiel-Gliederungen zum Thema „Traditioneller und elektronischer Versandhandel – Ein Vergleich". Die ins Inhaltsverzeichnis sonst noch aufgenommenen Verzeichnisse (für Abkürzungen, Abbildungen, Tabellen usw.), ein Anhang und das Literaturverzeichnis sind weggelassen. Der Leser wird unschwer erkennen, dass die linke Gliederung besser gelungen ist als die rechte, wobei die beiden Gliederungsprinzipien als gleichwertig zu betrachten sind. Die Studenten sollten die zu beantwortenden Fragen der Aufgabe zu Übersicht 15 *vor* der gründlichen Durchsicht der beiden Gliederungen lesen.

Übersicht 15: Gliederungsvergleich

1 Einleitung
1.1 Problematik
1.2 Definitorische Abgrenzungen
1.2.1 Traditioneller Versandhandel
1.2.2 Elektronischer Versandhandel
2 Funktionsweise, Erscheinungsformen und Entwicklung des traditionellen Versandhandels
1.1 Funktionsweise
1.2 Erscheinungsformen
1.3 Entstehung und Entwicklung
3 Funktionsweise, Erscheinungsformen und Entwicklung des elektronischen Versandhandels
1.1 Funktionsweise
1.2 Erscheinungsformen
1.3 Entstehung und neuere Entwicklungen
4 Vergleich zwischen traditionellem und elektronischem Versandhandel anhand von ausgewählten Aspekten des Handelsmarketings
4.1 Sortimentspolitik
4.1.1 Sortimentsgestaltung
4.1.2 Sortimentskontrolle
4.1.3 Sortimentsdynamik
4.2 Präsentations- und Platzierungspolitik in Print- und Online-Katalogen
4.2.1 Warenpräsentation
4.2.2 Warenplatzierung
4.3 Preispolitik
4.4 Kundenpolitik
4.4.1 Kundentypen und Kaufverhalten
4.4.2 Kundenakquisition
2.4.3 Kundenbindung
4.5 Servicepolitik
4.6 Kommunikationspolitik
4.6.1 Informationsbeschaffung
4.6.2 Werbung
4.6.3 Erfolgskontrolle
4.7 Rechtliche Rahmenbedingungen

1 Einleitung
11 Gang der Arbeit
12 Definitionen
13 Problemstellung
1 Funktionsweise und Entwicklung des elektronischen Versandhandels
2 Funktionsweise und Entwicklung des traditionellen Versandhandels
3 Lage und Entwicklung des Versandhandels im Inland
4 Lage und Entwicklung des Versandhandels im Ausland
51 Der Versandhandel in Großbritannien
52 Der Versandhandel in den USA
53 Der Versandhandel in Japan
54 Der Versandhandel in Italien
6 Vergleich zwischen elektronischem und traditionellem Versandhandel
7 Vergleich der Konzepte des Handelsmarketings von elektronischem und traditionellem Versandhandel in Japan
8 Vergleich der Konzepte des Handelsmarketings von elektronischem und traditionellem Versandhandel in Deutschland
81 Sortimentspolitik
82 Präsentation und Platzierung
83 Preispolitik
84 Kundenpolitik
85 Service
9 Sonderprobleme im Versandhandel
91 Bonitätsprüfung
92 Erfolgskontrolle
93 Retouren
94 Marktforschung
95 Welche Rolle spielen Eigenmarken im Versandhandel?
96 Rechtliche Rahmenbedingungen für den elektronischen Versandhandel
97 Rechtliche Rahmenbedingungen für den traditionellen Versandhandel
101 Die Zukunft des Versandhandels im Inland

Aufgabe zu Übersicht 15
- Was kann an der linken Gliederung noch verbessert werden?
- Worin äußert sich in der rechten Gliederung Unlogik?
- An welchen Stellen verstößt die rechte Gliederung gegen das Symmetrie-Gebot?
- Wo verstößt die rechte Gliederung gegen das Gebot der stilistischen Einheitlichkeit
(Nominalstil vs. Verbalstil)?

7.1.2 Gliederungsrekonstruktion

Ähnlich wie bei der im Teil 7.3 zu behandelnden Textrekonstruktion, bei der es darum geht, möglichst treffende Überschriften für lückenhafte Texte zu finden, gilt es bei der *Gliederungsrekonstruktion* eine „in Unordnung geratene" Reihenfolge von Kapitel-, Hauptabschnitt- und Abschnittüberschriften wieder in die richtige Reihenfolge zu bringen. Dies ist eine reizvolle, jedoch keine ganz einfache Übung. Sie setzt genaues, verständnisvolles Lesen, Fachkenntnisse und, vor allem, das Erkennen von Über- und Unterordnung der inkorrekt gleichgeordneten Überschriften voraus. Bei der Aufgabenstellung könnte sogar der Titel des Werks weggelassen werden wie in Übersicht 16. (In der Ursprungsfassung in Übersicht 17 ist er angegeben).

Prinzipiell kann jede Gliederung eines Fach- oder Lehrbuchs zur Gliederungsrekonstruktion „in Unordnung gebracht" werden. Man sollte meinen, dass in didaktischer Hinsicht nur logisch einwandfreien Gliederungen als Ausgangsmaterial der Vorzug gehöre. Eine zur Rekonstruktion anstehende perfekte Gliederungsvorlage kann manche Examenskandidaten allerdings leicht einschüchtern: „So etwas schaffe ich nie". Eine nachlässige, unlogisch strukturierte Gliederung als Ausgangsmaterial hat eher einen motivierenden Reiz: „Das kann ich allemal". Ihre logischen Schwächen erschließen sich zwar schwerer, dafür spornt ihre Entlarvung die AG-Teilnehmer umso mehr an: Man hat Gliederungsfehler aufgedeckt, die Nachlässigkeit des (womöglich prominenten) Autors nachgewiesen und gezeigt, dass man es besser machen kann.

Übersicht 16: Gliederungsrekonstruktion (I)

Stellung von Handelsmarken im vertikalen Markenwettbewerb
Entwicklungsphasen von Handelsmarken
Situationsanalyse des Markenwettbewerbs
Theoretische Ansatzpunkte zur Erklärung des vertikalen Markenwettbewerbs
Betriebswirtschaftliche Erklärungsansätze
Volkswirtschaftliche Erklärungsansätze
Trends und Entwicklungen des Kaufverhaltens

Begriffe und Erscheinungsformen von Handelsmarken
Ebenen der Handelsmarkendiskussion
Wesensbestimmung von Marken
Definitorische Abgrenzung von Handelsmarken
Erscheinungsformen von Marken und Handelsmarken

Funktionen und Ziele der Handelsmarkenpolitik
Funktionen von Handelsmarken
Zielsystem der Handelsmarkenpolitik

Entwicklungstendenzen der Handelsmarkenpolitik
Entwicklungstendenzen aus Sicht der Praxis
Entwicklungstendenzen aus Sicht der Wissenschaft

Strategien und Maßnahmen der Handelsmarkenpolitik
Alternative markenpolitische Optionen
Einsatz von Mono- bzw. Einzelmarken
Einsatz von Dachmarken
Einsatz von Exklusivmarken
Marketinginstrumentenstrategien
Entscheidungen der Produkt- und Sortimentspolitik
Entscheidungen der Distributionspolitik
Entscheidungen der Kontrahierungspolitik
Entscheidungen der Kommunikationspolitik

Erfolgsvoraussetzungen der Handelsmarkenpolitik
Handelssystembezogene Voraussetzungen
Sortiments- und warengruppenbezogene Voraussetzungen
Konsumentenbezogene Voraussetzungen

Bei dieser „in Unordnung geratenen" Beispielgliederung haben die Studenten drei Aufgaben zu lösen:

Aufgabe zu Übersicht 16
- Die sechs Hauptabschnitte sind in eine sinnvolle(re) Reihenfolge zu bringen und die Hauptabschnitt-Überschriften (jeweils erste Zeile) mit entsprechenden Ziffern zu versehen (numerische Klassifikation).
- Jedem Hauptabschnitt sind die Gliederungspunkte (bis in die 3. Ebene) voranzustellen.
- Inkonsequenzen in der (sinnvoller gereihten) Gliederung sind herauszufinden.

Die Lösungen können mit der ursprünglichen Gliederung verglichen werden. (Übersicht 17) Der Leser sollte jedoch zunächst ohne Nachsehen eine Lösung versuchen. Der Dozent kann das Beispiel kopieren und entweder gemeinsam mit den AG-Teilnehmern die Lösung suchen oder die Kopien als Hausaufgabe mitgeben.

Übersicht 17: Ursprungsgliederung zur Gliederungsrekonstruktion (I)

Gliederung zu Bruhn, Manfred: Bedeutung der Handelsmarke im Markenwettbewerb, in: Bruhn, Manfred (Hrsg.): Handelsmarken. Entwicklungstendenzen und Zukunftsperspektiven der Handelsmarkenpolitik, 3. Aufl., Stuttgart 2001, S. 4.

1	Begriffe und Erscheinungsformen von Handelsmarken
1.1	Ebenen der Handelsmarkendiskussion
1.2	Wesensbestimmung von Marken
1.3	Definitorische Abgrenzung von Handelsmarken
1.4	Erscheinungsformen von Marken und Handelsmarken
2	Stellung von Handelsmarken im vertikalen Markenwettbewerb
2.1	Entwicklungsphasen von Handelsmarken
2.2	Situationsanalyse des Markenwettbewerbs
2.3	Theoretische Ansatzpunkte zur Erklärung des vertikalen Markenwettbewerbs
2.3.1	Betriebswirtschaftliche Erklärungsansätze
2.3.2	Volkswirtschaftliche Erklärungsansätze
2.4	Trends und Entwicklungen des Kaufverhaltens
3	Funktionen und Ziele der Handelsmarkenpolitik
3.1	Funktionen von Handelsmarken
3.2	Zielsystem der Handelsmarkenpolitik

4 Strategien und Maßnahmen der Handelsmarkenpolitik
   4.1 Alternative markenpolitische Optionen
      4.1.1 Einsatz von Mono- bzw. Einzelmarken
      4.1.2 Einsatz von Dachmarken
      4.1.3 Einsatz von Exklusivmarken
   4.2 Marketinginstrumentenstrategien
      4.2.1 Entscheidungen der Produkt- und Sortimentspolitik
      4.2.2 Entscheidungen der Distributionspolitik
      4.2.3 Entscheidungen der Kontrahierungspolitik
      4.2.4 Entscheidungen der Kommunikationspolitik

5 Erfolgsvoraussetzungen der Handelsmarkenpolitik
   5.1 Handelssystembezogene Voraussetzungen
   5.2 Sortiments- und warengruppenbezogene Voraussetzungen
   5.3 Konsumentenbezogene Voraussetzungen

6 Entwicklungstendenzen der Handelsmarkenpolitik
   6.1 Entwicklungstendenzen aus Sicht der Praxis
   6.2 Entwicklungstendenzen aus Sicht der Wissenschaft

Übersicht 18 enthält das Inhaltsverzeichnis einer Monographie als weitere Beispielaufgabe für eine Gliederungsrekonstruktion (Quelle: Bänsch 1998). Diesmal gilt es, die fehlenden alphanumerischen Gliederungspunkte einzusetzen.

Übersicht 18: Gliederungsrekonstruktion (II)

Erstes Kapitel: Einführung

   Zur Bedeutung von Erkenntnissen zum Käuferverhalten
   Zielsetzung und Abgrenzung
   Grundorientierung über Ansätze zur Analyse des Käuferverhaltens
   Überblick über Typen und Stufen des Kaufentscheidungsprozesses

   Kapitel: Konsumentenverhalten

   Strukturansätze
      Systemansätze
         Partielle Ansätze 1. Grades (geringe Komplexität)
         Psychologisch orientierte Ansätze
            Auf aktivierende Prozesse bezogene Ansätze
               Emotionsforschung
               Motivationsforschung
               Einstellungsforschung

Auf kognitive Prozesse bezogene Ansätze
Wahrnehmungsforschung
Denkforschung
Lernforschung
Soziologisch orientierte Ansätze
Einführende Vorbemerkungen
Der Konsument als durch das soziale Umfeld
Prozessmodell Einzelkäufer
Gruppenforschung und Rollentheorie
Meinungsführer-Modell und Leitbild-Konzept
Sonderaspekte des Gruppenkaufs (Kollektivkaufs)
Partielle Ansätze 2. Grades (mittlere Komplexität)
Totalansätze (hohe Komplexität)
Ansatz von Nicosia
Ansatz von Howard/Sheth
Ansatz von Engel/Blackwell/Miniard
Entscheidungsnetz-Ansatz von Bettman

Stochastische Modelle
Orientierende Vorbemerkungen
Ökonometrische (= teilstochastische) Modelle
Vollstochastische Modelle (Stochastische Prozessmodelle)

Simulationsmodelle

7.2 Übungen zu Tabellen, Grafiken und sonstigen Übersichten

Fast jeder Bearbeiter einer schriftlichen wissenschaftlichen Arbeit steht vor der Aufgabe, *nichttextliche Teile*, wie z.B. das Forschungsdesign, Fragebögen, Untersuchungsergebnisse, Argumentsammlungen, Skizzen, Fotos oder Ähnliches, in den Text zu integrieren. Je nach Art der nichttextlichen Darstellung ist dafür die zutreffende Bezeichnung zu wählen. Auf den ersten Blick erscheint diese Aufgabe problemlos. Bei näherem Hinsehen stellt sich allerdings heraus, dass hier Fußangeln ausgelegt sind. Daher soll das Kennenlernen der richtigen Bezeichnungen und der korrekte Umgang mit ihnen im Folgenden geübt werden.

7.2.1 Tabellen, Grafiken und sonstige Übersichten im Vergleich

Auf dem Gebiet der *Bezeichnungen für nichttextliche Darstellungen* herrscht in der Fachliteratur mitunter ziemliche Nachlässigkeit. So werden nicht selten bildliche Darstellungen mit „Tabelle" und Fotos mit „Grafik" über- oder unterschrieben. Oder es fehlt die Nummerierung bei der Verwendung von mehr als zwei bildlichen Darstellungen. Dass so etwas selbst in renommierten Standardlehrbüchern vorkommt, kann für die Examensarbeit nicht als Entschuldigung herangezogen werden. Bei den diversen zur Verfügung stehenden Bezeichnungen handelt es sich keineswegs um Synonyme. Jede hat ihre spezifische Bedeutung, die im Einzelfall genau einzuhalten ist. Als wichtigste Bezeichnungen sind zu nennen:

- Darstellung (weite Bezeichnung für textliche und nichttextliche Inhalte aller Art)
- Übersicht (weite Bezeichnung für textliche, bildliche oder grafische Inhalte)
- Abbildung (Bezeichnung für eine bildliche Darstellung)
- Schaubild (Bezeichnung für eine bildliche oder grafische Darstellung)
- Grafik (Bezeichnung für eine grafische Darstellung)
- Tabelle (Bezeichnung für eine zahlenmäßige Darstellung)

Wer diese Bedeutungen beachtet, ist gut gewappnet. Von ihnen bedarf die Tabelle unbedingt einer näheren Betrachtung sowie praktischer Einübung.

Ohne *Tabellen* kommt kaum eine wirtschafts- und sozialwissenschaftliche Arbeit aus. Aber mit nichts wird so geschlampt wie mit Tabellen. Wenn die Erstellung von einfachen und komplexen Tabellen (z.B. Kreuztabulierung) nicht bereits in der Statistik-Vorlesung des Grundstudiums behandelt wurde, hat sich der Student im Allgemeinen über die Anforderungen und Tücken exakter Statistiken und ihrer tabellarischen Darstellung noch nicht sonderlich den Kopf zerbrochen. Es wird schon alles stimmen, was einem in der (Fach-)Literatur und in den (Fach-)Zeitschriften gedruckt begegnet, mag er denken. Aber weit gefehlt! Hochschuldidaktisch besteht sogar ein prickelndes Spiel darin, veröffentlichte Tabellen genau zu analysieren und zu vergleichen – und Mängel zu entdecken. Was ist z.B. von einer „Tabelle" zu halten, die eine Aufzählung von Vorteilen und Nachteilen einer Liberalisierung des Ladenschlussgesetzes enthält, „überzeugend" aufgeteilt nach Meinung der Kunden, der kleinen und mittleren Handelsbetriebe sowie der Mitarbeiter im Einzelhandel? Nicht viel. Denn die bloße Argumente-Gegenüberstellung ist gar keine Tabelle. Gutachter verwenden eine solche Gegenüberstellung, namentlich bei wirtschaftspolitischen und/oder ökologischen Gutachten, mitunter für einen

Trick: Sie bilden den Saldo aus der Zahl der Vorteile und der Nachteile, um dann zu resümieren: „Die Vorteile überwiegen eindeutig die Nachteile" (oder umgekehrt). Eine derartige Saldenmechanik ist jedoch intellektuell unredlich, weil sie die Qualität und das Gewicht der Einzelargumente nicht berücksichtigt. (Leider kann Qualität auch nicht gemessen werden.) Immerhin kann ein einziger schwerwiegender Nachteil eine noch so üppige Zahl an Vorteilen völlig relativieren.

Merksatz
Tabellen sind Zahlenübersichten!

Für Tabellen in einer wissenschaftlichen Arbeit lauern Gefahren bereits in der Formulierung der *Tabellenüberschrift* (bzw. Tabellenunterschrift, falls der Betreuer diese Anordnung – unter der Tabelle und nach dem Quellenhinweis – bevorzugt). Hier wird nicht nur im Journalismus, sondern auch in der Wissenschaft häufig gesündigt. Jede Überschrift hat den Inhalt der folgenden Zahlenübersicht so genau wie möglich anzukündigen. Und das bedeutet: Sie kann recht lang und umständlich ausfallen. Während die Lokalzeitung z.B. ihre Agentur-Tabelle mit „Der Einzelhandel in Deutschland" überschreibt, müsste die exakte Überschrift in der wissenschaftlichen Arbeit womöglich „Rohertrag, Kosten und steuerliches Betriebsergebnis in ausgewählten Branchen des deutschen Einzelhandels im Jahre 2004" lauten.

Neben der Übersichtlichkeit und Verständlichkeit einer Tabelle – Riesenmonster sind zu vermeiden; auch hier, in der Komprimierung auf das Wichtigste, beweist der Bearbeiter Konzentration und Arbeitsökonomie – ist auf die peinlich *genaue Quellenangabe* zu achten. Wird die Tabelle aus der Sekundärliteratur übernommen, dann ist zuerst der „geistige Vater", d.h. die ursprüngliche Quelle, zu nennen. Danach folgt ein Zusatz, z.B. „..., zitiert nach XY" oder „..., zitiert bei XY". Falls eine übernommene Tabelle bearbeitet wurde, sei es gekürzt, sei es erweitert, dann muss auch das angegeben werden, z.B. durch den Hinweis „... (Erweiterung durch den Vf.)". Handelt es sich bei der Tabelle um eine originäre, eigene Zahlenübersicht des Verfasser, ist dies ebenfalls auszuweisen, etwa als „Quelle: Eigene Berechnungen des Vf." oder „Quelle: Eigene Darstellung des Vf.". Zur Platzierung von Tabellenüberschrift, -unterschrift und Quellenangabe sei auf die Ausführungen unter Fünfte Lektion 5.3 zurück verwiesen.

Recht tückisch ist auch die dritte Anforderung an Tabellen in einer wissenschaftlichen Arbeit: Jede Tabelle bedarf einer kurzen *Interpretation*. Tabellen dürfen nicht unkommentiert in den Text eingestreut oder unkommentiert in einen womöglich 50 Seiten starken Anhang gestellt werden. Die Interpretation stellt meist keine leichte Aufgabe dar und wird gern unterschätzt. Wer in alle Details seiner Tabelle verliebt ist, möchte am liebsten jede Zeile und jede Spalte oder jeden Einzelwert interpretieren. Das wäre unsinnig. Hier muss ausgewählt werden. Eine allgemeine Auswahl- und Interpretationsregel gibt es nicht. Immerhin gibt es ein paar Arbeitshilfen zur Interpretation. In Betracht kommen z.b. für die Auswahl

- das Gesamtergebnis (Summenwerte),
- Durchschnittswerte,
- besonders auffällige oder überraschende Einzelwerte oder
- Extremwerte.

Vorsicht ist bei der Ursachen-Deutung geboten. Sie ist allein anhand der Tabelle oft nicht möglich. Warum z.b. gemäß zitierten Betriebsvergleichsergebnissen bei einem Betriebsvergleichsteilnehmer die Debitoren 4,6 (% des Umsatzes) ausmachen und somit 3,7 Prozentpunkte über dem Gesamtdurchschnitt aller teilnehmenden Branchen liegen, kann normalerweise ein Examenskandidat nicht klären. Dazu wären Recherchen vor Ort im teilnehmenden Betrieb, eventuell bei Betriebsberatern einzuholen. Für den Bearbeiter genügt es, auf derartige Auffälligkeiten hinzuweisen – oder aus dem Tabellenzusammenhang nur eine *logische Deutung* abzuleiten, etwa folgender Art: beim Beispiel-Betrieb liege eine extrem überdurchschnittliche Ergebnisbelastung durch Außenstände vor.

Gelegentlich können sogar aus bloßer logischer Deutung *Empfehlungen* abgeleitet werden, ohne die einzelbetriebliche Situation genau zu kennen. Beispielsweise könnte einem Einzelhandelsbetrieb mit dem extrem überdurchschnittlichen Debitorenstand von 5,6 % empfohlen werden,

- Zahlungsfristen für seine Kunden zu verkürzen,
- Kundenkredite erst ab einem Mindestkaufbetrag einzuräumen,
- ein funktionierendes Mahnwesen einzurichten,
- das bestehende Mahnwesen effizienter zu gestalten,
- das Verkaufspersonal anzuhalten, die Kundschaft auf den relativ hohen effektiven Jahreszins bei Inanspruchnahme des Kundenkredits, etwa beim Teilzahlungsverkauf, aufmerksam zu machen und ggf. vom Vorteil der Barzahlung zu überzeugen,
- eine Kombination mehrerer Alternativen einzusetzen.

Unwissenschaftlichkeit kann solchen normativen Aussagen nicht vorgeworfen werden, handelt es sich doch um Entscheidungsalternativen, die logisch aus der Diskrepanz zwischen empirischen Befunden und Unternehmensziel(en) abgeleitet sind.

> **Merksatz**
>
> Tabellen benötigen eine genaue, den Inhalt ankündigende Überschrift.
> Tabellen benötigen eine genaue, bibliografisch vollständige Quellenangabe; ggf. ist der „geistige Vater" zuerst zu nennen, danach die Arbeitsquelle („nach ..." oder „zitiert bei ...").
> Tabellen benötigen eine (kurze) Interpretation. Vorsicht: Die Ursachen-Deutung ist oft allein anhand der Tabelle nicht möglich. Es genügt dann, auf Auffälligkeiten oder logische Zusammenhänge hinzuweisen.

Ein weites Feld mit Stolpersteinen – und für bewusste Irreführung – tut sich bei der Erstellung und Interpretation von *Prozentzahlen* auf. Eine Tabelle, in der nur Prozentzahlen ohne ihre Basis, d.h. ohne die Zahl der absoluten Fälle, ausgewiesen werden, ist höchst verdächtig. Manchmal soll die zu kleine Basis nur versteckt werden. Werden beispielsweise in einer Kundenanalyse 57 % der Probanden als Gelegenheitskunden, 14 % als Stammkunden mit Kundenkarte und 29 % als Stammkunden ohne Kundenkarte ausgewiesen – wer ahnt schon, dass hier insgesamt nur acht Personen befragt wurden: 5 Gelegenheitskunden, 2 Kunden ohne Kundenkarte und ein Kunde mit Kundenkarte! Basen mit weniger als hundert Fällen zur Berechnung von Prozentzahlen zu wählen, ist allemal intellektuell bedenklich. Oder eine andere Prozent-Gaukelei: Manchmal wird von zwei vorhandenen Ausgangswerten zur Prozentberechnung der politisch genehmere Wert als Basis genommen. Dafür zwei Beispiele:

Beispiel 1
Betragen der Einstandspreis eines Artikels 18,– Euro und sein Verkaufspreis 27,– Euro (jeweils ohne MwSt), dann beträgt der Rohertrag als Differenz zwischen Verkaufs- und Einstandspreis 9,– Euro. Die in Prozent ausgedrückte Handelsspanne kann nun mit 50 % (bezogen auf den Einstandspreis) oder mit 33 % (bezogen auf den Verkaufspreis) angegeben werden. Man kann sich leicht ausmalen, welchen Wert der klagende Kaufmann und welchen Wert der anklagende Gesellschaftskritiker in der Öffentlichkeit vorziehen wird... Leider definiert die Handelswissenschaft ihrerseits die Handelsspanne als Abschlagswert, während die Kaufleute verständlicherweise – ihren Kalkulationsgepflogenheiten folgend – den Aufschlagswert bzw. Kalkulationssatz bevorzugen. Bei prozentualen Handelsspannen und ihrer Interpretation ist daher immer höchste Aufmerksamkeit angezeigt.

Beispiel 2
In der FAZ Nr. 262 vom 11. November 2002 wird gleich zwei mal, auf der ersten Seite und im Wirtschaftsteil auf S. 13, berichtet: „Telekom erhöht Grundgebühr

um 9 Prozent". Für einen analogen Telefonanschluss soll die Grundgebühr von 13,33 Euro auf 14,48 Euro erhöht werden. „Das sind 8,6 Prozent mehr." Wie irreführend. Hier ist die Erhöhungsrate nicht auf den Ausgangswert, sondern auf den höheren Zukunftswert bezogen. Diese Verharmlosung ist dem Wirtschaftsredakteur offensichtlich nicht aufgefallen. Tatsächlich beträgt die angekündigte Gebührenerhöhung 11,6 Prozent (genauer 11,6279 Prozent).

In sehr vielen Fällen wird das zahlenmäßige Ausgangsmaterial für Tabellen zu *Kennzahlen* aufbereitet. Examenskandidaten sollten auf jeden Fall dreifach gerüstet sein: Sie sollten

- die Kennzahlenart als solche erkennen (Übersicht 19),
- Kennzahlen interpretieren,
- Kennzahlen selbst erstellen (d. h. bekannte Kennzahlen anwenden oder neue Kennzahlen entwerfen) können.

Auf die statistischen Grundlagen kann hier nicht im Einzelnen eingegangen werden. Wegen der Gefahr ihrer Verwechslung seien nur die beiden relativen Kennzahlen „Gliederungszahl" und „Beziehungszahl" kurz rekapituliert. Beides sind Quotienten. Eine Gliederungszahl liegt vor, wenn ein Teil einer statistischen Masse mit dem Ganzen der (gleichartigen) statistischen Masse in

Übersicht 19: Das Kennzahlensystem

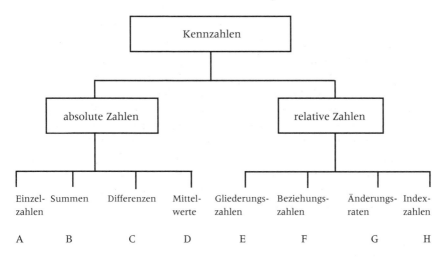

Quelle: In Anlehnung an Falk, Bernd/Wolf, Jakob: Handelsbetriebslehre, 11. Aufl., Landsberg 1992, S. 451.

Beziehung gesetzt wird. Im Beispiel E der Übersicht 20 wurden die handels-betrieblichen Kosten als Gliederungskriterium gewählt. Als weitere Gliede-rungskriterien kommen z.b. Leistungsfaktoren, Leistungsbereiche, Kosten-faktoren, Kostenarten und Märkte (Absatzmarkt, Beschaffungsmarkt, Kon-kurrenzmarkt, interner Markt) in Betracht. Eine Beziehungszahl entsteht durch die Bezugnahme einer statistischen Masse auf eine andersartige statisti-sche Masse. Im Beispiel F der Übersicht 20 fungieren Umsatz und beschäftigte Personen als Verknüpfungsgrößen.

Es ist zu beachten, dass die Aussagekraft von Kennzahlen durch Kennzah-lenvergleiche – z.b. Zeitvergleiche; Soll-Ist-Vergleiche; zwischenbetriebliche Vergleiche – gesteigert wird. Dies wird bei Beziehungszahlen eher als bei Gliederungszahlen deutlich. So besagt die isolierte handelsbetriebliche Kenn-zahl „Personalleistung bzw. Personalproduktivität = 195.830 €" für das Jahr 2003 nicht viel (bzw. nur etwas für den Kenner der Materie). Aufschlussreicher ist der Vergleich dieser Kennzahl z.b. mit den Vorjahreswerten 170.995 € (2001) und 179.505 € (2002) für denselben Betrieb.

Merksatz

Kennzahlen sind absolute oder relative Zahlen, die in konzentrierter Form über einen zahlenmäßig erfassbaren Tatbestand informieren; Kennzah-lenvergleiche steigern ihre Aussagekraft.

Übersicht 20: Handelsbetriebliche Kennzahlen

A	Bruttoverkaufspreis	E	$\dfrac{\text{Personalkosten}}{\text{Gesamtkosten}} \times 100$
B	Filialumsatz	F	$\dfrac{\text{Umsatz}}{\text{beschäftigte Personen}}$
C	Gewinn	G	$\dfrac{\text{Umsatz Dez. 03 - Umsatz Nov. 03}}{\text{Umsatz Nov. 03}} \times 100$
D	Ø Lagerbestand	H	$\dfrac{\text{Umsatz 2002}}{\text{Umsatz 1986}} \times 100$

In den Wirtschafts- und Sozialwissenschaften können Kennzahlen für verschiedene Untersuchungszwecke spezifiziert werden. Grundsätzlich können

– betriebswirtschaftliche/betriebliche (mikroökonomische),
– verbundwirtschaftliche/zwischenbetriebliche (mesoökonomische),
– gesamtwirtschaftliche/überbetriebliche (makroökonomische)

Kennzahlen unterschieden werden. Übersicht 20 enthält je eine mikroökonomische Kennzahl des Handels als Beispiel für die acht Kennzahlenarten.

Ausgestattet mit solchen Basiskenntnissen, die in der Examens-AG durchaus vertieft werden mögen, sind die Studenten vorbereitet, eine Übungsaufgabe wie die folgende zu lösen.

Aufgabe
Erläutern Sie die unten stehenden Kennzahlen.
Geben Sie bei jeder Kennzahl an, ob es sich um eine betriebswirtschaftliche, eine verbundwirtschaftliche oder eine gesamtwirtschaftliche Kennzahl handelt.
Geben Sie bei jeder Kennzahl an, um welche Kennzahlenart (A bis H) es sich handelt:

Lagerumschlagshäufigkeit
Raumleistung/Raumproduktivität
Kooperationsgrad
Konzentrationsgrad
Personalkostenbelastung des Umsatzes
Marktanteil/Umsatzanteil

Wer sein statistisches Datenmaterial oder Teile davon der besseren Anschaulichkeit halber visualisieren, grafisch aufbereiten möchte, kann auf ein umfangreiches Instrumentarium *grafischer Darstellungen* zurückgreifen. Neben spezieller Grafik-Software bietet sich vor allem SPSS (*Statistical Package for the Social Sciences*) an, das weltweit verbreitetste Programmsystem zur Datenanalyse unter Windows. Primär für die Erstellung von Tabellen gedacht, ermöglicht SPSS die Überführung des Datenmaterials in zahlreiche Grafik-Anwendungen; einige können auch als interaktive Grafiken (i) dargestellt werden. Als teilweise sehr anspruchsvolle Standardgrafiken stehen derzeit zur Verfügung:

– Balkendiagramme (i)
– Liniendiagramme (i)
– Flächendiagramme (i)
– Kreisdiagramme (i)

- Hoch-Tief-Diagramme
- Boxplots (i)
- Fehlerbalkendiagramme (i)
- Streudiagramme
- Histogramme (i)
- Pareto-Diagramme
- Regelkarten
- Normalverteilungsplots
- ROC-Kurven
- Sequenz- und Zeitreihendiagramme (vgl. Bühl/Zöfel 2000).

Hier muss der Hinweis auf die vielen grafischen Gestaltungsmöglichkeiten genügen. Der Dozent mag selbst entscheiden, ob und welche Grafiken in der Examens-AG vorgeführt und durchgesprochen werden sollten, womöglich nur einfachere Grafiken wie Balken-, Linien-, Flächen-, Kreis- und Kuchen-Diagramme. Wie beim Gliederungsvergleich mag es auch reizvoll sein, verschiedene Grafiken aus der Literatur zu kopieren und ihren Vergleich als Übungsaufgabe zu stellen (*Grafikvergleich*): die Art bestimmen; Vor- und Nachteile der verschiedenen Grafiken diskutieren; Täuschungsmöglichkeiten mit Grafiken entdecken.

7.2.2 Tabellenrekonstruktion

Wie bei der Gliederungs-, Text- oder Überschriftenrekonstruktion können auch Tabellen für eine Rekonstruktionsübung „präpariert" werden. Dazu werden in der Kopie einer Tabelle die Überschrift oder Überschriftenteile und/oder einzelne Auswertungspositionen unkenntlich gemacht. Die Übungsaufgabe besteht darin, für die geschwärzten oder geweißten Stellen die ursprünglichen zutreffenden Formulierungen zu finden. Die Studenten müssen mithin den Gehalt der Tabelle erfassen und aus dem Datenmaterial erschließen, um welche Ergebnisübersicht, um welche Branche und um welche Einzelpositionen bei den geschwärzten Stellen es sich handelt, was einige Kenntnisse aus der Handelsbetriebslehre voraussetzt. Das Prinzip kann jedoch ohne weiteres auf Tabellen aus anderen Fachgebieten angewandt werden. Da es sich bei den Zahlenangaben in Tabellen in der Regel um empirische Originalwerte handelt, können diese dem Rekonstruktionsverfahren nicht unterzogen werden. Falls jedoch über eine Zeile, über eine Spalte oder über einen Spaltenabschnitt hinweg – vgl. Zeilen 22 bis 32 im Beispiel der Übersicht 21 (Quelle: Wirtz 2002, S. 54) – Summen gebildet werden, könnte auch ein einzelner Zahlenwert (Summand) zur

Wiederberechnung unkenntlich gemacht werden. Eine solche Rechenoperation hat allerdings, anders als die Bedeutungsfindung für Überschriften und Tabellenpositionen, keinen besonderen Erkenntnis- und Verständniswert.

Übersicht 21: Tabellenrekonstruktion

━━━━━━━━━━━━━━━━━━━━━━━━━ für die Jahre 1991 bis 2000

Lfd Nr.	Auswertungspositionen	1991	1992	1993	1994	1995	1996	1997	1998	1999	2000
1	Zahl der Berichtsbetriebe	633	623	621	666	642	631	585	536	523	452
2	Zahl der beschäftigten Personen je Betrieb	6,0	6,1	6,2	5,9	6,0	6,0	6,0	5,8	5,9	5,9
3	Zahl der ▬▬▬▬ je Betrieb	165	166	164	165	165	164	166	164	164	164
4	Umsatz (einschl. Mehrwertsteuer) je Betrieb in Tausend DM	2250	2414	2233	2252	2426	2527	2543	2559	2754	2829
5	Aufgliederung ▬▬▬▬ in %										
	a) Arzneimittel	93	93	93	93	93	93	91	91	91	91
	b) Drogen und Chemikalien	1	1	1	1	1	1	1	1	1	1
	c) Verbandsstoffe, Pflaster und Krankenpflegeartikel	2	2	2	2	2	2	3	3	3	3
	d) Kosmetika und Körperpflegemittel	2	2	2	2	2	2	3	3	3	3
	e) Diätetische Lebensmittel, Nähr- u. Kräftigungsmittel	1	1	1	1	1	1	1	1	1	1
	f) Kindernahrung	1	1	1	1	1	1	-	-	-	-
	g) Sonstige Waren	-	-	-	-	-	-	1	1	1	1
6	Aufgliederung des Umsatzes nach ▬▬▬▬ in %										
	a) Umsatz an private Barzahler	30	30	31	33	32	34	36	37	35	37
	b) Umsatz an Kassenmitglieder	68	69	67	66	66	64	62	61	63	62
	c) Umsatz an gewerbliche Verwender	1	1	1	1	1	1	1	1	-	-
	d) Umsatz an Krankenanstalten	1	-	1	-	1	1	1	1	1	1
7	Kreditverkäufe in % des Umsatzes	70,8	71,9	67,0	65,8	66,3	63,8	61,6	60,6	62,5	62,8
8	Außenstände am Ende des Geschäftsjahres in % d. Umsatzes	6,1	6,4	5,9	5,9	5,7	5,3	5,4	5,6	5,3	5,4
9	Wertmäßige Umsatzentwicklung (Vorjahr = 100)	110	107	92	104	106	103	100	105	104	104
10	Verkaufspreisentwicklung 1) (Vorjahr = 100)	101,1	102,3	98,4	99,6	100,7	100,2	100,2	100,0	99,6	100,7
11	Preisbereinigte Umsatzentwicklung (Vorjahr= 100)	108,8	104,6	93,5	104,4	105,3	102,8	99,8	105,0	104,4	103,3
12	Umsatz ▬▬▬▬ in Tausend DM	378,6	400,8	362,2	386,2	406,2	421,5	421,7	445,0	469,1	485,4
13	Umsatz je Kassenrezept in DM	54,90	57,40	55,60	55,50	54,40	55,90	57,40	61,10	65,10	67,70
14	Umsatz je qm Geschäftsraum in DM	13550	14290	13620	13710	14570	15390	15360	15530	16130	16410
15	Zahl der qm Geschäftsraum je beschäftigte Person	28	28	27	28	28	27	27	29	29	30
16	Beschäftigungsentwicklung (Vorjahr= 100)	110	106	92	104	106	103	99	105	105	104
17	Aufgliederung der Beschaffung nach Bezugswegen in %										
	a) Direktbezug von Herstellern	12	12	14	14	14	14	14	15	14	13
	b) Bezug von Großhändlern	88	88	86	86	86	86	86	85	85	86
	c) Bezug aus eigener Erzeugung	-	-	-	-	-	-	-	-	-	1
18	▬▬▬ 2)	8,0	8,5	7,9	7,3	8,3	8,5	8,2	8,6	8,9	9,1
19	▬▬▬ 3) je besch. Person in DM	28700	28500	27500	29200	29400	30500	31200	31300	32000	32500
20	▬▬▬ 3) je qm Geschäftsraum in DM	1010	1020	1030	1020	1020	1100	1130	1080	1080	1090
21	Lagerentwicklung (Endbestand in % des Anfangsbest.)	107	97	101	103	106	102	101	102	103	104
	In % des Umsatzes										
22	Personalkosten einschließlich Unternehmerlohn	16,6	16,6	18,3	18,3	17,7	17,6	17,9	17,5	16,8	16,6
23	Miete oder Mietwert	1,8	1,8	2,0	2,1	1,9	2,0	2,0	2,0	1,9	1,8
24	Apothekenpacht 4)	0,6	0,5	0,5	0,5	0,5	0,4	0,3	0,3	0,3	0,3
25	Sachkosten für Geschäftsräume	0,6	0,6	0,6	0,6	0,5	0,6	0,6	0,6	0,6	0,5
26	Kosten für Werbung	0,6	0,6	0,6	0,6	0,6	0,5	0,6	0,7	0,7	0,7
27	Gewerbesteuer	1,2	1,2	0,7	0,6	0,6	0,7	0,6	0,7	0,7	0,7
28	Kraftfahrzeugkosten	0,4	0,4	0,4	0,5	0,5	0,4	0,4	0,4	0,4	0,4
29	Zinsen für Fremdkapital	0,8	0,8	1	0,9	0,8	0,8	0,8	0,8	0,7	0,7
30	Zinsen für Eigenkapital	0,4	0,4	0,4	0,3	0,4	0,4	0,4	0,4	0,4	0,4
31	Abschreibungen	1,1	1,1	1,1	1,1	1,1	1,2	1,2	1,2	1,1	1,2
32	Alle übrigen Kosten	2,5	2,5	2,7	2,8	2,8	2,9	3,0	2,9	2,6	2,7
33	Gesamte Handlungskosten (Nr. 22 bis 32)	26,6	26,5	28,3	28,3	27,4	27,5	27,8	27,5	26,5	26,0
34	▬▬▬ (ohne Mehrwertsteuer)	28,7	28,3	28,0	28,1	28,1	28,1	27,9	27,5	27,3	27,0
35	Betriebswirtschaftliches Betriebsergebnis (34 minus 33)	2,1	1,8	-0,3	-0,2	0,7	0,6	0,1	-	0,8	1,0
36	Mehrwertsteuer-Inkasso	12,2	12,2	12,9	12,9	12,9	12,8	12,8	13,2	13,5	13,5

1) Ermittelt vom Statistischen Bundesamt.
2) Jahresumsatz zu Einstandspreisen dividiert durch den durchschnittlichen Lagerbestand zu Inventurwerten, d.h. zu Einstandspreisen ohne Abzug der aussortierten (zu vernichtenden) Waren und der Abschreibungen für schwerverkäufliche Waren. Den übrigen Lagervergleichszahlen liegen die Lagerbestände zu Bilanzwerten zugrunde.
3) Lageranfangsbestand plus Lagerendbestand dividiert durch 2.
4) Im Durchschnitt aller Berichtsbetriebe (Pacht ▬▬▬ und Nicht ▬▬▬). Nur im Durchschnitt der Pacht ▬▬▬:
1991=4,3%, 1992=3,8%, 1993=3,7%, 1994=3,7%, 1995=3,4%, 1996=3,2%, 1997=3,0%, 1998=3,0%,1999=2,7%, 2000=3,0%.

> Aufgabe zu Übersicht 21
> Finden Sie die zutreffende Überschrift und zu den übrigen geschwärzten
> Stellen die zutreffenden Begriffe.

Unter Verzicht auf die Wiedergabe der unbearbeiteten Ausgangstabelle sei die
Lösung kurz mitgeteilt: Die an den geschwärzten Stellen einzusetzenden Origi-
nalbegriffe lauten:

- Betriebsvergleichsergebnisse der Apotheken (Überschrift)
- qm Geschäftsraum (Lfd. Nr. 3)
- des Umsatzes nach Warengruppen (Lfd. Nr. 5)
- Umsatzwegen (Lfd. Nr. 6)
- je beschäftigte Person (Lfd. Nr. 12)
- Lagerumschlag (Lfd. Nr. 18)
- Durchschnittl. Lagerbestand (Lfd. Nr. 19)
- Durchschnittl. Lagerbestand (Lfd. Nr. 20)
- Betriebshandelsspanne (Lfd. Nr. 34)
- apotheken (dreimal in Anmerkung 4).

Wird eine ähnlich präparierte andere Tabelle für Übungszwecke in der AG-
Sitzung verteilt oder den Teilnehmern als Hausaufgabe mitgegeben, sollte auf
die Quellenangabe verzichtet werden, um Nachschlagen zu verhindern. Am
Ende der Sitzung oder bei der Diskussion der Lösungen in der nächsten Sitzung
muss dann die Quelle mitgeteilt und nachgetragen werden. Der Dozent muss
jedoch, wie immer beim Kopieren, auf Zulässigkeit der Kopie achten und ggf.
das Einverständnis des Verlags oder des Autors einholen.

7.3 Textrekonstruktion

Bei der Textrekonstruktion handelt es sich um eine lehrreiche, nützliche und
unterhaltsame Übung. Wie folgt ist vorzugehen: Der Dozent wählt einen fünf
bis zehn Seiten langen aktuellen Fachaufsatz mit möglichst starker Untergliederung und mit mehreren Zwischenüberschriften aus. Davon fertigt er – ohne
gegen das Copyright zu verstoßen – zwei Kopien an. Eine Kopie dient später als
Vergleichs- und Besprechungsunterlage. In der anderen Kopie werden die
Hauptüberschrift (Titel), der (die) Autorenname(n), die Zwischenüberschriften, eventuell auch die eine oder andere Überschrift von Tabellen sowie die
Fundstelle (Quellenangabe bzw. Name und Ausgabe der Zeitschrift, die meist
im Fuß der Seiten angegeben werden) unleserlich gemacht, d.h. entfernt, geschwärzt oder geweißt. An diesen Leerstellen bzw. unleserlichen Stellen wer-

den laufende Nummern eingetragen. Der so präparierte Kopien-Satz ist als *Übungsaufgabe* zu vervielfältigen und zur Aushändigung an die AG-Teilnehmer am Ende der Sitzung vorzubereiten.

Übersicht 22: Textrekonstruktion

3.3

Den wichtigsten Umbruch im Handel am Ende des 20. Jahrhunderts hat ohne Zweifel das *Internet* mit seinen zeit- und ortlosen Märkten ausgelöst. Nach stürmischen Erfolgen vor allem im elektronischen Handel mit Büchern und CDs und etwas weniger stürmischen e-commerce-Erfolgen des Versandhandels und der Warenhäuser sind die Urteile über das Umbruchpotenzial gespalten. Euphorische Prognosen für den elektronischen Handel, düstere Mutmaßungen über »Vertriebskannibalismus« oder gar über künftige »Entbehrlichkeit des stationären Handels« sorgen für Unruhe. Noch verweisen die Skeptiker zu Recht auf Hindernisse wie umständliche Website-Suche, relativ geringe Diffusion unter kaufkräftigen Bevölkerungsschichten, zusätzliche Kommunikations- und Transportkosten sowie unklares Kaufvertragsrecht und nicht restlos abgesicherten Zahlungsverkehr. Das wird sich bald ändern. Angezeigt sind differenziertere Urteile: Der stationäre Handel besitzt gegenüber dem Internet-Handel die besseren Karten in den Punkten Erlebniswert, soziale Interaktion, Beratung, Service, Umtausch und Lieferzeit. In den Punkten Preistransparenz, Bequemlichkeit und persönliche Sicherheit liegen Vorteile eher beim Internet-Handel, zumal er sich in Zukunft dank der WAP-Technologie zum »mobile commerce« entwickeln könnte. Der Kommunikation im Business-to-Consumer-Geschäft sind nur scheinbar keine *Grenzen* gesetzt. Tatsächlich liegen wirksame Grenzen in Struktur und Verhalten der Internet-Nutzer sowie in der physischen Distribution: logistische und kostenmäßige, international auch rechtliche Grenzen. Andererseits muss man sehen, dass sogar Hersteller von Massenprodukten via Internet in die ureigene Handelsdomäne des individualisierten Angebots eindringen werden. Man denke nur an die US-amerikanischen Beispiele der *Mass Customization*. Sie lässt sich leicht auf Internet-Technologie übertragen und wird einige Kaufkraft am Textileinzelhandel vorbei schleusen. Andere Branchen des traditionellen Handels verlieren heute schon Kaufkraft an Internet-Anbieter, vor allem durch Online-Auktionen, Power Shopping und Preisagenturen. Selbst für regional begrenzte Versorgung sind bereits kooperative Onlineshopping-Systeme in der Erprobung, wie z.B. das *Büroshopping per Intranet oder Home shopping*-Dienste. Für Klein und Mittelbetriebe eröffnen sog. *Affiliate Programs* hingegen neue Chancen. Dabei werden über Internet bestellte Artikel von dem Handelspartner ausgeliefert, den der Kunde am Ende der Internet-Bestellung selbst als ausführende Stelle definiert hat. – Wie immer sich e-commerce auswirken wird, zweierlei ist sicher:

1. Es wird zu *Umverteilungen* zu Gunsten des virtuellen Handels kommen, namentlich zu Gunsten der kommunikations und logistikerfahrenen Versandhäuser, und zu Ungunsten der stationären Handelsbetriebe, zumin-

dest derjenigen, die sich nicht auch am Internet-Handel beteiligen. Wer im stationären Handel die Umverteilungseffekte möglichst gering halten will, muss entweder auf profilierenden Service setzen oder selbst am Internet-Handel partizipieren, auch in Form von Internet-Kooperationen.

2. Das Internet wird ungemein viel *Kreativität und* ungemein rasch *neue Wettbewerber* generieren. Wenn der Handel nicht vor lauter Internet Ängsten erstarrt, sondern selbst kreativ in das Internet-Geschäft einsteigt, dann können sogar Kleinbetriebe als Global Players agieren!

Mit dem Wachstum der Unternehmen und Verbundgruppen des Handels gehen tief greifende Umstrukturierungen in der Aufbau- und Ablauforganisation einher, und zwar nicht nur für die Betriebe, sondern auch für die Kooperationen und für ganze Branchen oder Betriebsformen.

Auch wenn viele Organisationsprobleme im Handel über die Jahrzehnte hinweg dieselben geblieben sind, so stehen doch heute *richtungweisende Neuerungen* der betrieblichen Organisation im Vordergrund. Es seien nur erwähnt: Selbstorganisation des Managements, Wissensmanagement, EDVgestützte Handels- bzw. Management-Informationssysteme (HIS, MIS), partizipative und demokratische Führungsstile, Arbeiten mit Kennzahlen zur Raum- und Personalproduktivität, Optimierung der Tourenplanung oder EDV-gestützte Limitplanung. Mitunter werden industrielle Organisationskonzepte vom Handel übernommen, wie

z.B. Lean Management. Manche Konzepte werden von der Industrie initiiert, z.B. Vertragshandel, Depot-Systeme, z. T. auch Franchise-Systeme. Einige entwickeln sich im Zuge der zunehmenden vertikalen Kooperation, z.B. Vertragsvertrieb, Agentur und Kommissionsagentur-Systeme, EDI, Category Management oder Strategische Partnerschaften. Andere organisatorische Neuerungen sind originär, wie die Einführung von Spartenorganisation oder von I & K-Abteilungen, die Ausweitung von Profitcentern zu Investmentcentern oder die Einrichtung eines Beschwerdemanagements.

Eine in der Öffentlichkeit meist unterschätzte Rolle bei der Umwälzung des modernen Handels spielen seine zwischen- und überbetrieblichen Organisationen. Als zwischenbetriebliche Organisationen fungieren vor allem die Verbundgruppen. Aus den Einkaufsgenossenschaften sind längst »Fullservice-Genossenschaften« geworden. Auch die nichtgenossenschaftlichen Kooperationen entwickeln sich zu schlagkräftigen Marketing-Zentralen mit umfangreichen Dienstleistungspaketen für die Mitglieder. Aber auch die überbetrieblichen Organisationen begleiten die organisatorischen Umbrüche im Handel. Sowohl die 85 öffentlichrechtlichen Industrie- und Handelskammern und der Deutsche Industrie- und Handelstag (DIHT) als auch die Tarifpartner wirken an der wirschaftlichen und sozialen Neuordnung des Binnenhandels mit. Vor allem tragen rd. 1200 Wirtschaftsverbände mit ihrer Informations- und Beratungsarbeit zur gedeihlichen Neuorganisation der Handelsunternehmen bei. Dabei sind ...

Sofern genügend Platz vorhanden ist, setzt der Dozent den Wortlaut der Aufgabe in den Seitenkopf ein. Andernfalls wird er auf einem separaten Aufgabenblatt ausgedruckt. Übersicht 22 zeigt das Beispiel einer Übungsaufgabe, aus Platzgründen mit nur einer Seite Textauszug. Für die Examens-AG sollte ein vollständiger Aufsatz gewählt werden. Ein Auszug (im Beispiel aus Schenk 2000c, S. 347) ist schwerer zu verstehen als ein vollständiger Aufsatz. Daher müssen der Aufgabe ergänzende Kontextinformationen mitgegeben werden. Die um Verständnishinweise ergänzte Aufgabe könnte beispielsweise lauten:

Aufgabe zu Übersicht 22

Formulieren Sie Zwischenüberschriften für die Stellen 1 bis 4 und versehen Sie die Stellen 2 bis 4 mit Gliederungsziffern (nach dem numerischen System).

Hinweis: In der Abhandlung wurden *vor* dem Auszug die Teile „2 Ökonomische Umbrüche" und „3 Technologische Umbrüche", zuletzt „3.2 Modernisierung und Technisierung", dargestellt. Dem Auszug folgen „5 Informatorische Umbrüche" und „Ausblick".

Im günstigeren Fall der Rekonstruktion eines ungekürzten Übungstextes bietet es sich an, die Aufgabenstellung zur Textrekonstruktion etwas zu erweitern, beispielsweise um die 3. und 4. Frage in der folgenden Musteraufgabe:

Musteraufgabe zur Textrekonstruktion

– Entwerfen Sie für die geschwärzten/geweißten Stellen/für jede Ziffer möglichst zutreffende Haupt- und Zwischenüberschriften (und ggf. Tabellenüberschriften).

– Formulieren Sie für die geschwärzten/geweißten Stellen je eine wissenschaftliche und eine populäre Haupt- und Zwischenüberschrift.

– Von wem könnte der Aufsatz Ihrer Meinung nach stammen?

– In welcher Zeitschrift könnte der Aufsatz erschienen sein?

Erarbeiten Sie Ihre Lösungsvorschläge ohne fremde Hilfe und ohne Abstimmung mit Kommilitonen. Bringen Sie Ihre Lösungsvorschläge zur nächsten Sitzung der Examens-AG mit.

Diese Übung ist *didaktisch wertvoll*, weil sie zwei Fliegen mit einer Klappe schlägt: Zum einen liest jeder studentische AG-Teilnehmer den Text zwangsläufig konzentriert und lernt dabei etwas Neues aus dem eigenen Fach. Zum anderen muss er passgenaue Überschriften finden, d.h. er übt das Gliedern gleichsam retrograd und lernt die innere Struktur eines vorgegebenen Texts zu analysieren. Werden in der Folgesitzung die verschiedenen Lösungsvorschläge mit den Originalformulierungen verglichen, kann jeder Student dann genau ermessen, wie nah er der Vorlage gekommen ist. Dabei kann es durchaus vorkommen, dass ein studentischer Formulierungsvorschlag prägnanter ausfällt als die Originalformulierung im Muster-Aufsatz. Dies ist namentlich bei populärwissenschaftlichen Aufsätzen festzustellen, die nicht unbedingt von Experten redaktionell bearbeitet wurden. Die Doppelaufgabe, je eine „wissenschaftliche (möglichst exakte, ggf. schwierige) und eine „populäre" (griffige, leicht verständliche) Überschrift zu formulieren, ist eine durchaus nützliche Stilübung. Wenn die Studenten beide Stilvarianten kennen gelernt haben, ist ihr Urteil in dieser Hinsicht geschärft. Das kommt nicht nur ihrer eigenen Examensarbeit zugute, sondern sie vermögen künftig auch die Qualitätsabstufungen zwischen reißerischen, auffälligen oder sachlichen Überschriften in Zeitungen und Zeitschriften gut einzuschätzen. Die beiden Fragen nach mutmaßlichem Autor und mutmaßlicher Quelle haben allerdings nur Sinn, wenn beides relativ nahe liegt. Sie sollten entfallen, wenn die Studenten mit der Beantwortung überfordert wären.

Streng genommen handelt es sich bei dem bisher erörterten Verfahren um eine Überschriftenrekonstruktion. Bei der Textrekonstruktion im wörtlichen Sinne wäre ein fortlaufender Text analog zu behandeln, d.h. es müssten ausschließlich oder zusätzlich einzelne Textstellen geschwärzt oder geweißt und mit laufenden Nummern versehen werden. Für die *missing links* müssten dann passende Formulierungsvorschläge eingeholt und mit den ursprünglichen Formulierungen verglichen werden. Auf Beispiele kann hier verzichtet werden; denn zur Lernzielerreichung speziell in der Examens-AG ist, namentlich im Hinblick auf Gliederungslogik und Überschriftenpräzision, die Überschriftenrekonstruktion zweifellos ergiebiger.

Zum Abschluss der Sitzung ist den Studenten je eine Übungsaufgabe zur Textrekonstruktion als Hausaufgabe auszuhändigen. Ihre Lösungsvorschläge sind zur nächsten Sitzung mitzubringen. Für den Fall, dass der Dozent sie dann nicht besprechen und mit den ursprünglichen Formulierungen vergleichen will oder kann, sollte er auf jeden Fall von der ersten Kopie mit Quellenangabe eine entsprechende Anzahl ausgedruckt vorhalten und sie den Studenten zum selbstgesteuerten Lernen aushändigen. Nachhaltiger und lehrreicher für alle AG-Teilnehmer – im Übrigen auch amüsanter – ist freilich die gemeinsame Vergleichsdiskussion. In ihr kann die Originalität im Praktischen am besten unter Beweis gestellt werden.

Merksatz

Wählen Sie zur Text- bzw. Überschriftenrekonstruktion einen interessanten Kurztext mit möglichst vielen und relativ unpräzisen Zwischenüberschriften aus. Der Vergleich der (präziseren) Lösungsvorschläge wird die Studenten besonders motivieren.

Merksatz

Fragen Sie Ihren Dozenten, ob Sie ihm Ihre vorläufige Gliederung als E-Mail-Anhang zur Durchsicht schicken dürfen (und nach Überarbeitung auch die verbesserte Version). Willigt er ein und schickt er sogar Verbesserungsvorschläge zurück, dann ist seine „genehmigte", wenn auch nicht bewertete Gliederung, die halbe Miete!

Achte Lektion
Praktische Übungen (II)

> Es ist nicht genug zu wissen,
> man muss auch anwenden.
>
> (Johann Wolfgang von Goethe)

Nach kurzer Besprechung der Hausaufgabe aus der vorangegangenen Sitzung wird in der Achten Lektion der Schwerpunkt auf Fragen der Forschung gelegt. Zwar hat der Bearbeiter einer Examensarbeit nicht in erster Linie eine Forschungsaufgabe zu lösen im Sinne der Gewinnung neuer Erkenntnisse. Wer jedoch – wie jeder Examenskandidat – den Nachweis zu erbringen hat, ein Problem seines Faches selbstständig nach wissenschaftlichen Methoden lösen zu können, sollte auch einen Überblick über die wichtigsten Methoden der Forschung in seinem Fach haben. Überdies sollte er spätestens in der Endphase seines Studiums neuere Forschungsergebnisse seines Fachs kennen lernen und ein Konzept für die Anwendung einer Forschungsmethode, das Forschungsdesign, an einer einfachen Aufgabe selbst entwickeln.

8.1 Vergleich der Lösungen zur Textrekonstruktion

Zu Beginn der Siebten Lektion unterbreiten die Studenten ihre Lösungsvorschläge zu der in der letzten Sitzung aufgegebenen Hausaufgabe. Sie sind untereinander und mit der Originalfassung zu vergleichen. Dazu tragen alle AG-Teilnehmer der Reihe nach zunächst ihren Lösungsvorschlag zu Laufnummer 1 vor, in der zweiten Runde zu Laufnummer 2 usw. Erfahrungsgemäß haben die meisten Studenten anfangs einige Hemmungen zu überwinden. Niemand möchte sich eine Blöße geben. Das ist die Kehrseite des sportlich anmutenden Vergleichs. Da jedoch keine individuelle Bewertung oder gar eine Note droht, wird man sich alsbald gern dem spielerischen Vergleichswettbewerb stellen. Verständlicherweise möchte jeder Student das Ergebnis schwarz auf weiß nach Hause tragen. Dazu bestehen zwei Möglichkeiten:

– Alle Studenten notieren die Originalformulierungen selbst und tragen die Quellenangabe nach, was ihnen zu Beginn des Vergleichs nahe gelegt werden sollte.

– Der Dozent bereitet eine ausreichende Anzahl von Kopien des Originaltexts vor und jeder Student erhält einen Kopiensatz.

8.2 Ausgewählte Methoden und Werkzeuge der empirischen Forschung

In Anbetracht der Fülle von Forschungsmethoden und -werkzeugen der empirischen Wirtschafts- und Sozialforschung versteht es sich von selbst, dass diese in der zeitlich begrenzten Examens-AG, dazu nur in einer Sitzung, nicht umfassend vermittelt werden können. Mit der doppelten Zielsetzung, dem Dozenten ein Beispiel für den Sitzungsablauf zu geben und die Studenten zum selbstgesteuerten Lernen zu veranlassen, wird in Übersicht 23 in sieben Schritten ein Muster für eine „Forschungssitzung" aus dem BWL-Fachgebiet Handel/Absatz/Marketing angeboten. Es kann für beliebige andere Fachgebiete modifiziert werden.

Lehrwerke zur wissenschaftlichen Forschung einschließlich methodologischer Fragen füllen ganze Bibliotheken. Selbst zu engeren wirtschaftswissenschaftlichen Forschungsgebieten, wie z.b. Statistik oder Marktforschung, existieren Hunderte von Lehrbüchern und Nachschlagewerken. Zur Vermittlung auch nur eines kursorischen Überblicks über die wichtigsten Forschungsmethoden und -objekte seines Fachs muss der Dozent daher eine geschichtete Auswahl treffen. Sie wird zweckmäßigerweise nach der Methode der abnehmenden Abstraktion angelegt: Zunächst gilt es, einige allgemeine Forschungsmethoden und -werkzeuge auszuwählen; sodann sind daraus spezielle, für das eigene Fachgebiet relevante Forschungsmethoden und Anwendungsbeispiele herauszufiltern. Die Auswahl verlangt dem Dozenten einiges Geschick ab; denn die knappe Zeit einer AG-Sitzung reicht nur für wenige Methoden und Beispiele. Diese sollten möglichst lehrreich und praktisch anwendbar sein. Der Dozent hat die Wahl, seine Methoden- und Beispielauswahl als Papiervorlagen (Kopien) an die AG-Teilnehmer zu verteilen oder für jede Übersicht eine Klarsichtfolie für den Overhead-Projektor anzufertigen und diese in der Sitzung durchzusprechen. Die Kopien-Verteilung ist für die Examens-AG vorzuziehen, da Folien-Projektionen die Teilnehmer leicht zu zeitraubender Mitschrift veranlassen – eine ihre Konzentration beeinträchtigende Mehrarbeit.

Übersicht 23: Ablauf einer „Forschungssitzung"
(dargestellt am Beispiel der Handelsmarktforschung)

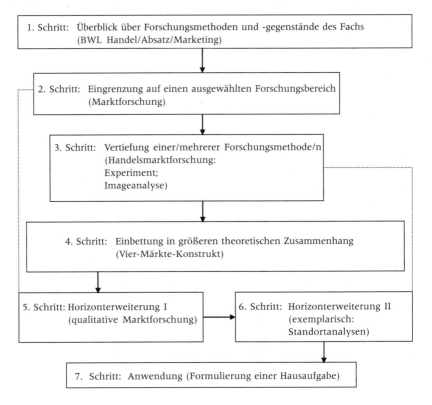

1. Schritt: Überblick über Forschungsmethoden und -gegenstände des Fachs
(BWL Handel/Absatz/Marketing)

2. Schritt: Eingrenzung auf einen ausgewählten Forschungsbereich
(Marktforschung)

3. Schritt: Vertiefung einer/mehrerer Forschungsmethode/n
(Handelsmarktforschung:
Experiment;
Imageanalyse)

4. Schritt: Einbettung in größeren theoretischen Zusammenhang
(Vier-Märkte-Konstrukt)

5. Schritt: Horizonterweiterung I
(qualitative Marktforschung)

6. Schritt: Horizonterweiterung II
(exemplarisch:
Standortanalysen)

7. Schritt: Anwendung (Formulierung einer Hausaufgabe)

1. Schritt: Die Forschungssitzung wird zweckmäßigerweise mit einem allgemein-abstrakten Überblick über *Forschungs-methoden* und *typische Forschungsgegenstände* des eigenen Fachgebiets eröffnet. (Übersicht 24) Er dient nur als Einstimmung, als erster Schritt auf dem didaktischen Weg von theoretischer Abstraktion zu praktischer Konkretisierung und Anwendung und sollte aus Zeitgründen nicht allzu detailliert erörtert werden. (Auf eine nähere Erörterung sei auch in diesem Ratgeber verzichtet). Die genannten Beispiele sind im Übrigen weitgehend selbsterklärend. Indes stehen dem Dozenten mehrere Nutzungsmöglichkeiten offen: Er kann eine Methode oder ein Beispiel für nähere Erläuterungen herausgreifen. Er kann sich auf die Beantwortung von Verständnisproblemen und Fragen der Studenten beschränken. Oder er kann die AG-Teilnehmer bitten, zu der einen oder anderen Methode weitere Beispielobjekte zu finden.

Übersicht 24: Methoden und ausgewählte Objekte der Handelsforschung

Methoden (approaches)	Forschungsobjekte
Warenanalyse (*commodity approach*)	Warengruppierungen; Artikelnummerierung; Marken; Typen, Normen, Güteklassen; Warentests; Warenkennzeichnung; Garantie; Wege, Kosten, Preise und Spannen einzelner Waren (Seyffertsche Distributionsketten); DPR/DPP
Funktionenanalyse (*functional approach*)	Erklärung der Aufgaben und Leistungen des gesamten Binnenhandels und/oder des Außenhandels und/oder einzelner Wirtschaftsstufen
Institutionenanalyse (*institutional approach*)	Beschreibung, Zählung und Erklärung der Institutionen des Handels, ihrer Struktur und ihrer Dynamik; Betriebsformen
Morphologie	Handelsstrukturen (Größenverteilung, räumliche Verteilung; Kooperationsformen; Betriebstypen)
Katallaktik	Dynamik der Betriebsformen; Dynamik der Kooperation und Konzentration; Logistik; Diversifizierung; Rationalisierung; Personaleinsatzplanung; Warenwirtschaftssysteme; Finanz- und Finanzierungsplanung
Klassifikation	Handelsstatistik; Artikelnummerierung; Betriebsvergleich; Kontenrahmen
Typologie	Betriebsformen (Betriebstypen); Kundentypen (psychografische Absatzmarkt-Segmente); Unternehmertypen; Kooperationsformen
Demoskopie	Lieferanten-, Konkurrenten-, Mitarbeiter- und Kundenbefragung
Ökoskopie	Handelscontrolling; Kennzahlen; KER; betriebliche Statistik; Passantenzählung; Couponrücklauf; Katalogbestellungen; Web-Zugriffe
Entscheidungsanalyse (Aktionsanalyse)	Planung, Realisierung und Kontrolle des taktischen und strategischen Handelsmarketings; Analyse und Verbesserung der Unternehmerentscheidungen; Aufbau- und Ablauforganisation; Benchmarking; EDI; ECR
Verhaltensorientierter Ansatz (*behavioral approach*)	Lieferanten-, Konkurrenten- und Kundenverhalten; Testkauf; Kundenlaufstudien; Preis- und andere Elastizitäten; individuelle und vergleichende Imageanalysen; Personalmotivation, Arbeitsfreude; Kundenbindung
Kybernetischer Ansatz	Interne und externe Entscheidungsabläufe als Regelkreis; Märktereaktionen als Rückkopplung; Managementinformationssysteme; *efficient replenishment*
Ökologieansatz	Bio-Sortiment; Ladenmobiliar; ergonomische Arbeitsplätze; Energiesparmaßnahmen

Historisch-soziologische Analyse	Standortqualitäten; Kundenschichten (demografische Segmentierung); Firmengeschichte; Betriebsformenentwicklung; Technik-Entwicklung
Psychologische Analyse	Firmenwahl; Ladenatmosphäre; psychotaktisches und -strategisches Handelsmarketing; Ladendiebstahl; Firmentreue, Markentreue; Kundenbindung
Ordnungstheoretische Analyse	Kompatibilitätsanalyse von handelspolitischen Zielen und Maßnahmen mit Ordnungsrahmen des Wirtschaftssystems
Ethisch-normative Analyse	Firmenkultur, Umweltbewusstsein; Mitarbeiterführung und -schutz; Führungsgrundsätze; Sittenwidrigkeit und Irreführung; Manipulation
Modelltheoretische Analyse	Mathematische Entscheidungsmodelle (Markoff-Ketten, Monte-Carlo-Methode, Entscheidungsbaumanalyse, Tourenplanung, Warteschlangen-Modelle); Prognosen; dynamische Investitionsrechnung
Simulation	Fallstudien; Planspiele; Verkäufertraining; programmierte Unterweisung
Experiment	Feldexperiment, Laborexperiment; Produkttest; Preistest; Testladen; Platzierungstest

Quellen: Eigene Zusammenstellung des Vf. in Anlehnung an Schenk, Hans-Otto: Handelsforschung, in: Falk, Bernd R./Wolf, Jakob (Hrsg.): Das große Lexikon für Handel und Absatz, 2. Aufl., Landsberg 1982, S. 311–314. Zu Methoden 1.–3. und 10. vgl. auch Barth, Klaus: Betriebswirtschaftslehre des Handels, 4. Aufl., Wiesbaden 1999, S. 14–19.

Im *2. Schritt* sollte die Eingrenzung auf *einen* Forschungsbereich des eigenen Fachs erfolgen. Exemplarisch wird hier der Bereich „Marktforschung" ausgewählt, der anschließend für die spezielle Handelsmarktforschung modifiziert werden soll. Wie die Übersicht 25 erkennen lässt, verbergen sich hinter dem ausgewählten Forschungsbereich zahlreiche Entscheidungsfelder. Sie können und sollen in dieser Sitzung nicht im einzelnen durchgesprochen werden. (Ökonomen sollten ohnehin mit den meisten Verfahren und Methoden der Datenerhebung und Datenauswertung vertraut sein. Auf weitere Entscheidungsfelder, wie Datenaufbereitung und -präsentation, wurde verzichtet). Gedacht ist diese Übersicht vielmehr als Prüfliste, auf die jeder AG-Teilnehmer bei der Übungs-Hausaufgabe zurückgreifen kann.

Es bleibt dem Dozenten überlassen, welche Teile er im Hinblick auf eine Hausaufgabe zum Forschungsdesign vertiefend und/oder erläuternd behandeln will. Mit diesem zweiten Schritt werden jedenfalls die Weichen für das weitere Vorgehen gestellt. Genauso gut könnte aus der ersten Übersicht der *approach* Warenanalyse herausgegriffen werden und beispielsweise zur weiteren Behandlung des Markenwesens führen. Oder der *behavioral approach* könnte zum Ausgangspunkt für die weitere Behandlung von Fragen der Kundengewinnung und Kundenbindung ausgewählt werden.

Übersicht 25: Entscheidungsfelder der Marktforschung

Forschungsprinzip
1. Sekundärforschung (Rückgriff auf vorhandenes Datenmaterial; *desk research*)
2. Primärforschung (Erhebung originären Datenmaterials; *field research*)

Verfahren der Primärforschung
1. Totalerhebung (Probleme: Kosten, Zeit, Organisation)
2. Auswahl- oder Stichprobenerhebung (Problem: Sicherstellung der Stichproben-Repräsentativität: Eine Teilmasse ist repräsentativ, wenn sie in der Verteilung aller interessierenden Merkmale deren Verteilung in der Gesamtmasse entspricht, d. h. ein verkleinertes, aber sonst wirklichkeitsgetreues Abbild der Grundgesamtheit (GG) darstellt.)
 2.1 Randomverfahren: Zufallsgesteuertes Auswahlverfahren. Beispiel: Urnenmodell mit schwarzen und weißen Kugeln. Schon nach wenigen Ziehungen (= Stichprobe ohne Zurücklegen) lässt sich tendenziell das Verhältnis von schwarzen zu weißen Kugeln, das in der GG besteht, feststellen.
  2.1.1 Einfache Zufallsauswahl: uneingeschränkte Zufallsauswahl, systematische Auswahl, Schlussziffernverfahren, Buchstabenauswahl- und Geburtstagsverfahren
  2.1.2 Zwei- und mehrstufige Zufallsauswahl: Geschichtetes Stichprobenverfahren, Klumpenstichprobenverfahren
 2.2 Quoten- oder Quotaverfahren: Bewusstes Auswahlverfahren: GG wird prozentual gegliedert nach (soziodemografischen) Merkmalen, die für den Untersuchungszweck relevant sind.
 2.3 Konzentrationsverfahren: Bewusstes Auswahlverfahren: Aus der GG kommen nur Elemente in die Auswahl, die hinsichtlich des Untersuchungsziels besonders bedeutend sind. Häufig verwendet bei Untersuchungen im Zeitvergleich.
 2.4 Typische Auswahl: Bewusstes Auswahlverfahren: Untersuchung von Einzelfällen, die vom Untersuchenden als typisch angesehen werden.

Methoden und Methodenelemente der Primärforschung
1. Befragung: Kommunikationsweise: schriftlich/mündlich, telefonisch/elektronisch; Standardisierungsgrad: frei/standardisiert; Bewusstseinsgrad: offen/projektiv; Gegenstand: Ein-/Mehrthemenbefragung („Omnibus-Befragung"); Aufzeichnungsweise: persönlich/mechanisch/elektronisch; Probandenauswahl: Individuen/Haushalte/Unternehmen; Häufigkeit: Einmal-/Mehrfachbefragung.
2. Beobachtung: Methode: teilnehmend/nicht-teilnehmend; Kommunikationsweise: optisch/akustisch; Standardisierungsgrad: frei/standardisiert; Bewusstseinsgrad: offen/biotisch; Aufzeichnungsweise: persönlich/mechanisch/elektronisch; Informationssubjekt: Konsument/Handelsunternehmer; Häufigkeit: Einmal-/Mehrfachbeobachtung.

3. Experiment: Methode: Feld-/Laborexperiment; Informationsobjekt: Produkt, Markt; Situation: kontrolliert/manipuliert;
4. Panelforschung: Informationssubjekt: Verbraucher/Handel (Distributionspanel); besondere Probleme: Panelsterblichkeit (Panelmortalität)/Paneleffekt.

Verfahren der Datenauswertung
1. Univariate Verfahren: Häufigkeitsverteilungen, Mittelwerte, Streumaße, Index-zahlen.
2. Bivariate Verfahren: zweidimensionale Regressionsanalyse, Korrelationsanalyse, Chi-Quadrat-Analyse.
3. Multivariate Verfahren
    3.1 Analyse von Abhängigkeiten (Dependenzanalyse)
        3.1.1 Kontingenztafel
        3.1.2 Multiple Regressionsanalyse
        3.1.3 Varianzanalyse
        3.1.4 Diskriminanzanalyse
        3.1.5 Kontrastgruppenanalyse
        3.1.6 conjoint measurement
    3.2 Analyse von Zusammenhängen (Interdependenzanalyse)
        3.2.1 multiple Korrelationsanalyse
        3.2.2 Bestimmtheitsmaß
        3.2.3 Faktorenanalyse
        3.2.4 Clusteranalyse
        3.2.5 multidimensionale Skalierung
        3.2.6 Kausalanalyse

Quellen: Weis, Christian/Steinmetz, Peter: Marktforschung, 4. Aufl., Ludwigshafen 2000, und Froböse, Michael/Kaapke, Andreas: Marketing. Eine praxisorientierte Einführung mit Fallbeispielen, Frankfurt/New York 2000.

Für den *3. Schritt* eignet sich die exemplarisch-vertiefende Behandlung einer oder mehrerer ausgewählter Forschungsmethoden. Zur Veranschaulichung seien an dieser Stelle zwei Forschungsmethoden herausgegriffen: das Experiment und die Imageanalyse als Beispiel für den verhaltenstheoretischen Ansatz. Nach Klärung der Begriffe

– Experiment (kontrollierte empirische Messung der Auswirkung eines geänderten isolierten Faktors, der unabhängigen Variablen U, auf einen anderen Faktor, die abhängige Variable A. Dabei ist auf die mögliche Existenz komplexerer Situationen – z.B. Auswirkung auf mehrere abhängige Variablen A_1 bis A_x oder das Eintreten der Wirkung bei A unter der Bedingung zwischen U und A tretender intervenierender Variablen X, Y, Z – hinzuweisen.) und
– Imageanalyse (Untersuchung der Einstellungen einer Mehrheit von Probanden zu einem Meinungsgegenstand)

kann ihre Bedeutung fachbezogen, etwa für die Führung eines Filialunternehmens, problematisiert werden. Bewährte und aufschlussreiche *tools* sind hierfür einerseits die Profilanalyse (Übersicht 26), andererseits das Experiment vom Typ EBA/CBA (Übersicht 27).

Übersicht 26: Vergleichende Imageanalyse mit Hilfe von Polaritätenprofilen (Semantische Differentiale)

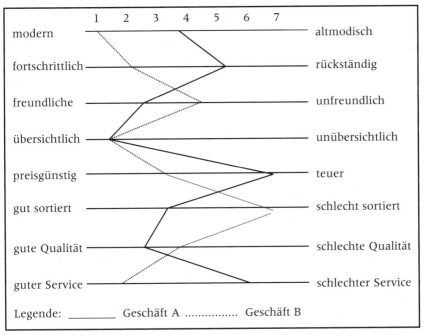

Legende: _____ Geschäft A .... Geschäft B

Beispiel für die Berechnung des Skalenpunkts für das Item
„gut sortiert/schlecht sortiert" (Gesch. A):

Fälle (Häufigkeiten)
| 20 | 36 | 48 | 30 | 10 | 7 | 2 | Summe: 153 |
gewichtete Skalenwerte
| 20 | 72 | 144 | 120 | 50 | 42 | 14 | Summe: 462 |

Skalenpunkt 462 : 153 = 3,02

Quellen: Unterrichtsunterlage des Vf. Vgl. hierzu auch Falk, Bernd/Wolf, Jakob: Handelsbetriebslehre, 11. Aufl., Landsberg 1992, S. 199–203, und Müller-Hagedorn, Lothar: Der Handel, Stuttgart-Berlin-Köln 1998, S. 214–216.

Die Funktionsweise der (vergleichenden) Imageanalyse, ihre Bestandteile – Auswahl und Anzahl der semantischen Differentiale mit kognitiven und affektiven Begriffspaaren, Spannweite der Bewertungsskala, Links-Rechts-Mischung der Begriffspaare bei der Erhebung (Gleichrichtung für die Auswertung), Subimages (Preisimage, Sortimentsimage usw.) –, die Arbeitsschritte und der Rechengang (zur Ermittlung der Durchschnittsskalenpunkte) sind kurz zu erläutern.

Ebenfalls (oder alternativ) sind die Funktionsweise und die Bestandteile des EBA/CBA-Experiments – zwei Probandengruppen, zwei Zeitpunkte bzw. Zeiträume des Faktoreinsatzes – kurz darzulegen. Dabei sollte deutlich werden, dass das EBA/CBA-Experiment im Vergleich zu den anderen beiden Experiment-Typen zu besseren Messergebnissen führt. Denn es ist geeignet, eine um sonstige Einflüsse (z.B. Markttrends) bereinigte, also zuverlässigere Faktorwirkung zu ermitteln. Praktische Beispiele mögen die AG-Teilnehmer zu analogen oder gänzlich neuartigen (Gedanken-)Experimenten anregen.

Übersicht 27: Experiment-Grundtypen der Handelsmarktforschung

Typ	Messzeitpunkt/ -zeitraum	Messergebnis für die Experimentgruppe E	Messergebnis für die Kontrollgruppe C	Faktorwirkung
EBA	B	x_0	–	
	A	x_1	–	$x_1 - x_0$
EA / CA	B	–	–	
	A	x_1	y_1	$x_1 - y_1$
EBA / CBA	B	x_0	y_0	
	A	x_1	y_1	$(x_1 - x_0) - (y_1 - y_0)$

Legende: B = Before (Messung vor der Wirkung des Faktors), E = Experimental (group), A = After (Messung nach der Wirkung des Faktors), C = Control (group)

Quelle: In Anlehnung an Weis, Hans Christian/Steinmetz, Peter: Marktforschung, 4. Aufl., Ludwigshafen 2000, S. 153; der sinnarme vierte Typ CB/EA wurde weggelassen.

4. Schritt: Sind die AG-Teilnehmer mit solchen Fachkenntnissen vertraut gemacht, kann der Dozent das soeben erworbene (oder wiedererworbene) praktische Wissen im vierten Schritt für spezielle Handelsmarktforschung modifizieren und in einen größeren theoretischen Zusammenhang einbetten. Der Verfasser hat zu diesem Zweck sein „Vier-Märkte-Konstrukt" herangezogen. (Übersicht 28)

Übersicht 28: Teilgebiete der Handelsmarktforschung...
(Präferenzverfahren der Primärforschung kursiv)

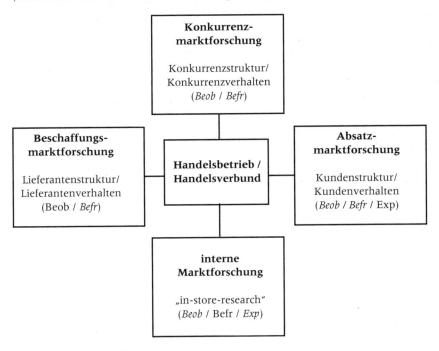

... und ihre Besonderheiten:

- Vier-Märkte-Problematik („Märkteforschung")
- Höherer Komplexitätsgrad (u.U. Tausende von Artikeln des Sortiments)
- Ausgeprägte Märktedynamik (Erfordernis rascher Reaktion)
- Teilweise arteigene Analysemethoden (Coupons, „Frage-Karten", Beschwerdemanagement; betriebliche und innerbetriebliche Standortanalysen u.ä.)

Quelle: Eigene Unterrichtsvorlage des Vf. in Anlehnung an Schenk, Hans-Otto: Marktwirtschaftslehre des Handels, Wiesbaden 1991, S. 109–114.

Dieser theoretische Ansatz erklärt auf anschauliche Weise, dass jedes Handelsunternehmen (und jede Zentrale von Verbundgruppen des Handels) auf vier
Märkten aktiv und reaktiv tätig sein muss: nicht nur auf Absatzmärkten, auf die
sich das Marketing traditionellerweise beschränkt, sondern auch auf Be-
schaffungs- und Konkurrenzmärkten sowie auf dem internen Markt (den eigenen vier Wänden sozusagen). Wendet man den Vier-Märkte-Ansatz auf die
Marktforschung der Handelsunternehmen an, wird ersichtlich, dass die
Handelsmarktforschung tatsächlich vier separate Marktforschungsfelder um-
fasst, die z.T. mit spezifischen Instrumenten erkundet werden: Absatz-, Be-
schaffungs-, Konkurrenz- und interne Marktforschung. Auf diesen vier
Feldern besitzen die drei Verfahren der Primärforschung (Befragung, Beobachtung, Experiment) unterschiedliches Gewicht. Das höhere Gewicht ist in Übersicht 28 jeweils durch Kursivschrift angedeutet. Für diesen 4. Schritt spricht
außer dem sachlichen der pädagogische Gehalt. Denn er vermittelt außer Sach-
wissen auch eine nützliche Denkschulung im Hinblick auf die Examensarbeit.
Die Studenten können

– die Aufbauorganisation der einzelnen Schritte nachvollziehen,
– ihr Urteil für Gleich-, Über- und Untergeordnetes schärfen und
– das Beispiel auf seine Eignung für einen Exkurs hin überprüfen.

Der *5. Schritt* gilt einer ersten Horizonterweiterung. Den AG-Teilnehmern wird
vermittelt, dass über die bisher angesprochenen Methoden der quantitativen
(Handels-)Marktforschung hinaus auch Methoden der qualitativen (Han-
dels-)Marktforschung eingesetzt werden können. In Übersicht 29 werden dazu
ausgewählte Verfahren der psychologischen Marktforschung zusammengestellt. Die Kurzerklärungen („Vorgehensweise") erübrigen eine ausführliche
Besprechung. Der Eindruck von der Methodenvielfalt stellt sich von selbst ein.

Merksatz

Bei den hier behandelten Methoden handelt es sich um anwendungsbezo-
gene materielle Methoden der betriebswirtschaftlichen Forschung. Nicht
weniger wichtig ist die Kenntnis der unterschiedlichen methodischen und
inhaltlichen Grundkonzeptionen oder Ansätze (*approaches*) der Betriebswirtschaftslehre. Die wichtigsten zehn bis zwölf Grundkonzeptionen (fak-
tortheoretischer Ansatz, entscheidungstheoretischer Ansatz, Systeman-
satz, Marketingansatz, Arbeitorientierte Einzelwirtschaftslehre, Ökologie-
ansatz usw.) kann der Dozent als Lehrstoff vortragen oder ihre Kurzdar-
stellung – zweckmäßigerweise arbeitsteilig – als Hausaufgabe vergeben.

Übersicht 29: Projektive und assoziative Verfahren der Markt- und Imageforschung

Projektions-/Assoziationsverfahren	Vorgehensweise
Einfache projektive Fragestellung	Beziehung des Frageinhalts auf anonyme Bezugsperson
Einkaufslisten-Test	Proband soll die Person beschreiben, die bei den Firmen X,Y,Z die aufgelisteten Waren kauft.
Fragenverallgemeinerung	Bei erwarteten Prestige-Antworten oder Antwortverweigerung: Wo würde die Allgemeinheit einkaufen?
Rosenzweig-Test	Comic-Strip mit zwei sich unterhaltenden Personen; eine Sprechblase muss vom Probanden ausgefüllt werden.
Foto- od. Personenzuordnungstest	Vorlage verschiedener Personentypen auf Fotos; Proband beschreibt typische Einkaufsquelle.
Firmenpersonifizierung	Vorlage von Bildern verschiedener Konsumententypen und Firmennamen: „Wo würden diese Personen einkaufen?"
Symbolzuordnungs-Test	Symbole, Gegenstände, Farben sollen Firmen zugeordnet werden.
Thematischer Apperzeptions-Test (TAT)	Bildervorlage mit Situation z.B. in einem Geschäft; der Proband soll eine Geschichte dazu erzählen (Entstehung, weiterer Ablauf?)
Zeichentest	Freies Zeichnen eines Symbols für die zu untersuchende(n) Firma (Firmen)
Zitatzuordnungs-Test	Vorlage von typischen Äußerungen verschiedener Personen; diese sind dann als Kunde oder Nichtkunde bestimmten Geschäften zuzuordnen.
Freie Assoziation	Proband soll auf ein Stichwort hin frei assoziieren.
Gelenkte Assoziation	Proband wird in seinen Assoziationen gelenkt.
Lücken-Test	Proband muss Lücken in vorformuliertem Text ausfüllen.
Satzergänzungstest	In Bildvorlage sind unvollständige Sätze durch den Probanden zu ergänzen.
Zuordnungstest	Proband muss zwei Variablenlisten einander zuordnen, z.B. Firmennamen und Eigenschaften.

Quelle: Eigene Unterrichtsunterlage des Vf. in Anlehnung an Kamenz, Uwe: Marktforschung, Stuttgart 1997, S. 117–124.

Der 6. *Schritt* bietet eine zweite Horizonterweiterung. Es wird eine der im 4. Schritt erwähnten Besonderheiten der Handelsmarktforschung exemplarisch dargelegt: hier die betrieblichen und die innerbetrieblichen Standortanalysen des Handels. Übersicht 30 enthält die wichtigsten Verfahren der betrieblichen Standortanalyse und ihre Hauptvertreter, Übersicht 31 die wichtigsten Verfahren der innerbetrieblichen Standortanalyse. Dabei kann hier auf nähere Quellenangaben verzichtet werden. Im Übrigen könnte auch eine andere Besonderheit zur vertieften Behandlung herausgegriffen werden. Beispielsweise wäre mit dem höheren Komplexitätsgrad der *in-store-research* der weitere Weg, etwa zu Problemen und Messverfahren bei Verbundkäufen, vorgezeichnet.

Übersicht 30: Verfahren zur Analyse des betrieblichen Standorts

Analyseverfahren	Hauptvertreter der Fachliteratur
Schwerkraftgesetz oder Gravitationsgesetz des Einzelhandes, *law of retail gravitation*	William J. Reilly, Paul D. Converse, David L. Huff, Manfred Kotschedoff
Agglomerationsgesetz	Richard Nelson, Karl Christian Behrens
customer-spotting-Technik	William Applebaum, Jakob Wolf
Kreismethode, Polygonmethode	August Lösch, Gerhard Curdes, Ernst Nauer
Zeitdistanzmethode	Ernst Nauer
ökonometrische Methode, Isowahrscheinlichkeitslinien	Ursula Hansen/Joachim Algermissen
Zonographverfahren	K.N. Rist, Ernst Nauer
Befragung	Bernd Falk/Jakob Wolf
Beobachtung	Ernst Nauer
Analogieverfahren	Jakob Wolf
scoring-Methode, „Standortkalkulation", *checklist*-Methode	Karl Christian Behrens, Lothar Müller-Hagedorn, Bruno Tietz
Investitionsrechnungsverfahren	Bernd Falk/Jakob Wolf, Bruno Tietz
Profilanalyse	Paul Wotzka, Ursula Hansen/Joachim Algermissen
Spieltheoretische Verfahren	Hans-Peter Liebmann

Quelle: Zusammenstellung des Vf.

Übersicht 31: Verfahren zur Analyse des innerbetrieblichen Standorts

- Modifizierter „Gebietsverkaufstest"
- innerbetriebliche Raumleistungskennzahlen („Produktivitätskennzahlen"), z.b. für verschiedene Abteilungen oder Warengruppen
  - umsatzbezogen: Umsatz je qm Geschäftsfläche (GF)/Umsatz je qm Verkaufsfläche (VKF)
  - ertragsbezogen: Rohertrag je qm GF/VKF; Deckungsbeitrag je qm GF/VKF
  - Laufmeterproduktivität
- Kundenlaufstudie
- Raumbezogene Sortimentsanalyse
- Platzierungsoptimierung (*space management*)
- Verbund(kauf)analyse
- Kontrollierter Markttest oder Kontaktstreckenanalyse (Prinzip der zyklischen Permutation; anwendbar für Filialbetriebe)

Quelle: Zusammenstellung des Vf.

Es versteht sich von selbst, dass nicht alle Verfahren in einer einzigen Forschungssitzung ausführlich vorgestellt und diskutiert werden können oder sollen. Das erforderte selbst für eine Spezialvorlesung oder -übung eine größere Kraftanstrengung. Der Sinn des gewählten exemplarischen Vorgehens liegt vielmehr

- in der Verschaffung eines examensadäquaten Überblicks über die spezifischen Forschungsansätze des eigenen Fachs,
- in der vertieften Lehrdarstellung einer oder einiger ausgewählter Methoden durch den Dozenten zum Zwecke der Forschungsanwendung durch die Studenten („Einheit von Lehre und Forschung"),
- in der Generierung von Motivation zum selbstgesteuerten Lernen auf der Basis von informatorischen Vorgaben sowie
- in der Wissensbereitstellung für das Anwenden, in der Bereitstellung eines Methodeninventars für die „Bauarbeiten" an der Examensarbeit, zumal einer empirischen.

Nunmehr kann der Dozent in einem letzten 7. *Schritt* ein Anwendungsthema für eine Hausaufgabe formulieren, etwa aus dem Bereich der betrieblichen Standortanalysen. Das ist sozusagen der Schlussstein des Gebäudes, für dessen Statik alle vorangegangenen Schritte notwendig waren. Auf die Hausaufgabe ist im Teil 8.4 zurückzukommen; dort werden zwei Übungsaufgaben vorgestellt. Zuvor mag ein wenig Luft geholt, ein Intermezzo eingefügt und Interesse am Stand der Forschung im eigenen Fachgebiet geweckt werden.

8.3 Ausgewählte Ergebnisse der empirischen Forschung

Die Verschaffung eines Überblicks über wichtige Forschungsmethoden des eigenen Fachs durch den Dozenten – und sei es auch im Wesentlichen Rekapitulation für die Studenten – ist zweifellos ein wichtiger Beitrag nicht nur zur wissenschaftlichen und praxisorientierten Qualifizierung im Allgemeinen, sondern auch zur Erstellung von empirisch angelegten Examensarbeiten im Besonderen. Isoliert behandelt, wirken Methodenfragen jedoch auf die meisten Studenten zu abstrakt, abgehoben, trocken, wenig begeisternd, kaum motivierend. Zudem zählen Methodenfragen nicht zu den praxisnah-spannenden wissenschaftlichen Forschungsfeldern der Technologie, sondern zu den Forschungsfeldern der Theorie und sind eher der Meta-Ebene mit all ihren Schwierigkeiten einer Konsensbildung zuzuordnen. Raffée spricht in diesem Zusammenhang von der „methodologischen Leitidee des gezähmten theoretischen und methodologischen Pluralismus" (Raffée 1995, Sp. 1673). Und er verweist mit Recht darauf, dass dieser Pluralismus sich ergänzender Theorien oder Methoden in hohem Maße für Methoden der Marktforschung gilt.

Was liegt daher für den Dozenten näher, als die „Forschungssitzung" durch das eine oder andere aktuelle Ergebnis empirischer Forschung im eigenen Fach interessanter, spannender zu gestalten? Gleichgültig ob es sich um ein Ergebnis aus seinem eigenen Forschungslabor handelt oder um eine Fremdveröffentlichung – handfeste und anschauliche neue Erkenntnisse sind immer spannend. Sie kennen zu lernen und zu diskutieren, stellt für die Teilnehmer an der Examens-AG eine besonders schmackhafte Würze ihres Studiums dar. An neuen fachbezogenen Ergebnissen empirischer Forschung herrscht kein Mangel. Beiträge in Fachzeitschriften und Sammelwerken, Monographien und Dissertationen erscheinen ohne Unterlass. Am betreuenden Lehrstuhl mögen selbst eigene Forschungsarbeiten laufen. Gerade für die Examenskandidaten ist es reizvoll, Einblicke in *laufende Forschungsprojekte* am betreuenden Lehrstuhl zu bekommen und vielleicht über einen längeren Zeitraum das *work in progress* verfolgen oder gar an ihm mitwirken zu dürfen. So haben zum Beispiel Studenten des öfteren am Forschungsprojekt Fruchthandel (1995 bis 2002) mitgearbeitet. Regelmäßig führten die ihnen aufgetragenen, z. T. zur selbstständigen Bearbeitung überlassenen Forschungsaufgaben – Internet-Recherchen; Fax-Umfragen; Händler- und Passantenbefragungen; SPSS-Auswertungen usw. – zu ersten eigenen Fachaufsätzen und zur Mitwirkung an Arbeitspapieren. Eine

Übersicht findet sich im Internet auf der Seite www.forschungsprojektfrucht-handel.de unter „Publikationen"). Die Mitwirkung an laufenden Forschungs-arbeiten empfanden die Studenten nie als Belastung, sondern stets als Aner-kennung. Derart angeregt, suchte mancher sogar aus eigenem Antrieb um die Anfertigung einer Diplom- oder Staatsarbeit über den global agierenden (und von der Betriebswirtschaftslehre übersehenen) Fruchthandel und seine vielen Markt- und Marketingbesonderheiten nach.

Es ist verständlich, dass neuen und neuesten Ergebnissen der empirischen Forschung die größte Aufmerksamkeit entgegen gebracht wird. Man vergesse aber nicht, dass durchaus auch *ältere* Forschungsprojekte und -ergebnisse lehr- und aufschlussreich sein können. Man denke nur an die frühen demoskopi-schen Versuche mit indirekter Befragungstechnik durch das New Yorker Gal-lup-Institut, an ältere psychologische Labortests (vgl. Spiegel 1970), an Experi-mente mit subliminaler Werbebeeinflussung (vgl. Heller 1988) oder an die frühe Erprobung der Portfolio-Methode.

Bei aller Eignung empirischer Forschungsergebnisse zur Unterrichtsberei-cherung und Motivationsförderung sollte eines nicht aus dem Blick geraten (womöglich das Spannendste an der ganzen Forschungssitzung): *kritische Refle-xion*. Die Examenskandidaten sollen zu Wissenden, aber nicht zu Gläubigen erzogen werden. Insbesondere sollen sie vor Zahlengläubigkeit gefeit sein. Sie sollten an praktischen Beispielen lernen, dass die Qualität und die Wahrheit – nicht nur die rechnerische Richtigkeit – empirischer Forschungsergebnisse unmittelbar von der Qualität des Forschungsdesigns abhängen. Sie sollen sich der Tatsache bewusst werden, dass demoskopische Daten nur auf ihre Validität und Reliabilität hin überprüft werden können, wenn die Befragungsmetho-de(n) in allen Einzelheiten bekannt ist (sind). Derart kritisch geschult, kann man sich getrost an den Versuch eines eigenen Forschungsdesigns machen.

8.4 Forschungsdesign

Unter Forschungs- oder Untersuchungsdesign versteht man die Festlegung von Methode(n), Verfahrensregel(n) und Verfahrensschritten zur systematischen und zielgerichteten Beschaffung von Informationen oder Daten. Systematik ist das Kennzeichen jeder wissenschaftlichen Informationsbeschaffung. Deshalb werden Marktforschung und Markterkundung durch die strikte Befolgung bzw. Vernachlässigung von Systematik der Analyse voneinander abgegrenzt. Das Forschungsziel besteht in der empirisch gestützten Beantwortung von kon-kreten Fragen oder Hypothesen (d.h. ihrer Verifikation = vorläufigen Bestäti-gung oder ihrer Falsifikation = Widerlegung). Je nach Fragestellung des Forschungsvorhabens bzw. Forschungsprojekts muss das Forschungsdesign unterschiedlichen Anforderungen entsprechen.

Hochkomplexe Forschungsvorhaben, etwa solche der Nuklearmedizin oder der Physik der Nanostrukturen verlangen in höchstem Maße ausdifferenzierte Forschungsdesigns. So erfordert die Mitteleinwerbung für ein anspruchsvolles wissenschaftliches Forschungsprojekt einen umfassenden Forschungsplan mit detaillierter Kostenaufstellung für Personal- und Sachmittel sowie einen genauen Zeitplan. Interessenten mögen einmal Einsicht in die Voraussetzungen für die Bewilligung von Forschungsförderungsmitteln der großen Stiftungen und Förderungsinstitutionen wie der Deutschen Forschungsgemeinschaft (DFG) nehmen (vgl. die Internet-Site www.dfg.de). Weniger komplexe Analysen – und dazu zählen die meisten Marktforschungsstudien – verlangen auch weniger aufwendige Forschungsdesigns, wenngleich auch hier immer noch zahlreiche Elemente, etwa Entscheidungen über Reichweite, Träger der Studie, Forschungsprinzip, Pilotstudie, Erhebungsverfahren, Pretest, Interviewerschulung, Kontrolle bzw. Evaluation, Datenaufbereitung, Datenanalyse und Dokumentation, zu berücksichtigen sind (vgl. Theis 1999, S.86–90).

Als Übung für die Examenskandidaten muss aus Zeitgründen (Abgabe in der folgenden Sitzung) grundsätzlich der Entwurf eines *vereinfachten Forschungsdesigns* genügen, zumal wenn die meisten AG-Teilnehmer eine Literaturarbeit anfertigen. Die Einübung eines solchen vereinfachten Untersuchungsplans ist freilich auch für sie sinnvoll. Auf die im Teil 8.2 exemplarisch vorgestellten Forschungsgegenstände und -methoden zurückgreifend, kann nun eine Hausaufgabe gestellt werden. Dazu werden die beiden folgenden Beispiele in Übersicht 32 und Übersicht 33 sowie je ein Lösungsvorschlag (in der Neunten Lektion) angeboten. Selbstverständlich hat jeder Dozent bei der Aufgabenformulierung freie Hand. Er kann

– die Aufgabenstellung oder die Lösungsvorschläge modifizieren,
– aus dem Stoffgerüst im Teil 8.2 andere Aufgaben und Lösungen entwickeln,
– die Designplanung auf ein ganz anderes Forschungsgebiet übertragen.

Die beiden Hausaufgaben beziehen sich nicht auf die in Übersicht 27 exemplarisch genannten Standortanalysen, sondern auf zwei andere empirische Forschungsgebiete: die Werbewirkungsanalyse (I) und die Imageanalyse (II). Auch wenn die vorgeschlagenen Hausaufgaben nur eine relativ anspruchslose Trockenübung und nicht den Ernstfall einer wirklichen empirischen Forschungsarbeit darstellen, sind sie geeignet, die Examenskandidaten mit theoriegeleitetem Arbeiten, mit der Anbindung an übergeordnete Theoriesysteme vertraut zu machen – *learning by doing*.

Übersicht 32: Forschungsdesign für eine Werbewirkungsanalyse
(Hausaufgabe I)

Ein Filialunternehmen des Lebensmitteleinzelhandels L mit Hauptgeschäft und neun Filialen in Nordrhein-Westfalen sowie zehn Filialen in Niedersachsen möchte die Aufmerksamkeitswirkung einer Werbeaktion mit an Haushalte verteilten Handzetteln überprüfen. *Erstellen Sie ein grobes Konzept für die Werbewirkungsanalyse des Lebensmittelfilialisten L* durch Konkretisierung des folgenden Strukturplans!

Ziel und Problematik ▶

Begriffe ▶

Methode („approach") ▶

Verfahren der Datenerhebung ▶

Methodenelemente ▶

Konkretes Erhebungskonzept ▶

Verfahren der Datenauswertung ▶

Diese Übungsaufgaben, so scheint es zunächst, müssten jeden Bearbeiter überfordern, der nicht über nähere Kenntnis der diversen Verfahren der Werbeerfolgsanalyse und der Imageanalyse verfügt. Hier geht es jedoch nicht um die Entwicklung eines detaillierten, unmittelbar praktisch umsetzbaren Untersuchungskonzepts. Vielmehr sollen nur die Bestandteile und Schritte der *Konzipierung* aufgezeigt werden, was weitgehend auf der Basis des in dieser Lektion Vorgetragenen geleistet werden kann. Daher sind auch die für Auftraggeber durchaus wichtigen Schritte Auswertung, Ergebnis-Präsentation und Empfehlungen weggelassen. Wirtschafts- und sozialwissenschaftlichen Studenten sollten jedoch einige Recherchen in der Werbungs- und Marktforschungsliteratur zugemutet werden, evtl. nach Empfehlung eines bestimmten Lehrbuchs. Auch kann der Dozent definitorische und methodische Fingerzeige für die Lösung der Hausaufgabe(n) geben, etwa Näheres

– zur ökonomischen und außerökonomischen Werbewirkung bzw. zum Imagebegriff (Einstellung einer Mehrheit von Menschen zu einem Meinungsgegenstand),

Übersicht 33: Forschungsdesign für eine Imageanalyse (Hausaufgabe II)

Das Textilkaufhaus A mit den Sortimentsschwerpunkten Damen-, Herren- und Kinderoberbekleidung liegt in der City einer Großstadt. Im Umkreis von 500 m sind drei strukturgleiche Konkurrenz-Textilhäuser B, C und D angesiedelt. Das Kaufhaus A möchte auf der Basis von originären und aktuellen Marktforschungsdaten eine Strategie der Abhebung von den Mitbewerbern einleiten. *Erstellen Sie ein grobes Konzept für eine Imageanalyse des Textilkaufhauses A* durch Konkretisierung des folgenden Strukturplans!

Ziel und Problematik ▶

Begriffe ▶

Methode („approach") ▶

Verfahren der Datenerhebung ▶

Methodenelemente ▶

Konkretes Erhebungskonzept ▶

Verfahren der Datenauswertung ▶

- zu Werbemitteln bzw. zu Imagearten (Produkt-, Firmen-, Preis-, Sortiments-, Personalimage usw.),
- zur Bedeutung des Werbemittels Handzettel bzw. der Images (aus der Sicht verschiedener Probandengruppen) für die Unternehmensleitung,
- zur Profilanalyse (mit Hilfe von Polaritätenprofilen) als einem besonders eleganten Verfahren der Imageanalyse,
- zu der Möglichkeit komparativer Analysen (Regional- und Zeitvergleiche der Werbewirkung bzw. Vergleich der Images von A mit B, C und D; der Images von Kunden und Nichtkunden oder von Images der weiblichen und der männlichen Probanden).

Was den Bearbeitungsmodus betrifft, so sollte(n) die Hausaufgabe(n) – oder jede andere ähnlich vorbereitete Hausaufgabe, auch aus anderen Forschungsgebieten – von jedem AG-Teilnehmer individuell gelöst werden. Zwar sind im Sinne des kooperativen Lernens auch kleine Arbeitsgruppen denkbar. Sowohl für den Dozenten als auch für die Studenten ist der individuelle Lösungsansatz im Sinne des selbstgesteuerten Lernens jedoch nützlicher. Geht der Dozent nämlich nicht von einem vorher festgelegten Ergebnis aus und müssen die Studenten ihre individuellen Bewältigungsmöglichkeiten für die gestellte Aufgabe selbst prüfen, sind die multiplen Sicht- und Lösungsweisen auch pädagogisch wertvoll: Sie führen zu einer „Balance zwischen Instruktion und Konstruktion" (Konrad/Traub 2001, S. 37).

Schließlich kann der Dozent ein *konkretes Muster* eines Forschungsdesigns vorstellen oder an die AG-Teilnehmer verteilen. Die Übersicht 34 gibt ein Beispiel aus dem Bereich der Handelsmarktforschung wieder. Auf Einzelheiten des Schweizer Ergebnisberichts muss an dieser Stelle verzichtet werden; Interessenten erfahren Näheres im Internet auf der Seite des Instituts für Marketing und Handel der Universität St. Gallen: www.imh.unisg.ch.

Übersicht 34: Forschungsdesign „Dienstleister Internet – Empirische Ergebnisse des Internetnutzungsverhaltens in der Schweiz"

„Zielsetzung der vom Gottlieb Duttweiler Lehrstuhl für Internationales Handelsmanagement im Jahre 1999 durchgeführten Untersuchung zur Internetnutzung in der Schweiz war es, die aktuellen Nutzungsgewohnheiten der Schweizer bezüglich des Mediums Internet im allgemeinen und in Bezug auf ihre Einkaufsgewohnheiten im besonderen zu analysieren und damit eine Ausgangsbasis für Mehrjahresvergleiche zu schaffen.

Die Studie basiert auf einer Passantenbefragung, die in einem zweiwöchigen Zeitraum von Ende November bis Anfang Dezember 1999 in der Schweiz von Marketingstudenten vorgenommen wurde. Die Befragung fand in 13 großen Städten der Schweiz (Basel, Bern, Biel, Chur, Fribourg, Genf, Lausanne, Lugano, Luzern, Pfäffikon, St. Gallen, Winterthur und Zürich) mit Hilfe eines teilstandardisierten Fragebogens je nach Region in deutscher, französischer und italienischer Sprache statt. Insgesamt nahmen 1.572 Personen an der Untersuchung zum Internetnutzungsverhalten teil. Die Interviews erfolgten tagsüber und während der Woche. Befragt wurden nur Internetnutzer.

Zentrale Elemente der Studie waren die Fragen, welche Homepages von den Nutzern am häufigsten frequentiert wurden, auf welchen Websites und in welcher Betragshöhe sie in den letzten 12 Monaten Einkäufe tätigten, wie hoch die Zufriedenheit mit dem Internet-Einkauf war und welche Vor- und Nachteile die Nutzer beim Internet-Einkauf im Vergleich zum traditionellen Einkauf sahen.

Nach Durchführung der Interviews wurden die Informationen aus den Fragebögen in Datenmasken erfasst und ausgewertet. Antworten auf offene Fragen wurden in einem iterativen Prozess gruppiert und induktiv Subklassen gebildet, die später Oberklassen zugeordnet wurden, die sich in Ableitung der Dimensionen des Profilierungsmodells nach Rudolph ... für den Internetbereich ergaben."

Quelle: Rudolph, Thomas/Finsterwalder, Jörg/Busch, Sebastian: Dienstleister Internet. Empirische Ergebnisse des Internetnutzungsverhaltens in der Schweiz, in: Trommsdorff, Volker (Hrsg.): Handelsforschung 2000/01. Kooperations- und Wettbewerbsverhalten des Handels, Köln 2001, S. 325–343, hier S. 329f.

Merksatz

Auch wenn die Examens-AG für vertiefte Behandlung von statistischen Hypothesentests (mit Festlegung des Signifikanzniveaus, Wahl der geeigneten Testfunktion, Bestimmung des Verwerfungsbereichs usw.) keinen Raum lässt, kann der Dozent in der AG-Sitzung oder in Form einer Hausaufgabe doch die Formulierung von Hypothesen – Nullhypothese H_0 und Gegenhypothese(n) H_1 (bis H_x); Einzelhypothesen über die korrelationsanalytischen, regressionsanalytischen oder kausalen Beziehungen zwischen zwei Variablen – üben lassen. Die Generierung von Annahmen über die Realität, von Zusammenhängen zwischen Realitätselementen ist als solche schon interessant für die Studenten. Sie spornt alle zu Mitarbeit und Kreativität an.

Neunte Lektion
Praktische Übungen (III)

Niente senza gioia (Nichts ohne Freude)
(Wahlspruch der alternativen „Spiel-
schule" in Reggio Emilia)

Für die in der Siebten Lektion aufgegebene Hausarbeit hat jeder AG-Teilnehmer eine Lösung erarbeiten müssen. Er wird unter mehr oder minder großer
geistiger Anstrengung wahrgenommen haben, dass die Suche einer Lösung ein
schöpferischer Akt ist, der teleologisches (zielorientiertes) Denken verlangt.
Um zu sinnvollen empirischen Ergebnissen zu gelangen, müssen in der Design-
Phase vorweg zahlreiche Annahmen gemacht werden: über das Untersuchungsziel, über die sinnvollste(n) Forschungsmethode(n), über Zeit und Ort
der Untersuchung, über Struktur und Auswahl der Probanden, über ihre mög-
lichen Antworten, insbesondere über erwünschte und über unbekannte Antworten, die zu Anregungen führen. *Thinking ahead*, Vorausdenken, Vorwegnahme aller denkbaren Ergebnismöglichkeiten haben den Studenten geleitet
und Kreativität von ihm verlangt: kreatives Denken. Er hat gespürt, was es
heißt, sich auf neue Ideen einzulassen, eine neue, originelle Lösung zu finden
und zu formulieren und kreatives Schreiben selbst „als Spiel, Experiment, For-
men- und Ausdruckssuche zu begreifen" (Mosler/Herholz 2003, S. 12). Er hat
Paul Kaufmans Aperçu erlebt: „Der kreative Geist lebt *in Ihnen* – ganz gleich,
was Sie tun. Die Schwierigkeit ist natürlich, ihn freizusetzen." (Goleman/Kauf-
man/Ray 1997, S. 10) Beim Freisetzen des kreativen Geists zu helfen – das sei
das Kernanliegen der Neunten Lektion. Zuvor sind die einzelnen Lösungsvorschläge einzubringen und zu diskutieren.

9.1 Vergleich der Lösungen zum Forschungsdesign

Die erste Hälfte dieser „Kreativitätssitzung" ist dem Vergleich der Lösungen zur
Hausaufgabe zu widmen. Erfahrungsgemäß entwickeln die jungen Akademi-

ker gegenüber der Offenlegung ihrer Lösungsvorschläge hier noch ausgeprägtere Vorbehalte als bei dem Lösungsvergleich für Textrekonstruktionen. Als gestandener Forscher wird sich kaum jemand empfinden. Bringt der Dozent jedoch eine Portion Begeisterungsfähigkeit und psychopädagogisches Feingefühl ein, dann wird das Vergleichswerk freudig von der Hand gehen. Wenn sich die Studenten an das der Hausaufgabe beigegebene 7-Phasen-Schema gehalten haben, wirft der mündliche Vortrag aller Einzellösungen keine Kommunikationsprobleme auf. Die Lösungsvorschläge können auch reihum gereicht werden, wobei sich die Studenten Notizen machen. Am Ende erfolgt dann eine zusammenfassende Aussprache. Ideal wäre es, alle Lösungsvorschläge durch die AG-Teilnehmer zu einer Synthese, zu einem optimierten Forschungsdesign verbinden zu lassen. Unter dem leidigen Zeitdruck wird dies schwer fallen, ist allerdings auch nicht unbedingt erforderlich, da die Examens-AG nicht die Aufgabe eines Projektteams erfüllen muss. Eine Minimallösung

Übersicht 35: Lösung zur Hausaufgabe I (Übersicht 32)

Ziel und Problematik ▶	Erkennen der Nutzungsintensität von Handzetteln in den Einzugsgebieten ausgewählter L-Filialen; Werbeerfolgskontrolle
Begriffe ▶	Handzettel, Artikelumsatz(häufigkeit)
Methode („approach") ▶	Absatzmarktforschung: Experiment (Testartikel, Testläden)
Verfahren der Datenerhebung ▶	Kontrolliertes Feldexperiment mit einzelnen Artikeln in Experimentfilialen
Methodenelemente ▶	Beobachtung von Artikelumsatz mit Hilfe des Marktforschungsexperiments vom Typ EBA/CBA; Berechnung von Produktivitätskennzahlen für die beworbenen Artikel
Konkretes Erhebungskonzept ▶	Bestimmung der zu bewerbenden Artikel und der Experiment- und Kontrollfilialen sowie des Zeitpunkts der Handzettelverteilung und der Messzeiträume (je eine Woche vor und nach der Verteilaktion)
Verfahren der Datenauswertung ▶	Univariate Verfahren: Häufigkeitsverteilung und Umsatzdifferenzen bei den Experimentartikeln

(*second best*) reicht für die Kreativitätssitzung aus. Dazu wird aus den Individuallösungen gemeinsam ein einfaches Forschungsdesign erarbeitet oder der Dozenten stellt ein vorbereitetes *Muster-Design* vor. (Übersichten 35 und 36) Eine stichwortartige Auflistung der einzelnen Konzipierungsschritte genügt.

Übersicht 36: Lösung zur Hausaufgabe II (Übersicht 33)

Ziel und Problematik ▶	Erkennen der relativen Stärken und Schwächen von A; Anspruchsniveaus von Probandengruppen; Sortimentsabstimmung auf Zielgruppe(n)
Begriffe ▶	Image, Imageanalyse, Polaritätenprofil
Methode („approach") ▶	Absatzmarktforschung: Verhaltensorientierter Ansatz, repräsentative Stichprobenerhebung
Verfahren der Datenerhebung ▶	Befragung gemäß Quotenverfahren
Methodenelemente ▶	Standardisierte schriftliche Einthemenbefragung von A-Kund(inn)en und -Nichtkund(inn)en durch Interviewer
Konkretes Erhebungskonzept ▶	Erstellung des Fragebogens, Interviewerschulung, Pretest, ggf. Fragebogenmodifikation, Quoten nach Zielgruppen (Geschlecht, Alter, Region), Hauptuntersuchung mit Zeitplan; Item-Festlegung für die Polaritätenprofile; ergänzendes qualitatives Marktforschungsverfahren
Verfahren der Datenauswertung ▶	Univariate Verfahren: Häufigkeitsverteilung und Mittelwerte zur Bestimmung der Skalenwerte

Die Übersichten 35 und 36 führen exemplarisch vor, welche Fragen und Methodenvorschläge ein einfacher Design-Strukturplan für die angestrebte Werbeerfolgs- bzw. Imageanalyse enthalten könnte. Die Vertiefung um Einzelheiten (Gestaltung des Handzettels, Platzierung der Experimentartikel, Messmethode usw. bzw. Frageformulierung, Skalierung, Begründung einer kleinen Stichprobe und der Quoten, genauer Zeitplan für die Fragebogenkonzipierung, Testlauf, Interviewerschulung und -kontrolle, Item-Batterie, Zufallsfehler als Maßstab für die Reliabilität usw.) kann in einer (halben) Sitzung nicht geleistet werden. Gleichwohl werden selbst bescheidene Lösungsversuche und ihr Abgleich mit einem Designmuster drei sehr erwünschte *Effekte* zeigen:

– Die Teilnehmer der Examens-AG lernen das analytische, planvolle und zielgerichtete Denken des empirischen Forschers kennen.
– Die wichtigsten Aspekte eines zieladäquaten Forschungsdesigns werden sichtbar.
– Konzeptionelle Schwachstellen oder Fehler werden evident – eine günstige Gelegenheit, nachhaltig aus Fehlern zu lernen.

9.2 Ausgewählte Kreativitätstechniken

Die Erstellung einer schriftlichen wissenschaftlichen Arbeit ist immer ein schöpferischer Vorgang, von der ersten Beschäftigung mit dem Thema bis zur Bindung der fertig ausgedruckten Arbeit. Auf dem ganzen anstrengenden Weg muss eine Fülle von Problemen gelöst werden. Einige Problemlösungen organisatorischer und formaler Art sind dem Leser schon begegnet. Die ganz individuelle kreative Hauptarbeit kann selbstverständlich keinem Bearbeiter abgenommen werden. Eine schriftliche Examensarbeit stellt den Bearbeiter zwar im Regelfall nicht vor die Aufgabe, inhaltlich etwas völlig Neues zu entwickeln oder zu entdecken. Das Schöpferische ist weitgehend beschränkt auf themengerechte Recherche, Dokumentation und konzeptionelle Arbeiten. Aber auch die dabei auftauchenden Fragen verlangen Kreativität bei der Antwortsuche, etwa Fragen wie: Welche Aspekte gehören unbedingt zum Thema? In welcher Reihenfolge und auf welcher logischen Ebene sind sie zu behandeln? Welche Aspekte können am Rand mit erwähnt, welche in einem Exkurs behandelt werden? Welche Aspekte sollen ausgeklammert (und mit einem entsprechenden Hinweis in der Einleitung erwähnt) werden? Wo, wann, mit welchen Dokumentationsmitteln sollen Informationen gesammelt werden? Wie ist die geplante empirische Untersuchung anzulegen – mündlich, schriftlich, telefonisch, elektronisch, als Faxumfrage; standardisiert oder offen; als Total- oder Stichprobenerhebung usw.? Wie und wann lässt sich eine kleine Testerhebung durchführen? Auf den Bearbeiter können tausend solcher Fragen einstürzen.

In dieser Situation schadet es nicht, wenn er mit der einen oder anderen *Kreativitätstechnik* vertraut ist, die ihm nicht nur die Planung und Organisation der Arbeit erleichtern, sondern der Arbeit auch den Stempel beachtlicher Originalität aufdrücken kann. Seit fast fünfzig Jahren sind immer wieder neue Kreativitätstechniken entwickelt worden, nicht selten zuerst für militärische oder psychotherapeutische Zwecke. Sie wurden meist rasch vom industriellen

Management und von Werbeagenturen für Zwecke der Produktentwicklung und des Marketings aufgegriffen und angewandt. Als wichtigste Kreativitätstechniken nennt Schlicksupp die folgenden: Brainstorming mit der Variante destruktiv-konstruktives Brainstorming, Kärtchen-Technik, Methode 6–3–5, Brainwriting-Pool, Reizwortanalyse, TILMAG-Methode (Akronym für „Transformation idealer Lösungselemente in Matrizen für Assoziationen und Gemeinsamkeiten"), Visuelle Synektik, Semantische Intuition, Morphologischer Kasten und Morphologische Matrix (vgl. Schlicksupp 1995, Sp. 1289–1309). Zu erwähnen sind auch die (Rollenspiel und Simulation verbindenden) Planspiele (*gaming simulation*). Sie werden nicht nur in der privaten Wirtschaft und in der öffentlichen Verwaltung angewandt, sondern längst auch an einigen Hochschulen (vgl. Fahrendorf 2003, S. K1). Informationen gibt es im Internet auf den Seiten www.vernetzt-denken.de, www.sagsaga.org und www.planspiele.net. Speziell für kreatives Schreiben sind folgende Techniken näher dargestellt worden: Free-Writing, Clustering, Brainstorming, Mind-Mapping, Visualisierung in Naturbildern, Begriffe anschaulich machen, Doppelhirn-Methode, Tagmemics-Technik, Synectics-Technik (vgl. Werder 2002, 22–48). Diese und andere intuitive und diskursive Verfahren müssen hier nicht im Einzelnen erläutert werden. Die Examens-AG bietet jedoch ein geeignetes Forum zum Erproben einer Kreativitätstechnik, insbesondere einer einfachen, wenig zeitraubenden Technik wie Brainstorming, Kärtchen-Technik oder Methode 6–3–5.

Beim *Brainstorming* fungiert der Dozent als Moderator. Er protokolliert sämtliche Ideen zu einem Thema, die der freien Phantasie der Studenten entspringen, z.B. als Tafel-Notiz; diese diskutiert er mit den AG-Teilnehmern und bereitet sie zu einem Rohkonzept auf. Damit die Kommunikation geordnet verläuft, sollte der Moderator eigene Meinungen und Wertungen zurück stecken und den Teilnehmern Spielregeln vorgeben, z. B.:

- kurze Beiträge
- kein Durcheinandersprechen
- Visualisierung wichtiger Aussagen
- schriftliche Diskussion
- Bewältigung von Konflikten
- Beachtung nonverbaler Signale
- Bewertungen und Beurteilungen der Gruppe überlassen (vgl. Börkircher 1995, S. 13–16).

Bei der mit dem Brainstorming verwandten *Kärtchen-Technik* (häufig auch Metaplan- oder Moderationsmethode genannt) sammelt der Dozent als Moderator von allen AG-Teilnehmern auf Kärtchen notierte Ideen zum Gesamtthema oder jeweils zu einem Gliederungspunkt (Stichwörter, maximal drei Zeilen Text, große Druckbuchstaben) ein, heftet sie an eine Pinnwand oder mehrere Pinnwände und versucht mit den Teilnehmern eine Ordnung zu Themenblöcken. Mit unterschiedlich farbigen Kärtchen können bereits vorstrukturierte Thema- bzw. Gliederungsteile differenziert werden. – Die Kärtchen-Technik kann auch mit der *Mind-Map-Methode* kombiniert werden. Diese sieht ursprünglich vor, dass im Zentrum eines leeren Blatts (DIN A 3) das Thema oder ein Hauptgedanke oder ein Problem auffällig, möglichst in Farbe notiert wird. Um dieses Zentrum herum werden drei, vier Hauptaspekte und sodann alle Gedanken und Argumente zu den Beziehungen zwischen den Hauptaspekten und dem Zentrum aufgeschrieben und optisch-grafisch verknüpft. An Stelle eines großen Bogens können auch einzelne Ideen-Kärtchen verwendet werden. Ein solches kartengestütztes Mind-Mapping führt gerade bei komplexen Themen zu einer Ideen-Ordnung: Die Ideenkärtchen werden so lange auf dem Tisch, auf dem Fußboden oder an einer Pinnwand herumgeschoben, bis ein zufriedenstellendes Mind-Map – z.B. als Ausgangsschema für die Gliederung – erreicht ist (vgl. Stickel-Wolf/Wolf 2002, S. 39–43).

Bei der *Methode 6–3–5* notieren sechs studentische Teilnehmer je drei Ideen zu einem Thema innerhalb von fünf Minuten auf einem Formular (3 Spalten, 6 Zeilen). Danach werden die Formulare an den rechten Nachbarn weitergegeben, der seinerseits die drei Vorschläge weiterspinnt. Die Formulare werden so lange weitergegeben und fortgesponnen, bis jeder Teilnehmer seinen Bogen wieder zurück erhält. Auf allen Formularen sind dann alle sechs Zeilen ausgefüllt. Am Ende liegen somit 6 x 18 = 108 Ideen vor – im Idealfall lauter neue Ideen.

Kreativitätstechniken dienen normalerweise dazu, *Gruppen* von ausgewählten Menschen (Teams) zur Generierung neuer Ideen zu veranlassen, wobei die einzelne Gruppe – je nach Fragestellung – aus Experten, Laien oder beiden bestehen kann. Sie sind Instrumente des kooperativen Lernens, einer Interaktionsform, bei der die Beteiligten „gemeinsam und in wechselseitigem Austausch Kenntnisse und Fertigkeiten erwerben" (Konrad/Traub 2001, S. 5). Daher könnte man einwenden, dass die Anwendung einer Kreativitätstechnik durch ein *Individuum* widersinnig sei – soll doch gerade das begrenzte Kreativitätspotenzial des Einzelnen überwunden, sein Ideenhorizont durch „Weiterspinnen" durch andere erweitert werden. Dennoch kann der einzelne Examenskandidat die eine oder andere der genannten einfachen Methoden durchaus mit Nutzen anwenden. Er kann sie z.B. in einem kleinen Freundes- oder Kommilitonenkreis durchspielen und so Anregungen für die eigene Arbeit generieren. Die Ideensichtung, -interpretation und -ordnung sowie die Ausführung bleibt immer noch seine ureigene schöpferische Arbeit. Anders als ein Plagiat ist solch ein Schmuck mit fremden Federn zu tolerieren. Für den Fall einer *Gruppenarbeit*, die nach der Prüfungsordnung zulässig sein und vom Betreuer genehmigt werden muss, liegt es sogar nahe, dass ihre Bearbeiter im frühen Planungsstadium eine Kreativitätstechnik anwenden. Allerdings müssen die Teile der fertigen Gruppenarbeit den jeweiligen Bearbeitern zuzuordnen sein.

Merksatz
Für den Dozenten ist es eine reizvolle Aufgabe, einen privaten oder öffentlichen Auftraggeber zu gewinnen und die Examens-AG für die Generierung von neuen Problemlösungen zu instrumentalisieren. Wenn der Auftraggeber als Sponsor mitspielt, kann der Dozent den AG-Teilnehmern sogar – ohne jeden Ausbeutungsverdacht – für den Erfolgsfall eine materielle Belohnung in Aussicht stellen. Als Problemstellungen liegen nahe: eine neue Produktidee, ein neues Servicekonzept für Unternehmen, neue Elemente zur Attraktivitätssteigerung für das Hochschulmarketing oder für das Citymanagement. Zu erwägen ist auch die Einladung eines „Kreativitätsspezialisten" in die Examens-AG, etwa eines Kreativitätstrainers, eines *Creative Directors* einer Werbe- oder Marktforschungsagentur oder eines Beratungsunternehmens. Dieser kann im Kreis der Examenskandidaten mit Hilfe seiner bewährtesten Kreativitätstechnik eine praktische Problemlösung andenken lassen.

Dritter Teil
Betreuung und Bewertung der Examensarbeit

Zehnte Lektion
Betreuung und Fertigstellung der Examensarbeit

> Eine bedingte Unterstützung ist wie ver-
> dorbener Zement, der nicht bindet.
>
> (Mahatma Gandhi)

Sorgfältige und gewissenhafte Betreuung und Beratung der Examenskandidaten sind nicht nur das beste Aushängeschild für den Lehrstuhl, sondern auch
eine sichere Grundlage für das Gelingen der Examensarbeiten. Über die Ausge-
staltung der Betreuungsaktivitäten kann man dem einzelnen Dozenten keine
Vorschriften machen. Generell lässt sich allenfalls sagen, dass die Betreuung
nicht halbherzig als bedingte Unterstützung verstanden werden sollte, sondern
als umfassende und differenzierte Kommunikation anzulegen ist. Denn erstens
erstreckt sie sich über einen längeren Zeitraum als die eigentliche Bearbeitungszeit, und zwar über drei Phasen: Vorbereitung, Bearbeitung und Nach-
bereitung (siehe hierzu die Zwölfte Lektion). Zweitens erfolgt die Betreuung
nicht nur – wenn auch überwiegend – innerhalb, sondern auch außerhalb der
Examens-AG. Und drittens bestehen neben der persönlichen Betreuung durch
den Dozenten und seine Mitarbeiter Möglichkeiten der virtuellen Betreuung.
Manche der hier vorgeschlagenen Betreuungsmodalitäten mag man als uto-
pisch empfinden – möglichst im Sinne von Ernst Bloch als das noch nicht reali-
sierte Realisierbare.

10.1 Betreuungsmodalitäten

Die Betreuung der mit einer wissenschaftliche Arbeit beschäftigten Examenskandidaten sollte von den Dozenten als eine selbstverständliche Aufgabe verstanden werden und nicht als eine lästige Pflicht. Sie stellt für den Betreuer eine
pädagogische Herausforderung hohen Ranges dar und ist mit erheblichem Zeit-
aufwand verbunden. Sie gewährt aber auch – jedenfalls in den Erfolgsfällen,
die zu Motivation, Dankbarkeit und Selbstwertbestätigung der Betreuten ge-

führt haben – beglückenden pädagogischen Lohn. Bei allen unterschiedlichen Fähigkeiten und ungleichen Begabungen der Studierenden, für welche Ökonomen gern die Gauss'sche Normalverteilung bemühen – sie sind keinesfalls ein hinreichender Grund, Examenskandidaten eine Betreuung zu verweigern und sie mit einem Thema für die wissenschaftliche Abschlussarbeit ins kalte Wasser zu stoßen, sie drei oder vier Monate darin schwimmen oder kämpfen zu lassen, um schließlich die fertige schriftliche Arbeit zur ungeliebten Korrektur entgegen zu nehmen. Von der Betreuungsverweigerung zu unterscheiden ist allerdings die von vielen Lehrstühlen geübte Praxis, Examensarbeiten nur an Kandidaten zu vergeben, die eine qualifizierende *Vorleistung* erbracht haben (Übungsarbeit, Seminararbeit, Referat, qualifizierten Leistungs- oder Studiennachweis oder *credit points*). Diese Praxis ist legitim und meist auch sinnvoll. Nur darf sie nicht dazu führen, dass schwache Studenten trotz bestandenen Zwischenexamens (Vordiplom) im Hauptexamen diskriminiert werden. Der Erfolg und die Qualität der wissenschaftlichen Arbeit hängen sogar unmittelbar von der Gestaltung des Betreuungsverhältnisses ab. Darüber sind sich nicht alle Professoren, auch nicht unbedingt die studentischen Belangen gegenüber aufgeschlossenen (und daher beliebten und „überlaufenen") Professoren, im Klaren. Wenn sie womöglich noch aus dem Kreis ihrer Doktoranden erfahren, dass man eigentlich viele regelmäßige Doktorandenseminare gar nicht wünscht, sondern sein wissenschaftliches Werk lieber ohne größere Hilfestellung schultern möchte, werden sie die spezifischen Sorgen der unter Zeitdruck stehenden Examenskandidaten noch leichter unterschätzen. Allerdings tut der Umschlag von umfassender Betreuung in überbehütete Erziehung (*overprotection*) den Unterstützung erwartenden Examenskandidaten ebenfalls unrecht.

Für den Betreuten bzw. den künftig zu betreuenden Studenten stellt sich die Frage nach dem geeigneten Betreuer, d.h. nach seiner fachlichen Kompetenz und seinen menschlichen Eigenschaften. Er wird normalerweise seine Examensarbeit bei einem Fachvertreter seines gewählten Studienschwerpunkts schreiben. Vertritt nur ein Professor das Fachgebiet, dann wird dieser auch Prüfer in den schriftlichen und mündlichen Prüfungen des Fachgebiets sein. Besteht für den Studenten jedoch eine Wahlmöglichkeit, wird er sich frühzeitig über Art und Umfang der Betreuung durch die Dozenten der engeren Wahl erkundigen. Um den einzigen Betreuer oder den Wahlbetreuer wohlwollend einzustimmen, wird es spätestens in der Phase vor den Examensleistungen für jeden Kandidaten wichtig, seine Person präsent zu machen oder zu halten. Emsiger Besuch der Vorlesungen, aufmerksames Mitmachen und Platzierung in den vorderen Sitzreihen (Gesichtsmassage) sind die üblichen und verständlichen Vorsorgestrategien. Aber besser tut der Kandidat daran, möglichst frühzeitig seinen Dozenten direkt anzusprechen – nicht zwischen

Tür und Angel, sondern nach Anmeldung in der Sprechstunde – und seinen Wunsch zu äußern, bei seiner anstehenden Examensarbeit von ihm betreut zu werden. Die Studierenden kennen ihre Meister am besten. Daher kann jeder auch am ehesten abschätzen, ob eine abstrakte Anfrage oder eher ein, zwei konkrete Themenvorschläge positive Resonanz auslösen werden. Themenvorschläge aus einem aktuellen Forschungsthema oder aus den Steckenpferd-Forschungsbereichen des Dozenten dienen meist als vertrauensbildende Maßnahme. Einige Lehrstuhlinhaber schätzen es übrigens sehr, wenn Interessenten ihre Themenvorschläge, eine Grobgliederung oder ein Exposé (s. hierzu Dritte Lektion, Teil 3.1) schriftlich niederlegen und vor der Konsultation im Sekretariat abgeben. Vor allzu vordergründiger Einschmeichelei bei den Themenvorschlägen sei allerdings gewarnt.

Stehen *mehrere Dozenten* desselben Fachgebiets *zur Auswahl*, ist es ratsam, an der Hochschule von kompetenter Seite – das sind nicht immer die konkurrierenden Kommilitonen – Näheres über Betreuungschancen und Anforderungen der betreffenden Lehrstühle in Erfahrung zu bringen. Hier bietet es sich vor allem an, Gespräche mit Lehrstuhlmitarbeitern zu suchen, in der Regel mit wissenschaftlichen Mitarbeitern. Aber auch studentische Mitarbeiter bekommen eine Menge über die Betreuungsatmosphäre am Lehrstuhl mit. Besonders hilfreich sind Erfahrungsberichte von Ehemaligen. Hier bedarf es aber mitunter eines erheblichen Suchaufwands, um an ihre Adressen zu kommen. Falls ein Kandidat die wissenschaftliche Weiterqualifikation in Form einer Dissertation oder gar einer Habilitation in seine Studien- und Lebensplanung mit einbezogen hat, ist die Wahl des richtigen Erstbetreuers für spätere Zeiten extrem wichtig. In derselben Fakultät die Examensarbeit bei Professor Müller und danach die Dissertation bei Professor Maier anfertigen zu wollen, ist jedenfalls dann suboptimal, um es vorsichtig auszudrücken, wenn die beiden Herren Professoren sich nicht sonderlich wohl gesonnen sind.

Ein besonders hilfreiches Instrument der Betreuung stellt ein vom Dozenten selbst angefertigtes und – entgeltlich oder unentgeltlich – herausgegebenes *Merkblatt* oder ein *Leitfaden* zur Anfertigung schriftlicher wissenschaftlicher Arbeiten dar. Das muss kein umfangreiches Werk sein. Für den herausgebenden Dozenten hat der eigene Leitfaden den Vorzug, seine speziellen Wünsche und Anforderungen präzisieren zu können. Und die Examenskandidaten, die nichts falsch machen wollen, namentlich in formaler Hinsicht, sind an solchen Präzisierungen verständlicherweise stark interessiert. Wer die Weitergabe seines Leitfadens und/oder dessen auszugsweise Wiedergabe entweder gezielt steuern oder nicht zulassen möchte, sollte einen entsprechenden Sperrvermerk eindrucken, etwa „Nur zum Gebrauch für Examenskandidaten des Lehrstuhls XYZ", „Weitergabe und Nachdruck oder Kopieren nicht gestattet" oder „Wei-

tergabe und Nachdruck oder Kopieren, auch auszugsweise, nur mit persönlicher Genehmigung des Herausgebers". Der Dozent kann an Stelle eines eigenen Merkblatts ohne weiteres einen handelsüblichen Ratgeber empfehlen. Die
Verteilung einer ganzen Literaturliste, sonst im akademischen Unterricht für
jede Lehrveranstaltung eine unverzichtbare Hilfestellung für die Studenten, ist
bei der Ratgeber-Literatur allerdings wenig hilfreich. Nur ein oder zwei maßgebliche Ratgeber sollten den Examenskandidaten empfohlen werden.

Beste Gelegenheiten zur Betreuung bietet die Examens-AG. Da sie regelmäßig, möglichst wöchentlich, stattfindet, droht dem Examenskandidaten kein
Zeitverlust. Bietet der Betreuer jedoch keine derartige regelmäßige Betreu-
ungsveranstaltung an, dann sollte zumindest eine andere Form der kurzfristi-
gen Betreuung institutionalisiert werden: Dozenten- und Mitarbeiter-Sprech-
stunden, ein „Kummerkasten" im Sekretariat, eine telefonische Hotline oder
eine E-Mail-Betreuung.

Vorausgesetzt, Professoren öffnen ihre *Sprechstunden* überhaupt zur Betreuung der eigenen Examenskandidaten, bleibt den Studenten oft nichts anderes
übrig, als lästige Wartezeiten *nolens volens* hinzunehmen. Daran wird in den
Hochschulen nichts so bald etwas grundlegend ändern, auch nicht das zuneh-
mende, ohne direkte menschliche Kontakte zwischen Dozent und Student auf
Distanz angelegte E-Learning. Um den Sprechstunden-Ablauf rationell zu
organisieren, wird der Dozent auf rechtzeitiger Anmeldung im Sekretariat (unter Angabe von Name, Fachrichtung, Semester und Gesprächsgegenstand) bestehen. Die Rat und Betreuung suchenden Studenten sollten auf keinen Fall
schlecht vorbereitet oder gar unvorbereitet in die Sprechstunde gehen. Sie sollten ihre Fragestellungen (für sich) schriftlich notiert haben (wenn sie sie nicht
schon bei der Anmeldung im Sekretariat abgeben mussten) und unverzüglich
Notizen über die erhaltenen Auskünfte anfertigen, entweder während der Konsultation selbst oder nachträglich in der Mensa oder daheim (Gedächtnisproto-
koll). Fixierte Fragen und sofortige Notizen signalisieren dem Dozenten nicht
etwa, dass der Student gegen ein Siebgedächtnis kämpft, sondern dass er gewis-
senhaft, sorgfältig und planmäßig zu Werke geht – ein viel versprechender,
willkommener Examenskandidat. Verständlicherweise möchte der Dozent seine Sprechstunde nicht auf die Erörterung sämtlicher Einzelheiten verwenden,
die dem Kandidaten unter den Nägeln brennen. Seine nicht ausbleibenden
Detailprobleme sollte der Bearbeiter besser in den Sprechstunden der wissenschaftlichen Mitarbeiter besprechen. Das ist allerdings nicht ganz risikofrei;
denn wenn der Mitarbeiter eine Empfehlung ausspricht, die sich später als
Nachteil erweist, oder wenn zwei Mitarbeiter widersprüchliche Auskünfte erteilen, dann ist Enttäuschung programmiert. Der Dozent sollte daher seine Mitarbeiter auf die am Lehrstuhl üblichen Standards einschwören, und der Stu-

dent sollte nach Möglichkeit den mit Examensarbeiten betrauten Mitarbeiter (Korrekturassistent) aufsuchen.

Ein *Kummerkasten* bietet eine wohlfeile Betreuungsmöglichkeit, namentlich an personell gut ausgestatteten Lehrstühlen. Der Bearbeiter einer Examensarbeit steckt seine schriftlich niedergelegten Fragen in den Kummerkasten oder reicht sie im Sekretariat ein, und wissenschaftliche Mitarbeiter formulieren kurze Antworthilfen, die zu bestimmten Zeiten, z.b. an einem bestimmten Wochentag, vom Bearbeiter abgeholt werden können. Ebenfalls nur zu bestimmten Sprechzeiten – um den regulären Lehrstuhlbetrieb nicht zu sehr zu beeinträchtigen – kann eine *telefonische Hotline* eingerichtet werden. Auch sie mag von wissenschaftlichen Mitarbeitern betreut werden. Ihr Vorzug für die Studenten liegt in der Schnelligkeit der Problemklärung, ihr Nachteil in der schlechten Beweislage bei falschen oder irreführenden Auskünften.

Für Betreuungsdienste der besonderen Art lässt sich auch das Internet nutzen. Einen geradezu erlesenen Service stellt die individuelle Beantwortung von studentischen Anfragen durch den Dozenten in einer *virtuellen Sprechstunde* oder per E-Mail dar. Vorausgesetzt, der Dozent bedient seine Mailbox regelmäßig und nimmt die Mühe der Antwort auf sich, dann bieten Schnelligkeit und Verlässlichkeit seiner elektronischen Auskünfte Vorzüge, die noch so gut gemeinte Mitarbeiter-Auskünfte nicht gewähren können. Die E-Mail-Anfragen der Examenskandidaten müssen sich selbstverständlich in einem engen Rahmen bewegen. Sie müssen kurz und präzise abgefasst sein – und der Dozent muss bereit sein, einen Teil seiner knapp bemessenen Arbeitszeit auf e-Mail-Antworten verwenden und das Risiko ihrer weltweiten Weitergabe in Kauf zu nehmen. Der elektronische Service lässt sich sogar noch steigern: Der Lehrstuhl könnte exklusiv für die Examens-AG ein *Intranet* einrichten. Damit wären der rascheste Informationsaustausch zwischen Dozent und allen Teilnehmern einerseits, Diskretion durch die Zugriffsbegrenzung andererseits gewährleistet.

Eine wertvolle Betreuungsleistung ist in Dozenten-*Hinweisen auf Institutionen der Begabtenförderung* zu sehen. Immerhin stellen in Deutschland nicht weniger als elf Förderungswerke materielle Förderungsmittel für begabte Studenten (jeweils auf Antrag über Vertrauensprofessoren) sowie ideelle Hilfen auch für Dozenten (in Form von Symposien, Tagungen und Akademien) zur Verfügung. Zugang zu den Adressen der nachfolgend genannten Begabtenförderungswerke und den Förderungsmodalitäten bietet die Internet-Homepage www.bmbf.de des Bundesministeriums für Bildung und Forschung:

– Studienstiftung des deutschen Volkes
– Cusanuswerk – Bischöfliche Studienförderung
– Evangelisches Studienwerk Villigst

- Hans-Böckler-Stiftung
- Stiftung der Deutschen Wirtschaft – Studienförderwerk Klaus Murmann
- Konrad-Adenauer-Stiftung
- Heinrich-Böll-Stiftung
- Friedrich-Ebert-Stiftung
- Rosa-Luxemburg-Stiftung
- Friedrich-Naumann-Stiftung
- Hanns-Seidel-Stiftung.

Für den Dozenten ist die Betreuung einer Examensarbeit traditionell eine höchst persönliche Angelegenheit. Alles was über Mitverantwortungs-Delegation an eigene wissenschaftliche Mitarbeiter und über Vorabinformation eines ausgeguckten Zweitgutachters hinaus geht, löst bei Hochschullehrern leicht Argwohn aus. Dennoch sei die Möglichkeit der *Betreuungskooperation* zumindest thematisiert. Für eine kooperative Betreuung der Examenskandidaten würde sich eine Examens-AG, die – in Analogie zur Ringvorlesung – von mehreren Dozenten abgehalten wird, wegen der mangelnden Konsistenz und Übereinstimmung hinsichtlich der Anforderungen an die wissenschaftlichen Arbeiten sicher kaum eignen, jedenfalls derzeit noch. Denkbar wäre allerdings heute schon eine Kooperation von zwei Fachkollegen, die sich über die Anforderungen an Examensarbeiten abstimmen und/oder ihr Betreuungskonzept in einem gemeinsamen Leitfaden niederlegen oder die sich auf einen bestimmten schriftlichen Ratgeber einigen. Auch wenn es noch leise Zukunftsmusik ist, sei *Telematik* – die kooperative Betreuung, Interaktion und Kommunikation über ein Netzwerk – kurz angesprochen. Denn mit den neuen Telekommunikationstechniken können die Studenten während der Selbststudienphase begleitet und die notwendigen Lernprozesse gelenkt werden. Die zur Verfügung stehende Technik und die Programme bieten auf unterschiedlichen Ebenen (hochschulbezogen, hochschulübergreifend, international usw.) heute schon die Voraussetzungen für die Bereitstellung von Information und Wissen, für Datenaustausch sowie für die Mitwirkung an News- und Diskussionsgruppen. In Nordrhein-Westfalen sind die ersten Versuche mit Verbundstudiengängen im Fachhochschulverbund Multimedia, einer besonderen Form des Fernstudiums, angelaufen (vgl. www.verbundstudium.de). Inwieweit auf diesem Wege Information und Beratung der Studieninteressierten sowie Nutzung der I+K-Techniken zwischen Lehrenden und Studierenden und der Lernenden untereinander, z.B. in Audio- und Videokonferenzen, erfolgreich verlaufen, bleibt abzuwarten.

Ein hervorragendes Instrument zur Betreuung der Examenskandidaten durch Versorgung mit Informationen stellen fachbezogene *lehrstuhleigene Archi-*

ve dar. Ein solches Archiv wird allerdings erst nach einer Aufbauzeit von drei, vier Jahren effizient. Der Verfasser hatte vom ersten Semester seiner Lehrtätigkeit an ein „Zeitungs- und Zeitschriftenausschnitt-Archiv Handel" (ZZA) mit einem tief gegliederten Schlüsselverzeichnis angelegt. Nach zwanzig Jahren war der Archivbestand auf rd. 500.000 Ausschnitte mit genauen bibliografischen Angaben angewachsen. Während der letzten zehn Jahre wurde dieses „körperliche" Archiv ergänzt um eine elektronische handels- und absatzwirtschaftliche Literaturdatenbank mit Stichwort-Zugriff (HAWIST). Sie hatte ihrerseits am Ende ein Volumen von rd. 50.000 erfassten Aufsatzveröffentlichungen (nur bibliografische Angaben ohne Volltext) – zugänglich über rd. 300.000 Stichwörter – erreicht. Zur laufenden Archivbetreuung mit Lektüre („Querlesen"), Artikelausschneiden und -ablage bzw. Dateneingabe sind nicht mehr als eine wissenschaftliche Hilfskraft und ein, zwei studentische Mitarbeiter mit insgesamt acht Semesterwochenstunden Arbeitszeit erforderlich. Für die Bearbeiter von Examensarbeiten sind derartige fachbezogene und den Suchaufwand minimierende Archive von unschätzbarem Wert.

10.2 Abgabe der fertigen Arbeit

Hat der Bearbeiter seine Examensarbeit der Endkorrektur unterzogen, muss er die Endfassung in der erforderlichen Anzahl kopieren oder ausdrucken und binden lassen. Vor der Abgabe der fertigen Arbeit sollten im Prüfungsamt die vier „Ws" rechtzeitig geklärt werden:

- Was? Anzahl und Form der Examenarbeiten
- Wann? Spätester Abgabezeitpunkt
- Wo? Abgabeort, i.d.R. das Prüfungsamt
- Wer? Persönliche oder postalische Ablieferung

Außerdem sind vor der Abgabe vorsichtshalber nochmals zu überprüfen

- die Vollständigkeit jedes fertigen Exemplars,
- die richtige Seitenlage und -folge,
- die richtige Paginierung.

Schließlich ist

- die eigenhändige Unterschrift unter der Ehrenwörtlichen Erklärung

nicht zu vergessen.

Unbedingt einzuhalten ist die *Abgabefrist*. Der Eingang der Pflichtexemplare ist vom Prüfungsamt aktenkundig zu machen. Jedes abgegebene Exemplar erhält einen amtlichen Eingangsvermerk. Nicht fristgerecht abgegebene Examensarbeiten dürfen nicht angenommen werden. Daher hat vor allem der in Zeitnot geratene Student darauf zu achten, dass er seine Pflichtexemplare entweder

– spätestens am Tage des Fristablaufs persönlich beim Prüfungsamt einreicht
– oder zum letztmöglichen Einlieferungstermin am Tag vor dem Fristablauf (z.B. am Nachtschalter des Hauptpoststelle vor 24 Uhr) als Einschreibesendung bei der Post oder einem anderen Briefzustelldienst gegen Quittung aufgibt (siehe im Internet www.deutschepost.de).

In der Regel erfüllt der Poststempel oder eine quittierte Einlieferungszeit „23.59 Uhr" des letztmöglichen Absendetags das Erfordernis der Fristgerechtigkeit. Das Prüfungsamt akzeptiert im Allgemeinen diesen Weg und attestiert die fristgerechte Einreichung danach auf den Pflichtexemplaren. Über das rechtliche Problem, dass bei eingeschriebener Post das Einlieferungsdatum nur auf dem Umschlag bzw. auf der Quittung vermerkt ist, nicht aber auf den Pflichtexemplaren selbst, braucht man sich keine großen Gedanken zu machen. Gedanken machen muss sich der eine oder andere Bearbeiter allerdings über ein anderes Abgabeproblem: die *Verlängerung der Abgabefrist*. Normalerweise sehen die Prüfungsordnungen diese Möglichkeit vor, in der Regel eine einmalige Verlängerung um bis zu vier Wochen bei nicht-empirischen Examensarbeiten und um bis zu sechs Wochen bei empirischen Arbeiten. Eine verlängerte Abgabefrist sollte jedoch auf keinen Fall vom Bearbeiter von vornherein eingeplant werden. Denn sie kann nur beim Vorliegen außergewöhnlicher Umstände beantragt werden; auch muss der Verlängerungsantrag vom Betreuer befürwortet werden. Für die Antragstellung kann es zeitlich eng werden. Daher sollte der Bearbeiter beim Erkennen außergewöhnlicher Schwierigkeiten so früh wie möglich seinen Betreuer um Befürwortung bitten. Der typische Antragsgrund ist eine attestierte Erkrankung. Problematisch können zeitliche Engpässe wie Materialbeschaffung (verzögerte Literatur[fern]leihe, schleppender Fragebogenrücklauf, Erinnerungsschreiben, Unterbrechungen in der Betreuung durch Firmen oder Institutionen, Messprobleme bei der Durchführung von Experimenten usw.) und Materialauswertung (unerwartet umfangreiches Tabellen- bzw. Datenmaterial, Verzögerung bei Filmentwicklungs- oder Kopieraufträgen usw.) werden. Am Ende wird es wohl auf das gute Verhältnis zwischen Dozent und Student ankommen, was von jenem noch als außergewöhnlicher Umstand akzeptiert wird. Wenn der Antragsteller nicht gerade als „Schwarzes Schaf" bekannt ist, wird das Prüfungsamt dem begründeten und befürworteten Antrag auch stattgeben.

Mit Abgabe der Pflichtexemplare beginnt für den Examenskandidaten die (an)spannende *Zeit des Wartens* auf das Ergebnis. Für die meisten Kandidaten ist es ein typischer Fall von kognitiver Dissonanz, für nicht wenige beginnt eine eigenartige Zeit der Fehleinschätzung. Man bemerkt das von Leon Festinger in seiner „Theorie der kognitiven Dissonanz" (1957) beschriebene negative und aktivierende Gefühl, das aufkommt, wenn zwei oder mehrere miteinander verbundene Wissenseinheiten (Kognitionen) als diskrepant empfunden werden, „weil neue, widersprüchliche Informationen die bisherigen Beziehungen zwischen bestimmten Systemelementen in Frage stellen" (Nieschlag/Dichtl/Hörschgen 1985, S. 456). Weil man so viele Alternativen kennt und neue Informationen erhält, zweifelt man plötzlich, ob die Themenwahl überhaupt richtig war, die Literaturauswahl angemessen, die Probandenauswahl bei der eigenen empirischen Untersuchung groß genug usw. Im Streben nach innerem Gleichgewicht beginnt man, Möglichkeiten der Spannungsreduktion zu suchen, sei es durch Umbewertung, durch Hinzufügen von konsonanten Elementen, durch Vermeidung oder Verdrängung dissonanter Kognitionen. Dann die Fehleinschätzungen! Der eine ist voller Sorge, hat er doch im Abschnitt 3.2.4 eine Überschrift vergessen – und wird am Ende mit einer glänzenden Note belohnt. Ein Anderer ist sich seiner Sache ganz sicher und wird nach ein paar Wochen enttäuscht, wenn ihn eine unterdurchschnittliche Note aus allen Träumen reißt. Ein Dritter ist überzeugt, seine Arbeit total in den Sand gesetzt zu haben, und kommt mit einer überdurchschnittlichen Note doch anständig durchs Ziel. Bei allen Zweifeln wie bei allem verständlichen Stolz auf das selbst geschaffene Werk – kein Examenskandidat sollte nach Abgabe der Pflichtexemplare über sein Thema weiter brüten! Die Arbeit ist abgeschlossen. Signiert. Lässt keine Überarbeitung mehr zu. Wie ein Kunstwerk. Wer dennoch weiter bohrt, stößt mit ziemlicher Sicherheit bald auf einen bislang übersehenen oder aktuellen Aufsatz, der hundertprozentig sein Themengebiet abdeckt und nun Unruhe und ärgerliche Fragen auslöst: Hätte ich diese Quelle zitieren müssen? Kennt der Korrektor diesen Aufsatz (und damit einen Mangel in meiner Literaturliste)? In dieser Phase des Wartens bewegt sich der abhängige Kandidat eine Zeit lang auf einem unangenehm schmalen Grat. Auf der einen Seite nerven das Stillhalten und das absolute Nichtstun(können), auf der anderen Seite lauern die Abgründe allzu überhasteter oder penetranter Nachfrage beim Dozenten, der verärgert reagieren könnte. Den schmalen Grat einzuhalten ist nicht leicht, zudem eine Frage von zwei beteiligten Temperamenten. Relativ gefahrlos ist eine erste höfliche Erkundigung bei einem Korrekturassistenten nach etwa vier, fünf Wochen. Mit ein bisschen Geschick wird es der erfahrene Examenskandidat wohl auch schaffen, dem betreuenden Professor „ganz zufällig" in einem möglichst entspannten Moment zu begegnen und ihn zu fragen, ob er schon einen Blick in die Examensarbeit werfen konnte. Spätestens mit Erreichen des Endes der Begutachtungsfrist ist allerdings eine offizielle Nachfrage in der Sprechstunde angezeigt.

In diesem Zusammenhang ist ein Kritikpunkt anzusprechen – ungern, aber entsprechende Klagen von studentischer Seite sollen nicht ungehört verhallen. Es zeugt nämlich nicht von Betreuungsverantwortung, wenn der überlastete Professor glaubt, die in der Prüfungsordnung vorgegebene *Korrekturfrist* überziehen zu müssen. So führt er nicht nur das hochschulpolitische Ziel der Verkürzung der Studienzeiten, das er in Gremien selbst vehement vertritt, *ad absurdum*. Sondern so verzögert er für den jungen Akademiker auch den Eintritt ins Berufsleben, der z.B. für Schuldienst-Anwärter an bestimmte Termine gebunden ist. Gegen solchen „Zement, der nicht bindet" kann der benachteiligte Examenskandidat leider wenig ausrichten. Entsteht dem Examenskandidaten nachweislich ein materieller Schaden durch korrekturbedingte Verschleppung seines Studienabschlusses, bleibt ihm zwar der Weg der Zivilklage (Schadensersatz). Aber dieser Weg wäre das unerwünschte traurige Gegenstück zur erwünschten „Fröhlichen Wissenschaft". Es bleibt somit nur ein Appell an das Verantwortungsbewusstsein und die Einsicht des Dozenten, Betreuung beim Wort zu nehmen.

Elfte Lektion
Kontrolle und Bewertung der Examensarbeit

> Mancher meint, er wäre objektiv,
> weil er mit seinem rechten und linken
> Auge dasselbe sieht.
>
> (Stanislaw Jerzy Lec)

Jeder rationale Handlungsablauf, also auch die Anfertigung einer wissenschaftlichen Arbeit, verlangt die Kontrolle der Zielerreichung und des Mitteleinsatzes. Das Ziel(system) seiner Examensarbeit legt der Bearbeiter mit den Planungsdetails fest. Mit der Durchführung entscheidet er über den inhaltlichen und formalen Mitteleinsatz. Den Fortgang seiner Manuskriptarbeiten unterzieht er im Grunde permanent einer Kontrolle, wenngleich nicht immer nach einem strikten Soll-Ist-Vergleich. Da jeder Arbeitsablauf anders und die Fortschrittskontrolle individuell angelegt ist, kann dieser Prozess hier nicht näher beschrieben werden. Indes lässt sich zur wichtigsten Kontrollphase, der Feststellung des Gesamterfolgs durch den Betreuer, Verallgemeinerndes aussagen.

Jede Examensarbeit muss vom Betreuer beurteilt und mit einer *Endnote* versehen werden. Da an den meisten wissenschaftlichen Hochschulen das „Zweiprüfersystem" etabliert ist, wird außer der Note des Betreuers (Erstgutachter) die Beurteilung durch einen Zweitgutachter erforderlich. In den allermeisten Fällen schließt dieser sich der Note des Erstgutachters an (er „zeichnet mit"). Hält der Zweitgutachter jedoch ein separates, abweichendes Zweitgutachten für begründet, dann kommt es darauf an, welche Regelung die Prüfungsordnung für die Festlegung der Endnote vorsieht. Meist wird bei einer geringfügigen Abweichung der beiden Gutachten bis zu einem vollen Notenwert Differenz für die Endnote das arithmetische Mittel gewählt, z.B. bei der Erstnote 1,7 und der Zweitnote 2,3 die Endnote 2,0. Bei einer Abweichung von mehr als zwei Notenwerten oder bei einer Konstellation der beiden Einzelnoten von 4,0 und 5,0 wird in der Regel ein Drittgutachter eingeschaltet. Die Prüfungsordnungen sehen unterschiedliche Regelungen vor, sei es, dass das Urteil des Drittgutachters die Endnote bestimmt, sei es, dass alle drei Prüfer die Note der Examensarbeit gemeinsam festlegen, erforderlichenfalls als Mehrheitsbeschluss. Hätten beispielsweise der Erstgutachter die Note 1,7 und der Zweitgutachter die Note 4,0 erteilt, dann stünde dem Drittgutachter die ganze Skala der zulässigen Noten offen – kein besonders glückliches Verfahren, zumal ein Einspruch des Kandidaten vor dem Prüfungsausschuss kaum Aussicht auf Erfolg hat.

Es ist nicht zu leugnen, dass in der Fähigkeit, wissenschaftliche Arbeiten zu beurteilen, erhebliche Unterschiede bestehen. Empirische Untersuchungen haben erhärtet, dass der Beurteiler-Zuverlässigkeitsgrad mit einem Reliabilitätskoeffizienten $r < 0,56$ (bei $0 \leq r \leq 1$) gering ist (vgl. Lohse 2003, S. 276). Damit die Examenskandidaten keinem Vabanquespiel und keiner Willkür ausgesetzt sind und der Dozent als Erstbetreuer bei der „Urteilsfindung" nicht auf allzu schwankendem Boden agiert, wären möglichst *objektive Beurteilungskriterien* wünschenswert. Freilich ist ein verbindlicher Kanon an objektiven Beurteilungskriterien nirgends festgeschrieben. Allerdings ist es auch zweifelhaft, ob in Anbetracht der höchst unterschiedlichen Themen und der differierenden Bearbeiterleistungen ein absoluter, einheitlicher Kriterienkanon allen Examensarbeiten gerecht werden kann. Schließlich beruht die Beurteilung einer schriftlichen wissenschaftlichen Arbeit nicht auf objektiver Messung, sondern auf subjektiver Bewertung. Verantwortungsbewusste Hochschullehrer haben sich immer schon um möglichst objektive Bewertung bemüht. In der langen Tradition der Hochschulprüfungen hat sich eine Reihe von Beurteilungskriterien herausgeschält, die nicht nur in Prüfungsordnungen, sondern auch in die Literatur Eingang gefunden haben. Exemplarisch sei der *Kanon von Gesichtspunkten* für die Bewertung von Diplomarbeiten von Lück herausgegriffen:

– Schwierigkeitsgrad der Arbeit
– Grad der Themaerfüllung
– Forschungshöhe
– Konzeption, Gliederung, Inhalt
– Darstellung
– Zitierweise.

Bei diesen Gesichtspunkten handelt es sich um relativ abstrakte und komplexe Begriffe. Sie bedürfen der konkreten Auslegung und Anwendung durch den Gutachter. Bei einer so geleiteten Bewertung wird Objektivität nur schwer zu erreichen sein. Es ist kein Geheimnis, dass mancherlei Ungereimtheiten und Ungerechtigkeiten bei der Notengebung an verschiedenen Hochschulen und Lehrstühlen anzutreffen sind. Sie reichen von Diskriminierungen (Geschlechterdiskriminierung, Diskriminierung von studentischen Mitarbeitern eines

„Konkurrenzlehrstuhls") über begründungslose, scheinbar zufallsgeleitete Notengebung („Würfel-Technik") oder den Vergabemodus „Einsen für alle" bis
hin zur Begünstigung persönlicher Favoriten („Schönheit muss auch belohnt
werden"). So etwas ist unerträglich. Durch das Zweiprüfersystem wird es gewiss erschwert, aber nicht ausgeschlossen. Daher sollen im vorliegenden Ratgeber Dozenten und Studenten Wege zu einer objektiven und gerechten Bewertung der Examensarbeit aufgezeigt werden.

11.1 Allgemeine Bewertungskriterien

Auch wenn allgemeine Bewertungskriterien für schriftliche wissenschaftliche
Arbeiten nirgends verbindlich kodifiziert sind, besteht doch weithin Einigkeit
unter den Wissenschaftlern, dass die in der Ersten Lektion erwähnten *Mindestanforderungen*

– Objektivität,
– (Begriffs- und Argumentations-)Klarheit,
– Nachprüfbarkeit,
– Vollständigkeit der Themenbehandlung,
– Übersichtlichkeit der Darstellung

bei der Beurteilung und Benotung von Examensarbeiten heranzuziehen sind.
   Rösner zeigt folgenden Zugang zu objektiven Kriterien auf. Er filtert aus dem
Zweck der Examensarbeit, wie er in den Prüfungsordnungen fast gleichlautend
festgelegt ist, ein gemeinsames Lernziel heraus. Die Kernaussagen dieser Lern-
zielformulierung verdichtet er zu drei Anforderungskategorien, welche bei der
Bewertung heranzuziehen seien:

– Wissen: Nachweis des Erwerbs von Fachkenntnissen
– Verständnis: Nachweis analytischer Fähigkeiten, die mit der Thematik ver-
  bundenen Problemstellung sowie Zusammenhänge zu erkennen, und Vertrautheit mit geeigneten wissenschaftlichen Methoden
– Anwendung: Nachweis der Fähigkeit, mit den geeigneten wissenschaftlichen Methoden selbstständig arbeiten zu können

Diese Kategorien sind zweifellos prüfungsordnungskonform, wenngleich noch
recht abstrakt.
   Einige Prüfungsämter geben dem Dozenten – neben den zulässigen und den
ausgeschlossenen Teilnoten – etwas konkretere Beurteilungskriterien vor,
ohne Zweifel ein richtiger Schritt auf dem Weg zu möglichst objektiver Bewertung. So sind z.B. bei der Bewertung von wirtschaftswissenschaftlichen Exa-

mensklausuren im Rahmen der Staatlichen Prüfungen für das Lehramt Sekundarstufe II in Nordrhein-Westfalen die folgenden sechs Kriterien zu berücksichtigen:

- Grad der selbstständigen Leistung
- Sachlicher Gehalt
- Aufbau
- Gedankenführung
- sprachliche Form
- besondere Vorzüge oder Mängel der Arbeit

Der Anwendung eines solchen Kriterienbündels auch auf wissenschaftliche Hausarbeiten („Staatsarbeiten") steht nichts im Wege.

Andere Autoren verlangen, bei der Beurteilung einer Examensarbeit einen umfangreichen Kanon von Kriterien heranzuziehen. Beispielsweise hat Bänsch insgesamt 38 Kriterien (in Frageform) folgenden Stichwörtern zugeordnet: Fragestellung; Behandlung der Fragestellung; Ergebnisse; Definitionen, Prämissen, Untersuchungsdesign; Stil und Sprachregeln; Literaturbearbeitung und Zitierweise; Gliederung; Eigenständigkeit; Darstellungen und Verzeichnisse; Reinschrift. Er kommentiert diese Auswahl: „Entscheidend ist letztlich ‚nur', dass eine wissenschaftliche Arbeit alle Kriterien ... erfüllt" (Bänsch 1996, S. 73). Ob die Erfüllung aller dieser Kriterien oder weniger Kriterien oder weiterer Kriterien wirklich ein objektives Qualitätsurteil über die Examensarbeit ermöglicht, sei dahingestellt. Andere Autoren schlagen sogar einen aus nicht weniger als 56 Fragen bestehenden Kriterienkatalog für die Beurteilung studentischer Abschlussarbeiten vor und bemerken mit Recht: „Er könnte sicherlich noch um weitere Punkte erweitert werden – wobei dann jedoch zu fragen wäre, ob eine noch längere Kriterienliste überhaupt noch handhabbar ist" (Stickel-Wolf/Wolf 2002, S. 225).

Es ist wenig befriedigend, dass alle Ratgeber wohlgemeinte, jedoch unterschiedliche Beurteilungskriterien anführen. Viele nicht übereinstimmende Bewertungskonzepte nützen beiden hier angesprochenen Zielgruppen wenig. Die Dozenten bleiben verunsichert. Und die Studenten tappen im Dunkeln, solange ihr Betreuer ihnen nicht kundtut, welchem Konzept er bei seiner Bewertung folgt oder ob er – nach bestem Wissen und Gewissen – ein eigenes Bewertungsschema anwendet. Aber nur diese Kenntnis ist für die Examenskandidaten relevant. Als Arbeitshilfe und Muster für möglichst objektive und gerechte Bewertung wird daher im Folgenden ein bewährtes analytisches Bewertungsschema angeboten.

11.2 Analytisches Bewertungsschema

Aus dem Dilemma, dass einerseits kein allgemein verbindliches Bewertungsschema für alle Examensarbeiten in Sicht ist und andererseits mit der individuellen, nicht-standardisierten Bewertung die Gefahr der Willkür heraufzieht, hat der Verfasser ein *analytisches Bewertungsschema* für die Beurteilung von Examensarbeiten entwickelt. (Übersicht 37) Dieses Schema verknüpft die vier wichtigsten Kriterienkomplexe, auf die 24 „objektive" Einzelkriterien verteilt sind, mit unterschiedlichen Gewichten. Die Teilnoten 1 bis 4 für die Kriterienkomplexe (bzw. 1 bis 5 bei empirischen Arbeiten) werden aus den Niveaubestimmungen für die Einzelkriterien abgeleitet. Die Endnote der Examensarbeit resultiert aus der Summe der Teilnoten, die als Zwischensumme u.U. gerundet werden muss. Zur leichten Auf- oder Abrundung kann vor allem der Gesamteindruck der Arbeit herangezogen werden. Das analytische Bewertungsschema ist als Prüfliste (*check list*) ausgestaltet, in die der Beurteiler schon während seiner Korrekturtätigkeit Einzelheiten (Niveauvermerke und Notizen) eintragen kann. Die endgültige Festlegung der Teilnoten und der Endnote erfolgt nach Abschluss der Korrekturdurchsicht bzw. zu Beginn der Gutachtenformulierung.

Anzumerken ist, dass die empfohlene Prüfliste trotz der zunehmenden Umstellung der Bewertung von Studien- und Prüfungsleistungen auf Leistungspunkte (*credits, credit points*, Kreditpunkte) gemäß dem europaweiten Leistungspunktesystems ECTS (*European Credit Transfer and Accumulation System*) noch an dem traditionellen deutschen Notensystem mit absoluten Noten festhält. Das erscheint gerechtfertigt, solange nicht wenigstens die Mehrzahl der deutschen Prüfungs- und Studienordnungen auf das europäische modularisierte System mit relativer Notengebung umgestellt ist und solange die HRK empfiehlt, das deutsche Notensystem weiterhin zu verwenden, zumal es europaweit durch den Diplomzusatz *Diploma Supplement* (DS) vergleichbar gemacht werden soll.

Diese Standardlösung wurde auf ca. 400 Examensarbeiten angewendet. Sie hat sich uneingeschränkt bewährt und wurde sowohl vom Prüfungssekretariat als auch von den Examenskandidaten als gerechte, weil transparente und nachvollziehbare Bewertung empfunden und einhellig akzeptiert. Für den Dozenten liegen ihre Vorzüge in der Erfassung aller wichtigen Bewertungskriterien und in der Eignung als Vorlage für das detaillierte Gutachten. Die Prüfliste ist als Arbeitsmittel für den Dozenten konzipiert. Daher sollte er kein ausgefülltes Exemplar aus der Hand geben. Gibt er jedoch in der Examens-AG ein Blanko-Exemplar zur Kenntnis (eventuell per Overhead-Projektor), zudem mit möglichst ausführlichen Erläuterungen, dann ist ihm der Dank aller Teil-

Übersicht 37: Beurteilung von literaturgestützten Examensarbeiten

Kriterien	Niveau	Seitenangaben und Notizen
	1 2 3 4 5	

1 Problemerfassung u. -beschreibung
1. Verständnis der Problemstellung
2. Verständliche Problembeschreibung
3. Begründung der Probleme
4. Definition der tragenden Begriffe
5. Begründung von Abweichungen und Auslassungen
6. Historische Anmerkungen
Teilnote von 1:   x 0,1 (Gewicht) =

2 Aufbau und Gliederung
1. Folgerichtigkeit der Gliederung
2. Folgerichtigkeit des Aufbaus und der Gedankenführung
Teilnote von 2:   x 0,2 (Gewicht) =

3 Ausführung
1. Themen-/Problemgerechtigkeit der Ausführungen
2. Literaturauswahl
3. Inhaltliche Vollständigkeit
4. Hervorhebung wichtiger und neuer Erkenntnisse
5. Eigenständige Gedanken
6. Vermeidung von Widersprüchen
7. Vermeidung von Wiederholungen
8. Belegung aller Behauptungen
9. Hinweis auf problemübergreifende Zusammenhänge bzw. weiterführende Fragen
10. Klarheit im sprachlichen Ausdruck
11. Beherrschung der Fachsprache
Teilnote von 3:   x 0,6 (Gewicht) =

4 Formale Gestaltung
1. Einteilung von Textabschnitten
2. Überschriften und Tabellen
3. Literaturverzeichnis
4. Zitierweise
5. Äußere Form
Teilnote von 4:   x 0,1 (Gewicht) =

Zwischensumme: ....
Korrektur (+/-): ....
Endnote: ....

nehmer gewiss. Aus Gründen der Praktikabilität sollte die Prüfliste im DIN A 4-Format abgefasst sein. Da sie während der Korrekturarbeit jedoch nur wenig Platz für Notizen lässt, kann der Dozent als einfache Arbeitshilfe ein zusätzliches *Korrektur-Notizblatt* (oder mehrerer Blätter) einsetzen. Übersicht 38 zeigt ein verkleinertes Muster für empirische Examensarbeiten.

Übersicht 38: Korrektur-Notizblatt für Gutachten über empirische Arbeiten

Name:
Thema:
Bewertungskriterien und Gewichte:
   1. Problemerfassung (0,1)
   2. Aufbau (0,2)
   3. Methodenbeschreibung (0,2)
   4. Ausführung (0,4)
   5. Formale Gestaltung (0,1)

zu 1.:
zu 2.:
zu 3.:
zu 4.:
zu 5.:
Sonstiges/Gesamteindruck

Die Prüfliste in Übersicht 37 gilt für literaturgestützte Diplom-, Master- oder Staatsarbeiten (*Literaturarbeiten*). Für die Korrektur weniger umfangreicher Examensarbeiten wie Bachelor-Arbeiten oder empirischer Examensarbeiten ist eine *modifizierte Prüfliste* anzuwenden. Von der Wiedergabe entsprechend modifizierter Prüflisten kann hier abgesehen werden. Ein Hinweis auf die Hauptmodifikationen für umfangreiche *empirische Arbeiten* – fünf Kriterienkomplexe und andere Gewichte – möge genügen:

- Problemerfassung   (0,1)
- Aufbau   (0,2)
- Methodenbeschreibung (0,2)
- Ausführung   (0,4)
- Formale Gestaltung   (0,1)

> **Merksatz**
> Entwickeln Sie ein für alle Examensarbeiten verbindliches einheitliches Bewertungsschema und geben Sie es Ihren Examenskandidaten rechtzeitig zur Kenntnis. Als Früchte dieser Aussaat werden Sie ansprechende Arbeiten und Dankbarkeit ernten.

11.3 Mustergutachten für eine Diplomarbeit

Erfahrungsgemäß sind die studentischen Teilnehmer an der Examens-AG für das Kennenlernen eines echten Gutachtens, das auf der Basis der analytischen Bewertung entstanden ist, überaus dankbar. Diese Kenntnis ist für sie allemal wertvoller als die in abstrakter Metasprache abgefassten Anforderungen des „sollte", „müsste", „würde". An einem praktischen Beispiel kann jeder Student das Bewertungsvorgehen des Dozenten nachvollziehen und erkennen, welche Stärken er gelobt und welche Schwächen er getadelt hat. Da es sich bei den Gutachten um geheime Verschlusssachen handelt, die aus Gründen des Datenschutzes Dritter grundsätzlich nicht zugänglich gemacht werden dürfen, sind zwei Bedingungen zu beachten:

- Das in der Examens-AG präsentierte Mustergutachten muss – falls es nicht realistisch-fiktiv formuliert ist – auf jeden Fall faktisch anonymisiert sein.
- Das Mustergutachten sollte nur zur Kenntnis gegeben, aber nicht ausgehändigt werden, weder als Einzelexemplar noch vervielfältigt.

Darüber hinaus empfiehlt es sich, nur ein älteres Gutachten als Muster zu wählen. So wird vermieden, dass den Studenten eine Reidentifizierung des Bearbeiters gelingt. Bei dem fiktiven Muster in Übersicht 39 wird eine (noch) sehr gute Endnote ausgewiesen und begründet. Das ist pädagogisch sinnvoll, weil es zeigt, dass die 1,3-Endnote bei dem standardisierten Bewertungsverfahren trotz zweier niedrigerer Teilnoten erreichbar war. An einem Muster mit schlechter(er) Endnote könnte derselbe kompensierende Effekt aufgezeigt werden. Aber ein konkretes Gutachten mit der Endnote 4,0 (ausreichend) wirkt psychologisch leicht demotivierend. Im Übrigen sollten der Dozent und jeder Student davon überzeugt sein, dass die intensive Betreuung und die gemeinsame Arbeit in der Examens-AG schwache Ergebnisse gar nicht mehr erwarten lassen.

> **Merksatz**
> Sieht die Prüfungs- oder Studienordnung Ihres Faches ein Vorschlagsrecht der Studierenden für den Zweitgutachter vor, dann setzen Sie sich rechtzeitig, spätestens kurz vor der Themafestlegung, mit beiden Prüfern ins Benehmen und erbitten Sie beider Einverständnis.

> **Merksatz**
> Als betreuender Erstgutachter sollten Sie Ihr Erstgutachten sorgfältig, differenziert und wasserdicht abfassen, um dem Zweitgutachter das Mitzeichnen zu erleichtern und die Unzuträglichkeiten eines eventuellen Drittgutachter-Verfahrens abzuwenden.

Übersicht 39: Gutachten über eine Diplomarbeit

Prof. Dr. Vorname Name   Ort, Datum
Fakultät/Fachgebiet

GUTACHTEN
über die Diplomarbeit mit dem Thema:
„Elektronische Instore-Medien als Instrumente
der Kundenbindung im Einzelhandel"

vorgelegt von

Herrn cand. rer. pol. Vorname Name

I. Analytische Bewertung

		Gewicht	Teilnote	gewichtete Note
1.	Problemformulierung	0,1	2,0	0,20
2.	Aufbau und Gliederung	0,2	1,3	0,26
3.	Durchführung	0,6	1,3	0,78
4.	Formale Gestaltung	0,1	1,7	0,17
	Zwischensumme			1,41
	Korrektur +/-			0,11
	Endnote			**1,3**

II. Anmerkungen

Zu 1.:
In seiner Einleitung skizziert der Vf. kurz den Hintergrund und die Problematik des Einsatzes von Instore-Medien am POS. Die Begründung für die „schwerpunktmäßige" Auseinandersetzung mit den elektronischen Instore-Medien fällt etwas knapp aus. Die tragenden Begriffe „elektronische Instore-Medien", „Kundenbindung" und „Einzelhandel" werden definitorisch abgegrenzt. Die auf S. 7 angesprochenen drei Kriterien, nach denen die fünf näher untersuchten Instore-Medien unterschieden werden, bleiben undeutlich. Historische Anmerkungen werden einleitend nicht gesondert behandelt; in der Durchführung werden jedoch mehrfach Pionierunternehmen für das eine oder andere elektronische Instore-Medium genannt.

Zu 2.:
Der Aufbau der vierteiligen Diplomarbeit ist klar und themagerecht. Für die Untergliederung des Kapitels 2 wäre eine andere Reihenfolge folgerichtiger. Der (sehr flüssigen) Lektüre und dem Verständnis ist die gewählte Reihenfolge jedoch nicht abträglich. Die konsequent symmetrische Untergliederung der fünf Teile des Kapitels 3 zeugt von klarer Strukturierung des Stoffs und geradliniger Gedankenführung. Das abschließende „Fazit" ist inhaltlich gelungen und stellt keineswegs nur eine förmliche Abrundung dar.

Zu 3.:
Die vorliegende Diplomarbeit bewegt sich mit ihren 66 Textseiten, 4 Abbildungen, 5 Übersichten, 41 Literaturangaben, einigen sonstigen Quellen und 123 Fußnoten scheinbar im Rahmen des Üblichen. Tatsächlich ist dem Vf. inhaltlich eine vorzügliche Darstellung gelungen. Ohne sich in (naheliegenden) Einzelheiten zu verlieren – etwa bei den theoretischen Ansätzen zur Kundenbindung oder bei den Verfahren der Kundenzufriedenheitsmessung –, bietet er zunächst kurz und prägnant eine theoretische Basis zur Kundenbindung. Auf dieser Basis gewinnen die im Folgenden beschriebenen fünf elektronischen Instore-Medien ihren Sinn und ihre Bedeutung: Instore-Radio, Instore-TV, elektronische Regaletiketten, Infoboards und Kioskterminals. (Etwas überraschend werden Selfscanning-Systeme nicht behandelt). Für die untersuchten Medien werden – jeweils recht differenziert – Funktionsweise, Möglichkeiten und Grenzen ihres Einsatzes sowie ein praktisches Beispiel vorgeführt. Nicht nur die Beispiele aus der Handelspraxis, sondern auch die meist farblich gestalteten Abbildungen und Übersichten veranschaulichen die Thematik bestens und legen Zeugnis ab von der Eigenständigkeit der Arbeitsweise. Die relativ wenigen, durchweg aktuellen Literaturquellen hat der Vf. sehr geschickt ausgewertet und um eine Reihe von persönlichen Gesprächsinformationen ergänzt. Die von jeglichem Ballast freie und durch klare Ausdrucksweise geprägte Arbeit liest sich ausgesprochen flüssig. Auch wenn der (mögliche) Beitrag der untersuchten elektronischen Instore-Medien zur Generierung von Kundennutzen und Kundenbindung überwiegend positiv gedeutet wird, argumentiert der Vf. durchaus nicht unkritisch. Sein im Fazit geäußerter Appell an die Unternehmen des Einzelhandels, „die noch weitestgehend unbekannten und in ihren Wirkungen auf die Kundenbindung wissenschaft-

lich nicht eindeutig abgesicherten elektronischen Instore-Medien in ihr Kundenbindungskonzept zu integrieren", ist wohlbegründet. Die wenigen inhaltlichen Beanstandungen – Widerspruch auf S. 34/35; Logik auf S. 20, 21 und 29; Ausdruck auf S. 13, 15 und 29 – fallen nicht ins Gewicht.

Zu 4.:
In formaler Hinsicht ist die vorliegende Arbeit kaum zu beanstanden. Die Zitierweise ist präzise, und die Textabschnitte folgen immer den gedanklichen Einschnitten. Kritisch anzumerken sind einige typografische Unausgewogenheiten (S. 6–10), die beim Blocksatz gelegentlich fehlende Trennung oder die (fleißigen, aber unüblichen) Seitenangaben bei den herangezogenen Literaturquellen.

Trotz der genannten leichten Schwächen gewährt die vorliegende Arbeit einen vorzüglichen Überblick über die Chancen und Risiken des Einsatzes von elektronischen Instore-Medien im Einzelhandel und einen hinreichend tiefen Einblick in das neue Kundenbindungspotenzial, das sich innovativen Handelsunternehmen eröffnet hat. Die gelungene Gesamtleistung rechtfertigt die Gesamtnote

1,3 (sehr gut)

_____   _____
Prof. Dr. (Erstgutachter)   Prof. Dr. (Zweitgutachter)

Zwölfte Lektion
Nachbetreuung und Verwertungsoptionen
für die Examensarbeit

> Aber hier, wie überhaupt,
> kommt es anders, als man glaubt.
> (Wilhelm Busch)

Mit der Bewertung der wissenschaftlichen Prüfungsarbeit scheint für manche Hochschullehrer das Ziel der Kandidatenbetreuung erreicht zu sein. Engagierte Hochschullehrer werden sich indes nicht damit begnügen, ihren Schützlingen mit der Note für ihre Diplom-, Magister- oder Staatsarbeit den Laufpass ins ungewisse Berufsleben zu geben; denn dort, wie überhaupt, kommt es oft anders als man glaubt. Das im Laufe der zehn bis zwölf Sitzungen der Examens-AG entstandene Vertrauensverhältnis sollte die Dozenten verpflichten, mit den hoch motivierten Jungakademikern einen Blick in die Zukunft zu tun, d.h. berufliche Perspektiven, Tipps für Bewerbungen und Verwertungsoptionen für die fertige wissenschaftliche Arbeit aufzuzeigen, insbesondere die Chancen der Publikation der Examensarbeit und der wissenschaftlichen Weiterqualifikation zu besprechen. Durch eine solche Nachbetreuung, zumindest der daran Interessierten, erhält die Examens-AG ihre pädagogische Abrundung.

12.1 Nachbetreuung

Abgesehen von den glücklichen Absolventen, die bereits vor ihrem Studienabschluss einen Arbeitsvertrag in der Tasche oder eine berufliche Laufbahn z.B. als Firmengründer, Berater oder Referendar, vorgezeichnet haben, sind die Absolventen im Normalfall ihrem Dozenten für möglichst konkrete und aktuelle *Hinweise auf berufliche Tätigkeitsfelder* mit jeweiliger Chanceneinschätzung außerordentlich dankbar. Selbstverständlich kennt jede Fachwissenschaft und jedes Fachgebiet ureigene und spezifische Tätigkeitsfelder für das Leben nach dem Studium. Hier muss jeder Dozent gemäß seinen besonderen praktischen Erfahrungen und Kenntnissen des fachspezifischen Job-Spektrums seine eigene Marktübersicht erstellen. Als Beispiel sei ein Überblick über die beruflichen Tätigkeitsfelder nach Abschluss eines Handelsstudiums wiedergegeben. (Übersicht 40) Ein solcher Überblick kann schon zu Beginn des entsprechenden Fachstudiums als Motivator eingesetzt werden. Zu Beginn der Nachbetreuung bzw. in der letzten Sitzung der Examens-AG bietet sein Einsatz jedoch eine besonders sinnvolle Gelegenheit, die beruflichen Tätigkeitsfelder nun ausführlicher zu schildern und konkrete Tipps beizusteuern.

Übersicht 40: Berufliche Tätigkeitsfelder nach Abschluss des Handelsstudiums

---

1. Handelsunternehmen
Großhandel, Einzelhandel, Handelsvermittlung und Außenhandelsabteilungen von Industrieunternehmen

2. Handelsverbände
Einkaufsverbände, Verbundgruppen; Interessenverbände

3. Industrie- und Handelskammern
Geschäftsführung; Handelsreferate; berufl. Ausbildung/Fortbildung

4. Presse
Print- und Funkmedien; Fachzeitschriften

5. Schulwesen
Berufsschulen*; Fachakademien und Fachschulen

(* nach Lehramtsstudium, z.B. mit Spezieller Wirtschaftslehre Handel)

Mit Ausnahme der auf eine konkrete Position hin studierenden Jungakademiker und der Lehramtskandidaten, die sich frühzeitig mit den Modalitäten und Fristen zum Einstieg in ein Referendariat vertraut gemacht haben, ist wirtschaftswissenschaftlichen Hochschulabsolventen oft nicht bewusst, welche Fülle von interessanten beruflichen Tätigkeitsfeldern ihnen offen steht. Überraschend wenige Studenten streben die unternehmerische Selbstständigkeit an. Das Gros der Absolventen konzentriert sich auf die Bewerbung bei möglichst prominenten (Groß-)Unternehmen oder Konzernen. Kaum jemand bedenkt, dass der Einstieg in ein gesundes mittelständisches Unternehmen nicht selten einen sicheren und rascheren Aufstieg in die Geschäftsleitung eröffnet. Dass gerade der Handel mit seinen vielen kommerziellen Einkaufsverbänden (Verbundgruppen, Kooperationen) in genossenschaftlicher oder nicht-genossenschaftlicher Rechtsform Nachwuchsbedarf hat, ist auch wenig bekannt. Und wer bedenkt schon als Examenskandidat, dass allein in Deutschland rd. 1.200 nicht-kommerzielle Verbände des Handels und der Handelsvertretungen existieren, Bundes-, Landes- und Fachverbände sowie lokale bzw. regionale Einzelhandelsverbände? Nicht nur die Spitzenverbände des Handels und der Handelsvertretungen (HDE, BGA, CDH) mit erheblichem Personalbedarf, sondern auch die kleineren Verbände verfügen alle über eine Geschäftsstelle, in der wissenschaftliche Referenten der Geschäftsführung zur Hand gehen. Sie alle geben eine Zeitschrift, zumindest Mitgliederrundschreiben heraus, die mit Fach- und Sachverstand redigiert und erstellt werden müssen. Ähnlich benötigen die Handels- und Dienstleistungsabteilungen der 85 öffentlich-rechtlichen Industrie- und Handelskammern in Deutschland akademisch geschulten Nachwuchs in der Geschäftsführung wie in den einzelnen Referaten, im Berufsbildungsbereich und in der Redaktion der Kammerzeitschrift. Und welch weites berufliches Feld eröffnet das Pressewesen: Alle Print- und Funkmedien unterhalten eine Wirtschaftsredaktion. Alle, keineswegs nur die großen überregionalen Zeitungen und (Fach-)Zeitschriften, beschäftigen Wirtschaftsjournalisten in ihren Redaktionen. Da das akademische Publizistik-Studium stark auf Politik, Gesellschaft und Geschichte konzentriert ist, werden Wirtschaftsjournalisten praktisch nicht ausgebildet. Welche Chance für junge Wirtschaftswissenschaftler!

12.2 Bewerbung

Anders als für die *happy few* unter den Examenskandidaten, deren berufliche Laufbahn schon vorgezeichnet ist – wie den Lehramtskandidaten oder den Fachhochschulabsolventen in dualen Studiengängen mit Zusagen für den beruflichen Einstieg –, beginnt für die meisten in der Examensphase das zeitraubende, manchmal nervenaufreibende Geschäft der Bewerbung. Nach wie vor sind eine sehr gute Gesamtnote und ein überzeugendes Leistungs- bzw. Notenniveau in allen Teildisziplinen die beste Ausgangsposition für erfolgreiche Bewerbungen. Die sich in korrekter Haltung, Sicherheit und Höflichkeit widerspiegelnde Persönlichkeit, Praxis-Nachweise, Organisationstalent, Auslandserfahrung und Fremdsprachenkenntnisse (*soft skills*) erhöhen bekanntermaßen die Aussicht auf eine erfolgreiche Bewerbung. Den Teilnehmern an der Examens-AG sollte aber bewusst sein bzw. bewusst gemacht werden, dass ihre sehr gute oder gute Examensarbeit ein besonders effizientes Sesam-öffne-dich bedeutet. Eine inhaltlich spannende und formal bestechende Examensarbeit ist ein Pfund, mit dem schon vor Aufnahme eines Bewerbungsgesprächs gewuchert werden kann. Wer seine (sehr) gute Diplom- oder Magisterarbeit über einen „Vergleich integrierter und nicht-integrierter Shopping-Center in Baden-Württemberg" geschrieben hat, wird nicht nur bei Bewerbungen beim Shopping-Center-Management im Musterländle aussichtsreich kandidieren, sondern kann sich auch Erfolgschancen in anderen Regionen und in ganz anderen beruflichen Feldern ausrechnen. Eine überzeugende Examensarbeit öffnet genauso gut die Türen zu Verbänden, Kammern, Zeitungs- oder Rundfunkredaktionen oder Krankenhausverwaltungen oder anderen Institutionen – überall dort, wo Wert gelegt wird auf die Fähigkeit zu systematischer, logischer, kritischer und differenzierter Argumentation.

Der aufmerksame Betreuer wird die Examens-AG dazu nutzen, den Teilnehmern praktische *Tipps zur Bewerbung* zu unterbreiten. Hier bieten sich vor allem ausgedruckte

- Muster-Voranfragen
- Muster-Bewerbungsschreiben
- Muster-Lebensläufe
- Muster-Bewerbungsmappen

für herkömmliche Bewerbungen an. Für Internet-Bewerbungen können spezielle

- Muster-E-Mails
- Muster-Attachments

vorgestellt werden. Gewiss ist es nicht vorrangige Aufgabe des Dozenten, die Examens-AG in ein Bewerbungsseminar umzufunktionieren. Auch reicht eine Doppelstunde nicht aus für eine detaillierte Bewerbungsberatung. Daher wird sich der Dozent auf die Kurzvorstellung der wichtigsten Bestandteile einer schriftlichen Bewerbung beschränken müssen: Anschreiben und Bewerbungsmappe (Deckblatt; Lebenslauf mit Lichtbild; Anlagen: Zeugnisse und Leistungsnachweise, Nachweise über Praktika, Mitwirkung in Hochschulgremien, Auslandsaufenthalte, Sprachkenntnisse, besondere Kenntnisse und Hobbys, Referenzen). Vielleicht kann er den künftigen Bewerbern auch Tipps wie die folgenden an die Hand geben:

- nur Original-Anschreiben verwenden (leicht an einen großen Verteilerkreis versendbare E-Mails und Attachments sind bei Personalentscheidern höchst unbeliebt)
- eine konkrete Person mit korrekt geschriebenem Namen anreden
- auf korrekte Schreibweise und Zeichensetzung achten
- im Lebenslauf besondere Leistungen und Erfolge sichtbar machen
- Originalität, Kreativität und Organisationstalent erkennen lassen (je nach Adressat)
- unaufgeforderte Initiativbewerbungen oder persönliche Bewerbungskon-

takte bei Firmen, Messen, Kammer- oder Verbandsveranstaltungen starten („Guerilla-Taktik")

Im Übrigen liefert das *Internet* für Standardbewerbungen wie für E-Mail-Bewerbungen reichhaltiges Beispielmaterial. Als Einstiegsadresse sei Dozenten und Studenten nur die Website für Berufsanfänger www.wassollwerden.de der Berliner Initiative Neue Soziale Marktwirtschaft empfohlen.

Schließlich können engagierte Betreuer wenn nicht allen AG-Teilnehmern, so doch den besonders aktiven Teilnehmern die eine oder andere Institution zur Initiativ- bzw. *Direktbewerbung* nennen. Da die meisten Examenskandidaten nach erfolgreicher Teilnahme an der Examens-AG außer Sichtweite geraten, ist es sinnvoll, rechtzeitig ihre E-Mail-Adressen zu notieren. Dann kann der Dozent bei ihm eingehende elektronische Stellenangebote direkt an den entsprechenden Verteiler „Examens-AG" weiterleiten und seine bisherigen Schützlinge aufs Schnellste informieren. Im Übrigen kann er sie beim Bewerbungsverfahren nachhaltig durch Empfehlungsschreiben unterstützen. Geht sein Engagement nicht ganz so weit, dann kann der Dozent seinen Examenskandidaten immer noch das Einverständnis mit seiner Erwähnung im Bewerbungsschreiben als Referenzadresse erteilen.

> Merksatz
> Die erfolgreiche schriftliche Bewerbung löst normalerweise ein Vorstellungsgespräch aus. Es ist ein sehr nützlicher „Kundendienst", wenn der Dozent auch zu den dabei zu beachtenden Regeln – z.B. hinsichtlich der „Kleiderordnung" und des Gesprächsverhaltens, sowohl der verbalen als auch der nonverbalen Kommunikation – einige Tipps geben kann. Vorausgesetzt, der Dozent besitzt entsprechende Kenntnisse und die Zeit steht zur Verfügung, bietet sich eine spielerische Übung in Körpersprache an mit Diskussion der Elemente Gestik, Mimik, Auftritt, zweckmäßige Distanzzone und richtiger Standpunkt.

12.3 Publikation

Die fertige Examensarbeit – erst recht das mit Randnotizen versehene Korrekturexemplar des Dozenten – ist normalerweise nicht zur Veröffentlichung bestimmt. Eine veröffentlichte Examensarbeit, freilich nur eine sehr gute oder gute Arbeit, ist jedoch für alle Beteiligten – für den Bearbeiter, den Betreuer und die Hochschule – eine feine Visitenkarte. Es ist bedauerlich, dass im Regelfall sehr gute, womöglich hervorragende wissenschaftliche Examensarbeiten in der Schublade bzw. im Stahlschrank von Prüfungsämtern und Lehrstühlen landen und unter Verschluss bleiben müssen. Dass ein Mensch eine wissenschaftliche Examensarbeit nur für zwei andere Menschen als Leser (Korrektoren) anfertigt und sonst niemand vom Arbeitsergebnis Kenntnis erhält, ist im Grunde ein Stück Vergeudung von Humankapital. Daher sollte zumindest bei einer herausragenden Arbeit ihre Veröffentlichung oder eine Teilveröffentlichung der wichtigsten Ergebnisse in Betracht gezogen werden.

Wenn eine Vervielfältigung der Examensarbeit angestrebt wird, sind allerdings *rechtliche Fragen* zu klären und ist eine Ergänzung zu erwägen (vgl. hierzu Slapnicar 2003). Grundsätzlich steht dem Verfasser der wissenschaftlichen Examensarbeit nach dem Urheber- und Verlagsrechtsgesetz (UrhG) das alleinige Urheberrecht zu und auch die hieraus resultierenden Nutzungsrechte wie Veröffentlichung (§ 12), Vervielfältigung (§ 16) und Verbreitung (§17) und kommerzielle oder nichtkommerzielle Verwertung. Arbeiten, die in Zusammenarbeit mit Unternehmen angefertigt wurden, firmeninterne Daten oder vertrauliche Informationen enthalten, können allerdings nur mit dem Einverständnis der Informanten verwertet werden. Auf das grundsätzliche Urheberrecht sollten sich die Examenskandidaten jedoch nicht verlassen. Die Hochschulen regeln nämlich meist in ihren Prüfungsordnungen – leider sehr unterschiedlich – auch das Veröffentlichungsrecht. Manche untersagen strikt jede Veröffentlichung der vollständigen Arbeit oder von Auszügen; manche sehen bestimmte Restriktionen vor, z.B. eine Genehmigungspflicht durch die Fakultät oder den Fachbereich oder den Betreuer der Arbeit. In einigen Fällen ist die Veröffentlichungserlaubnis an eine mindestens befriedigende Note der Arbeit (Prädikatsarbeit) gebunden; in anderen Fällen (oder zusätzlich) ist sie nur bei Erwähnung der Hochschule oder der Fakultät bzw. des Fachbereichs oder des Betreuers erforderlich. Welche Regelung an der eigenen Hochschule gilt, wird der Dozent interessierten und geeigneten Kandidaten gern *privatim et gratis* mitteilen. Im Falle einer Veröffentlichung oder Teilveröffentlichung ist es sinnvoll, dem Text ein Abstract voran zu stellen, das auch in englischer oder in einer sonstigen Fremdsprache abgefasst sein kann. Eine solche Kurzfassung verschafft nicht nur einen Überblick über Konzept, Methode(n) und Ergebnis(se) der Arbeit, sondern ist auch geeignet, Interesse zu wecken und zum Erwerb zu veranlassen.

In der Regel hat der Betreuer am ehesten den Überblick über die geeigneten Publikationsorgane. Er verfügt über eigene Erfahrungen mit verschiedenen Publikationsforen, Verlagen und formalen Anforderungen. Für die Publikation einer herausragenden Examensarbeit als *Monographie* kann er Verlage benennen, Verlagsanschriften mitteilen und ggf. selbst den Kontakt herstellen, einen Autorenvertrag als Muster vorlegen und/oder eine Referenz abgeben. Für eine auszugsweise Publikation als *Fachaufsatz* des Bearbeiters kann er Hinweise auf geeignete Fachzeitschriften oder auf im Planungsstatus befindliche Sammelwerke geben. Meist verfügt der Dozent selbst über Hinweise für Autoren des einen oder anderen Verlags, die in der Examens-AG kurz besprochen werden könnten.

Für Betreuer und Bearbeiter kann es – eine entsprechend interessante Arbeit vorausgesetzt – mitunter reizvoll sein, deren wichtigste Gedanken als *Gemeinschaftsaufsatz* unter Nennung beider Autoren zu publizieren. Hierbei sollte jedoch intellektuelle Redlichkeit herrschen, d.h. der Betreuer sollte seinerseits mindestens ein Drittel des Textes beisteuern und nicht nur seinen guten Namen hergeben. Solche Gemeinschaftsbeiträge von Professoren und Mitarbeitern sind nicht ganz unproblematisch. Beide Koautoren haften für den Inhalt und beider wissenschaftliche Reputation muss nicht automatisch steigen. Was für den frisch Examinierten in der Regel eine erste Stufe zum fachlichen Ansehen bedeutet, kann für den Dozenten als Koautor rufabträglich sein – wenn er fast ausschließlich oder auffällig oft nur als Koautor publiziert. Die Insider erkennen alsbald, dass unser Koautor „schreiben lässt" und sich mit fremden Federn schmückt. (Welchen Umfang solche Kooperation inzwischen bei fachwissenschaftlichen Aufsätzen angenommen hat, mag nur ein Beispiel zeigen: Von den insgesamt 26 Aufsatzbeiträgen im Jahrbuch „Handelsforschung 2004" sind 20 Aufsätze Gemeinschaftsarbeiten). Zur intellektuellen Redlichkeit gehört es auch, dass der betreuende Dozent eine Diplomarbeit nicht unter eigenem Namen allein verwertet. Damit würde der Dozent gegen die „Grundsätze zur Sicherung guter wissenschaftlicher Praxis" der Deutschen Forschungsgemeinschaft (DFG) vom 17.6.1998 und gegen die „Regeln zur Sicherung guter wissenschaftlicher Praxis" der Max-Planck-Gesellschaft vom 24.11.2000 verstoßen (vgl. hierzu auch Schnabel/Sentker 2003). Zu der Frage, wie man als Examenskandidat verhindert, dass man ausgenutzt wird, äußert sich Umberto Eco recht drastisch: Der Dozent sei unanständig, wenn er die Studenten als „Wasserträger" arbeiten und ihren Abschluss machen ließe und dann skrupellos ihre Arbeit verwende, als sei es die seine. „Manchmal handelt es sich um eine *fast* gutgläubige Unanständigkeit: Der Dozent hat die Arbeit mit großem Interesse verfolgt, er hat viele Ideen eingebracht, und nach einer gewissen Zeit kann er die von ihm stammenden Gedanken nicht mehr von denen des Studenten unterscheiden." (Eco 2003, S. 61) Träte dieser Fall wissenschaftlichen Fehlverhaltens tatsächlich ein, dann sollte der ehemalige Bearbeiter – die Beendigung seines Abhängigkeitsverhältnisses vorausgesetzt – einen solchen Missklang im persönlichen Interesse wie im Interesse der Wissenschaft nicht hinnehmen. Er sollte als „Warnpfeifer" (*whistleblower*) tätig werden und den Verstoß der Hochschulleitung und/oder der DFG anzeigen. Obwohl die wissenschaftlichen Ergebnisse einer Examensarbeit urheberrechtlich nicht geschützt und frei verwertbar sind und das Urheberrecht nicht gegen Ideendiebstahl hilft, hat der betreuende Dozent bei Übernahme von Texten des Absolventen auf jeden Fall dessen Urheberschaft zu respektieren, und zwar durch Zitate unter Nennung des Autorennamens.

Der Dozent kann u.U. auch *Post- und/oder Internet-Adressen* von Verlagen oder Sammelwerk-Herausgebern zusammenstellen und an seine AG-Teilnehmer weitergeben – ein großzügiger Kundendienst. Namentlich unter den Internet-Adressen von Verlagen sind mitunter sehr detaillierte Publikationsvoraussetzungen und -vorschriften als pdf-Dateien erhältlich. Als Beispiel sei das von Volker Trommsdorff bereit gestellte Merkblatt für Autoren genannt, das unter der Internet-Adresse www.marketing-trommsdorff.de/forschung/hafo_hinweise.pdf heruntergeladen werden kann. Hilfreich sind in diesem Zusammenhang für wirtschafts- und sozialwissenschaftliche Examenskandidaten die von der Wirtschaftswoche unterhaltene Website www.wiwo.de/diplom und das Internetportal www.phoenix-witra.de, über dessen virtuelles Archiv Absolventen ihre Examensarbeiten vermarkten können.

12.4   Weiterqualifikation

Die allermeisten Examenskandidaten wollen mit der Fertigstellung ihrer schriftlichen wissenschaftlichen Arbeit und dem nahenden Studienabschluss diese Dokumentation ihrer beruflichen Qualifikation zum baldigen Start ins Berufsleben nutzen. Nur vereinzelt haben Teilnehmer an der Examens-AG eine wissenschaftliche Weiterqualifikation in ihre Lebensplanung einbezogen. Trotzdem bietet sich die Examens-AG als geeigneter Ort an, über wissenschaftliche Weiterbildungsmöglichkeiten zu informieren bzw. informiert zu werden, namentlich über den Dschungel an länderspezifischen Vorschriften für Fachhochschulabsolventen. Hierzu werden im Einzelfall intensive Beratungsgespräche erforderlich. Auf jeden Fall kann der Dozent den AG-Teilnehmern Hinweise auf geplante, vakante und vakant werdende Stellen in seinem Fachgebiet sowie über die Finanzierungsmöglichkeiten geben. An *Stellen* für besonders erfolgreiche Absolventen kommen grundsätzlich

– befristete Planstellen für wissenschaftliche Mitarbeiter (1/1-Stellen),
– befristete Planstellen für wissenschaftliche Hilfskräfte
– drittmittelfinanzierte Mitarbeiterstellen (z.B. Projektstellen)

in Frage, für welche die Hochschule die Arbeitsverträge abschließt. Gemäß § 53 II Hochschulrahmengesetz kann das Landesrecht vorsehen, dass befristet eingestellten wissenschaftlichen Mitarbeitern im Rahmen ihrer Dienstaufgaben „auch Gelegenheit zur Vorbereitung einer Promotion gegeben werden kann". Somit stellt die Promotion den Standardweg der wissenschaftlichen Weiterqualifikation dar. Für die Hochschullehrerlaufbahn ist die Promotion unabdingbare Voraussetzung. Im sonstigen Berufsleben, namentlich bei größeren Unternehmen, Verbänden, Behörden und Instituten mit Forschungstätigkeiten, stellt sie neben führungsqualifizierenden Persönlichkeitsmerkmalen nur ein erwünschtes Qualifikationsmerkmal von Bewerbern unter mehreren dar. Den interessierten potenziellen Doktoranden kann der Dozent zumindest erste Hinweise zu den diversen *Finanzierungsmöglichkeiten*, vielleicht auch Details zu Bewerbungs- und Fördermodalitäten geben, etwa zu

– Finanzierung von wiss. Mitarbeiterstellen oder Qualifikationsstellen (im Land Berlin) aus Haushaltsmitteln (nach BAT IIa/2 oder BAT II/2),
– Stipendien für Teilnehmer an Graduiertenkollegs oder
– Promotionsstipendien der Bundesländer, der Europäischen Kommission und der zahlreichen Stiftungen und Forschungsgesellschaften. (Näheres hierzu bei Preißner 2001).

12.5 Sonstiges

Auch wenn wirtschaftswissenschaftliche Examenskandidaten im Regelfall keine wissenschaftliche Weiterqualifikation anstreben, ist es nützlich, ihren Blick über den üblichen Bewerbungshorizont (Einstieg in ein Trainee-Programm; Anstellungsverhältnis in einem Konzern o. Ä.) hinaus zu lenken. Sie sind durch ihr Studium nicht nur in hohem Maße für die unternehmerische Selbstständigkeit prädestiniert, sondern auch für die Übernahme von leitenden Unternehmensfunktionen. Daher wäre es eine hilfreiche Nachbetreuung, wenn der Dozent die Möglichkeiten und Bedingungen zur Unternehmensgründung oder zur Unternehmensnachfolge skizzieren würde. Sofern die eigene Fakultät spezielle Lehr- oder Informationsveranstaltungen zur Existenzgründung anbietet, sollte den Studenten dortiges Schnuppern nahe gelegt werden. Auch können Hinweise auf *Existenzgründerseminare* und auf die von ihnen zu erwartenden Themenschwerpunkte – Persönlichkeit, Selbstständigkeit, Businessplan, Marketing, Finanzierung, Buchführung, Steuern, Vertrags- und Versicherungsrecht – sowie auf spezielle Gründerberatung gegeben werden. Beratungsinformationen bietet das Bundesministerium für Wirtschaft und Arbeit im Internet unter www.gruendungskatalog.de an. Im Übrigen überlässt die nächstgelegene Industrie- und Handelskammer gewiss gern einführende Broschüren. Auch haben einige Kreditinstitute Gründungsratgeber entwickelt oder bieten entsprechende Informationen im Internet an. Vor dem Hintergrund, dass in vielen mittelständischen Unternehmen nach zwei Nachkriegsgenerationen die dritte Generation fehlt oder nicht an der Firmenübernahme interessiert ist, stellt sich immer dringender das Problem der *Unternehmensnachfolge* – und damit eine Chance für qualifizierte Hochschulabsolventen. Die IHKs haben sich der Kontaktvermittlung schon seit langem angenommen. Ihre Listen der Nachfolger suchenden Unternehmen („Unternehmensbörse") werden durch den Deutschen Industrie- und Handelskammertag (DIHK) koordiniert und laufend aktualisiert. Ratsam ist daher ein Blick ins Internet auf die DIHK-Homepage www.diht.de und die Links „Unternehmensgründung" und „Unternehmensnachfolge".

Einen ehrenvollen Service kann der Dozent im Falle einer herausragenden Examensarbeit anbieten: ihre *Empfehlung für eine Auszeichnung*. Nicht nur loben zahlreiche Stiftungen, Verbände, Kammern und Parteien Preise für herausragende wissenschaftliche Arbeiten aus, u. U. bedenkt auch die eigene Hochschule in jedem Jahr besonders beachtliche wissenschaftliche Leistungen mit einer Auszeichnung. Die Bewerbung um solch einen Preis kann der Dozent anstoßen und unterstützen, zumal er innerhalb der eigenen Hochschule die Erfolgsaussichten besonders gut beurteilen kann. Welcher Dozent ist nicht selbst stolz, wenn seinem „Schüler" für die von ihm vorgeschlagene Staats-, Magister- oder Diplomarbeit der Universitätspreis zugesprochen wird.

Schließlich ist an die Einrichtung eines *Ehemaligen-Zirkels* zu denken. Dieser kann real oder virtuell ausgestaltet werden. Auf der Lehrstuhl-Hompage könnte sogar eine eigene Kontaktbörse eingerichtet werden. Auf der entsprechenden Seite können dann Ehemalige Stellenangebote, Stellengesuche oder Kooperationswünsche einstellen, auf die andere Ehemalige (innerhalb des geschlossenen Nutzerkreises) zugreifen mögen. Da bzw. sofern der Dozent über die Adressen seiner Ehemaligen verfügt, bereitet es keine allzu große organisatorische Mühe, sie regelmäßig zu einem Ehemaligen-Treffen mit zwangloser Aussprache einzuladen, z. B. im Rahmen eines Sommerfests oder eines Campus-Picknicks. Er mag selbst entscheiden, ob er die Doktoranden, die Mitarbeiter und die Sekretärin mit einlädt. Solch ein erweiterter Ehemaligen-Kreis dient jedenfalls dem Wohlbefinden aller. Die Teilnehmer an der Examens-AG werden die Einladung in den erlauchten Kreis der Alumni bestimmt mit Stolz annehmen. Für sie wird ein solches Treffen zu manch wertvollem beruflichen Kontakt führen. Als virtuelle Variante eines Ehemaligen-Zirkels kommt ein *Alumni-Netzwerk* in Betracht. Werden die Teilnehmer der Examens-AGs zu einem e-Netzwerk verknüpft, dann darf der Dozent seinerseits Stolz über praktizierte *human relations* und beim Wort genommene Fröhliche Wissenschaft empfinden.

Nachwort

Das Eindringen des Marketing-Gedankens in die deutschen Hochschulen hat es mit sich gebracht, dass die Studierenden heute als die Kunden der Hochschule betrachtet werden. Folglich muss sich das gesamte dienende Hochschulpersonal, insbesondere das lehrende Personal (mit der Dreifachbegabung für Forschung, Lehre und Verwaltung), als Verkäufer verstehen. Nun haben die Marketingwissenschaftler, denen vor allem an der Zufriedenheit der Kunden liegt, aber auch die Unzufriedenheit von Kunden und ihre Konsequenzen analysiert.

Übersicht 41: Mögliche Handlungsweisen unzufriedener Kunden

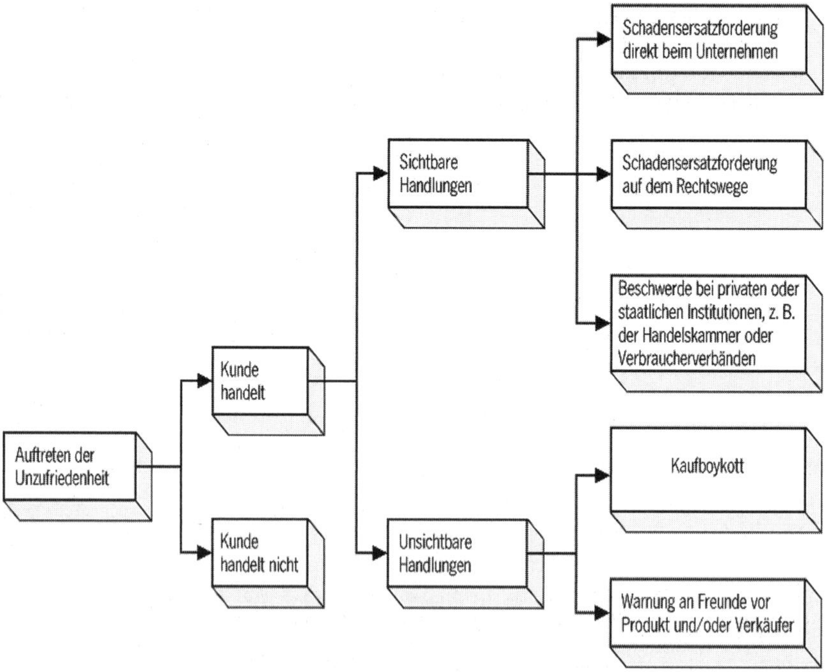

Wehe dem WiSo-Dozenten, der das Primat der Kundenorientierung der Orientierung an Zeit- und Kostenkriterien unterordnete und unzufriedene Kunden hinterließe! Gar nicht auszudenken was passiert, wenn lustlos, nachlässig, unengagiert oder überhaupt nicht betreute Examenskandidaten zu den wissenschaftlich erhärteten unsichtbaren oder sichtbaren Handlungen schritten: Warnung vor Examensarbeiten und/oder Professoren; Boykott von Dozenten; Beschwerden bei Mitarbeitern oder Prüfungsämtern oder Schadenersatzforderungen vor Gericht. Welch ein unglückliches Nachspiel.

Welch ein glückliches Nachspiel hingegen, wenn einige Vorschläge aus diesem Ratgeber dem einen oder anderen Dozenten oder Studenten als bekömmliche Kost von Nutzen gewesen wären, wenn „Kundenzufriedenheit" dauerhaft zurück bliebe, auch wenn die Ursache dieser Wirkung längst verschwunden ist. (Die Wissenschaften von der Physik wie von der Psyche nennen dieses kaum erforschte Nachwirkphänomen *Hysterese*). Am Ende ist der Verfasser, der sich immer für die Einrichtung eines Beschwerdemanagements in den Unternehmen eingesetzt hat, jedem kritischen Leser für Verbesserungsvorschläge dankbar – ebenfalls sehr erwünschte Nachspiele im Sinne der Fröhlichen Wissenschaft. Wie scherzte noch Friedrich Nietzsche in seinem Gedicht „Meinem Leser" (1882)?

> Ein gut Gebiß und einen guten Magen –
> Dies wünsch' ich dir!
> Und hast du erst mein Buch vertragen,
> Verträgst du dich gewiß mit mir!

Quelle: Ralph L. Day und E. Laird Landon, Jr.: Toward a Theory of Consumer Complaining Behavior, in: Arch G. Woodside, Jagdish N. Sheth und Peter D. Bennett (eds.): Consumer and Industrial Buying Behavior, New York: Elsevier North-Holland, 1977, p. 432. (Folienvorlage 6–7 zur 9. Aufl. Kotler, Philip/Bliemel, Friedhelm: Marketing-Management, Stuttgart 1998).

Literaturverzeichnis

Dieses Verzeichnis enthält nur die vom Verfasser benutzte Literatur. Weiterführende Literaturhinweise zum Thema „Wissenschaftliches Arbeiten" enthalten vor allem die Ratgeber von Engel/Slapnicar (2003), Preißner (1998) und Theisen (1992). Autorennamen mit Umlauten ä, ö und ü sind wie a, o und u alphabetisch eingeordnet.

Abel, Michael: „Alles zu seiner Zeit ...!". Zeit- und Zielmanagement als Methoden des Selbstmanagements, in: Handbuch Hochschullehre. Informationen und Handreichungen aus der Praxis für die Hochschullehre, Loseblattsammlung, Bonn 1995, Teil H 3.1.

Arnold, Rolf/Krämer-Stürzl, Antje/Siebert, Horst: Dozentenleitfaden. Planung und Unterrichtsvorbereitung in Fortbildung und Erwachsenenbildung, Berlin 1999.

Bänsch, Axel: Käuferverhalten, 8. Aufl., München 1998, zitiert nach der 7. Aufl., München 1996.

–: Wissenschaftliches Arbeiten. Seminar- und Diplomarbeiten, 7. Aufl., München-Wien 1999; zitiert nach der 5. Aufl. (1996).

Barth, Klaus: Betriebswirtschaftslehre des Handels, 4. Aufl., Wiesbaden 1999.

Basler, Heinz-Dieter: Stichwort „Streß", in: Tewes, Uwe/Wildgrube, Klaus (Hg.): Psychologie-Lexikon, München-Wien 1992, S. 349–352.

Bochenski, Joseph Martin: Die zeitgenössischen Denkmethoden, 10. Aufl., Stuttgart 1993, zitiert nach der 2. Aufl., Bern 1959.

Börkircher, Helmut: Moderation kommt von Mäßigung. Der Einsatz der Moderationstechnik in Problemlösungsprozessen, in: Handbuch Hochschullehre, Loseblatt-Sammlung, Beitrag H 5.1, Bonn 1995.

Brinck, Christine: Locker, lässig, ahnungslos, in: ZEIT Chancen. Studium und Karriere, Sonderbeilage zu DIE ZEIT Nr. 18, April 2003, S. 29.

Bruhn, Manfred: Bedeutung der Handelsmarke im Markenwettbewerb, in: Bruhn, Manfred (Hg.): Handelsmarken. Entwicklungstendenzen und Zukunftsperspektiven der Handelsmarkenpolitik, 3. Aufl., Stuttgart 2001, S. 3–48.

Büchmann, Georg (Hg.): Geflügelte Worte. Der Zitatenschatz des deutschen Volkes, zitiert nach der dtv-Ausgabe in drei Bänden, München 1967.

Bühl, Achim/Zöfel, Peter: SPSS Version 9. Einführung in die moderne Datenanalyse unter Windows, 6. Aufl., München 2000.

Bülow-Schramm, Margret/Gipser, Dietlinde: „Wer Lehre sagt, muß auch Prüfung sagen ...". Vom Umgang mit Prüfungen und Prüfungsangst, in: Handbuch Hochschullehre, Loseblattsammlung, Teil F 1.1, Bonn 1994, S. 15f.

Corino, Karl: Rezension des Buches „Die Aura der Wörter" von Reiner Kunze, Stuttgart 2002, in: Frankfurter Allgemeine Zeitung Nr. 19 vom 23.01.2003, S. 34.

Corsten, Hans/Deppe, Joachim: Arbeitstechniken für Wirtschaftswissenschaftler, München-Wien 1996.

Dauenhauer, Erich: Die Universität als Lebensform und Reformopfer, Münchweiler 2002.

Deutsches Institut für Normung (Hg.): Präsentationstechnik für Dissertationen und wissenschaftliche Arbeiten: DIN Normen, Berlin 2000.

Dovifat, Emil: Zeitungslehre, I. Band (Theoretische und rechtliche Grundlagen – Nachricht und Meinung – Sprache und Form), 3. Aufl., Berlin 1955.

Eco, Umberto: Wie man eine wissenschaftliche Abschlussarbeit schreibt (1977), 10. Aufl., Heidelberg 2003.

Endres, Walter: Merkblatt zur Gestaltung und Anfertigung schriftlicher wissenschaftlicher Arbeiten, Berlin 1974.

Engel, Stefan/Slapnicar, Klaus W. (Hg.): Die Diplomarbeit, 3. Aufl., Stuttgart 2003.

Fahrendorf, Annette: Spielen für den Ernstfall. Wie Firmen Computer- und Strategiespiele nutzen, um ihre Mitarbeiter auf Vordermann zu bringen, in: Der Tagesspiegel Nr. 18 177 vom 13.7.2003, S. K1.

Falk, Bernd/Wolf, Jakob: Handelsbetriebslehre, 11. Aufl., Landsberg 1992.

Fragnière, Jean-Pierre: Wie schreibt man eine Diplomarbeit?, 5. Aufl., Bern-Stuttgart-Wien 2000.

Franke, Joachim/ Kühlmann, Torsten M.: Psychologie für Wirtschaftswissenschaftler, Landsberg 1990.

Freede, Dorothea: Einmal englisch durchgebraten. Was deutschen Universitäten an Reformunfug blüht: Hamburg als Exempel, in: FAZ Nr. 82 vom 7.4.2003, S. 35.

Fröböse, Michael/Kaapke, Andreas: Marketing. Eine praxisorientierte Einführung mit Fallbeispielen, Frankfurt-New York 2000.

Goleman, Daniel/Kaufman, Paul/Ray, Michael: Kreativität entdecken, München-Wien 1997.

Haupt, Heinz-Gerhard: Konsum und Handel. Europa im 19. und 20. Jahrhundert, Göttingen 2003.

Heller, Eva: Wie Werbung wirkt. Theorien und Tatsachen, 17.–18. Tsd., Frankfurt a.M. 1988.

Heßhaus, Werner: Hinweise für die Anfertigung wissenschaftlicher Arbeiten, Duisburg o. J.

Hopfenbeck, Waldemar: Allgemeine Betriebswirtschafts- und Managementlehre, 13. Aufl., Landsberg 2000, zitiert nach der 1. Aufl., Landsberg 1989.

Huizinga, Johan: Homo ludens. Vom Ursprung der Kultur im Spiel, rde-Band 21, 41.–50. Tausend, Hamburg 1958.

Kamenz, Uwe: Marktforschung, 2. Aufl., Stuttgart 2001, zitiert nach der 1. Aufl., Stuttgart 1997.

Koeder, Kurt W.: Die Diplomarbeit – einige arbeitsmethodische und organisatorische

Vorüberlegungen, in: Engel, Stefan/Slapnicar, Klaus W. (Hg.): Die Diplomarbeit, 3. Aufl., Stuttgart 2003, S. 2–10.

Konrad, Klaus/Traub, Silke: Kooperatives Lernen, Hohengehren 2001.

Kotler, Philip/Bliemel, Friedhelm: Marketing-Management, 9. Aufl., Stuttgart 1998 (Folienvorlagen).

Kroeber-Riel, Werner: Konsumentenverhalten, 8. Aufl., München 2003, zitiert nach der 5. Aufl., München 1992.

Kuhn, Thomas S.: Die Struktur wissenschaftlicher Revolutionen, 10. Aufl., Frankfurt a.M. 1989, S. 25, zitiert nach Preißner, Andreas/Engel, Stefan/Albert, Bernhard/Neeb, Christoph: Promotionsratgeber, 4. Aufl., München-Wien 2001.

Lohse, Heinz: Bewertung von Diplomarbeiten, in: Engel, Stefan/Slapnicar, Klaus W. (Hg.): Die Diplomarbeit, 3. Aufl., Stuttgart 2003, S. 274–286.

Lück, Wolfgang: Technik des wissenschaftlichen Arbeitens, 8. Aufl., München-Wien 2002.

Mosler, Bettina/Herholz, Gerd: Die Musenkussmischmaschine, 3. Aufl., Mülheim/Ruhr 2003.

Mugler, Josef: Betriebswirtschaftslehre der Klein- und Mittelbetriebe, Band 1, 3. Aufl., Wien-New York 1998.

Müller-Hagedorn, Lothar: Der Handel, Stuttgart-Berlin-Köln 1998,

Müller-Merbach, Heiner: Einführung in die Betriebswirtschaftslehre, 2. Aufl., München 1976, zitiert nach der 1. Aufl., München 1974.

Münzberg, Harald: Psyche und Kosten, Idstein 1987.

Neeld, Elisabeth Cowan: Writing, Glenview 1990, S. 325–329, zitiert nach Werder, Lutz von: Kreatives Schreiben von Diplom- und Doktorarbeiten, 3. Aufl., Berlin 2000, S. 55f.

Niederhauser, Jürg: Duden Die schriftliche Arbeit, 3. Aufl., Mannheim-Leipzig-Wien-Zürich 2000.

Nieschlag, Robert/Dichtl, Erwin/Hörschgen, Hans: Marketing, 19. Aufl., Berlin 2002.

Nietzsche, Friedrich: Die Fröhliche Wissenschaft (1882), zitiert nach der 6. Aufl., Stuttgart 1976.

o.V.: Stichwort „Resistenz", in: Meyers kleines Lexikon Psychologie, Mannheim 1986, S. 312.

Paulini, Georg (Hg.): Verbände, Behörden, Organisationen der Wirtschaft, 51. Ausgabe, Darmstadt 2001.

Poenicke, Klaus: Duden. Wie verfasst man wissenschaftliche Arbeiten?, 2. Aufl., Mannheim 1988.

Popper, Karl: Logik der Forschung, 3. deutsche Aufl., Tübingen 1969.

Preißner, Andreas: Wissenschaftliches Arbeiten, 2. Aufl., München-Wien 1998.

– (Hg.): Promotionsratgeber, 4. Aufl., München 2001.

Raffée, Hans: Grundprobleme der Betriebswirtschaftslehre, UTB Band 97, 9. Aufl., Göttingen 1995.

–: Marketing-Wissenschaft, in: Tietz, Bruno/Köhler, Richard/Zentes, Joachim (Hg.): Handwörterbuch des Marketing (HWA), 2. Aufl., Stuttgart 1995, Sp. 1668–1682.

Ravens, Tobias: Wissenschaftlich mit Word arbeiten, München 2002.

Riemann, Fritz: Grundformen der Angst. Eine tiefenpsychologische Studie, München-Basel 1992.

Rifkin, Jeremy: Access. Das Verschwinden des Eigentums, Frankfurt a.M. 2000.

Rosenstiel, Lutz von: Grundlagen der Organisationspsychologie, 3. Aufl., Stuttgart 1992.

Rösner, Hans Jürgen: Die Seminar- und Diplomarbeit. Eine Arbeitsanleitung, 5. Aufl., München 1987, zitiert nach der 3. Aufl., München 1979.

Rudolph, Thomas/Finsterwalder, Jörg/Busch, Sebastian: Dienstleister Internet. Empirische Ergebnisse des Internetnutzungsverhaltens in der Schweiz, in: Trommsdorff, Volker (Hg.): Handelsforschung 2000/01. Kooperations- und Wettbewerbsverhalten des Handels, Köln 2001, S. 325–343.

Sader, Manfred/Clemens-Lodde, Beate/Keil-Specht, Heike/Weingarten, Andrea: Kleine Fibel zum Hochschulunterricht. Überlegungen, Ratschläge, Modelle, München 1970.

Schädler, Ute/Hohmeier, Jens: Beratung und Betreuung von Diplomarbeiten, in: Engel, Stefan/Slapnicar, Klaus W. (Hg.): Die Diplomarbeit, 3. Aufl., Stuttgart 2003, S. 11–26.

Schäufler, Nicole: An Hochschulen wächst die Anzahl von Plagiaten, in: Frankfurter Allgemeine Zeitung Nr. 261 v. 9.11.2002, S. 57.

Scheld, Guido A.: Anleitung zur Anfertigung von Praktikums-, Seminar- und Diplomarbeiten, 5. Aufl., Büren 2003.

Schenk, Hans-Otto: Handelsforschung, in: Falk, Bernd R./Wolf, Jakob (Hg.): Das große Lexikon für Handel und Absatz, 2. Aufl., Landsberg 1982, S. 311–314.

–: Marktwirtschaftslehre des Handels, Wiesbaden 1991.

–: Handelspsychologie, UTB 1889, Göttingen 1995.

–: Das Vier-Märkte-Konstrukt als verhaltenstheoretischer Erklärungsansatz der Machtkonstellationen des Handels. In: Trommsdorff, Volker (Hg.): Handelsforschung 1999/00, Wiesbaden 2000, S. 215–232. (a)

–: Der Vier-Märkte-Ansatz als Heuristik für ein differenziertes Marketing von KMU. In: Brauchlin, Emil/Pichler, J. Hanns (Hg.): Unternehmer und Unternehmensperspektiven für Klein- und Mittelunternehmen. Festschrift für Hans Jobst Pleitner, Berlin 2000, S. 461–476. (b)

–: Handel im Umbruch, in: Grundstücksmarkt und Grundstückswert, 11. Jg., Heft 6/2000, S. 343–348. (c)

–: Handelsmarketing für kleine und mittlere Unternehmen auf der Grundlage des Vier-Märkte-Ansatzes, in: Meyer, Jörn-Axel (Hg.): Jahrbuch der KMU-Forschung 2000, München 2000, S. 373–390. (d)

–: Merkblatt zur Anfertigung von Diplom- und Staatsarbeiten, 7. Aufl., Duisburg 2000. (e)

–: Handelsbetriebslehre im Hochschulunterricht, in: Trommsdorff, Volker (Hg.): Handelsforschung 2003, Köln 2003, S. 443–461.

Schlicksupp, Helmut: Kreativitätstechniken, in: Handwörterbuch des Marketing, 2. Aufl., Stuttgart 1995, Sp. 1289–1309.

Schnabel, Ulrich/Sentker, Andreas: Der alltägliche Betrug. Ein Gespräch mit dem Wissenschaftssoziologen Peter Weingart, in: DIE ZEIT Nr. 21 vom 15.05.2003, S. 39.

Scholz, Dieter: Diplomarbeiten normgerecht verfassen. Schreibtipps zur Gestaltung von Studien-, Diplom- und Doktorarbeiten, Würzburg 2001.

Slapnicar, Klaus: Rechtliche Aspekte der Diplomarbeit, in: Engel, Stefan/Slapnicar, Klaus W. (Hg.): Die Diplomarbeit, 3. Aufl., Stuttgart 2003, S. 225–273.

Spiegel, Bernt: Werbepsychologische Untersuchungsmethoden, Berlin 1970.

Stickel-Wolf, Christine/Wolf, Joachim: Wissenschaftliches Arbeiten und Lerntechniken, 2. Aufl., Wiesbaden 2002.

Theis, Hans-Joachim: Handels-Marketing, Frankfurt a.M. 1999.

Theisen, Manuel René: Wissenschaftliches Arbeiten, 6. Aufl., München 1992.

–: Wissenschaftlich Arbeiten statt Pauken, in: Dichtl, Erwin/Langenfelder, Michael (Hg.): Effizient studieren – Wirtschaftswissenschaften, 4. Aufl., Wiesbaden 1999, S. 203–221.

Tietzel, Manfred/van der Beek, Kornelia/Müller, Christian: Was ist eigentlich an den Hochschulen los? Eine ökonomische Analyse, in: Wirtschaftsdienst, Heft 1998/III, S. 148–156.

Weber, Wolfgang/Kolb, Meinulf: Einführung in das Studium der Betriebswirtschaftslehre, Band P 84 der Sammlung Poeschel, Stuttgart 1977.

Wegener, Michael/Masser, Ian: Schöne neue GIS-Welten, in: Weber, Hajo/Streich, Bernd (Hg.): City-Management, Opladen 1997, S. 58–81.

Weis, Christian/Steinmetz, Peter: Marktforschung, 4. Aufl., Ludwigshafen 2000.

Welp, Cornelius: Bachelor statt Diplom, in: WirtschaftsWoche Nr. 82/03 vom 17.6.2003.

Werder, Lutz von: Kreatives Schreiben von Diplom- und Doktorarbeiten, 4. Aufl., Berlin 2002.

Wirtz, Klaus: Bericht über die Ergebnisse des Betriebsvergleichs der Apotheken im Jahre 2000, in: Handel im Fokus. Mitteilungen des Instituts für Handelsforschung an der Universität zu Köln, 54. Jg., Heft 1/2002, S. 51–54.

Wolf, Doris/Merkle, Rolf: So überwinden Sie Prüfungsängste, 3. Aufl., Mannheim 1993.

Sachregister